高等职业教育跨境电商专业精品教材
"互联网+"新形态立体化教学资源特色教材

国际市场推广

主　编　李超锋
副主编　张　淼　余海冰　陈　伟

中国轻工业出版社

图书在版编目（CIP）数据

国际市场推广 / 李超锋主编. -- 北京：中国轻工业出版社，2025. 9. --（高等职业教育跨境电商专业精品教材）（“互联网+”新形态立体化教学资源特色教材）. -- ISBN 978-7-5184-5151-7

Ⅰ. F713. 50

中国国家版本馆CIP数据核字第20248W028G号

责任编辑：刘　晶　　责任终审：李建华　　设计制作：锋尚设计

策划编辑：张文佳　　责任校对：吴大朋　　责任监印：张　可

出版发行：中国轻工业出版社（北京鲁谷东街5号，邮编：100040）

印　　刷：三河市万龙印装有限公司

经　　销：各地新华书店

版　　次：2025年9月第1版第1次印刷

开　　本：787×1092　1/16　印张：14

字　　数：320千字

书　　号：ISBN 978-7-5184-5151-7　定价：49.80元

邮购电话：010-85119873

发行电话：010-85119832　010-85119912

网　　址：http://www.chlip.com.cn

Email：club@chlip.com.cn

232040J2X101ZBW

前言

随着全球化的推进和中国制造“品牌出海”战略的深入实施，国际市场推广成为中国企业国际化进程中的重要环节。为了顺应这一时代潮流，我国政府出台了一系列政策，旨在鼓励企业积极参与国际市场竞争，提升我国产品和服务的国际影响力。国际市场推广作为连接企业与全球消费者的桥梁，其重要性日益凸显。它不仅是中国企业实现国际化战略的关键步骤，更是中国企业在全球舞台上展示自身实力、争夺市场份额的重要手段。

海外推广专员在整个跨境电商人才与服务链中扮演着至关重要的角色。无论是平台运营还是独立站型电商，都需要有专业的海外推广人员。这些人员必须深入了解各个国家市场的独特性、消费者的行为模式以及多元化的营销渠道，以确保制定出精准有效的推广策略。本书以就业为导向，紧密对接海外推广专员岗位实际需求，并遵循PGSD理念，通过广泛的市场调研和深入的大数据分析，围绕海外推广专员岗位的主要工作任务和必备职业能力，设计了营销方案策划、海外社交媒体运营、搜索引擎优化、广告投放四大核心模块。针对这四大模块，构建了对应的教学内容体系。教学内容体系不仅全面覆盖了岗位要求掌握的知识内容、技能要点，而且还融入了思想政治与人文素质教育的相关内容，突出了实践性和专业性。本书在注重培养学生的实际操作能力和市场敏感度的同时，还强调培养学生的国际视野和全球意识，塑造高尚的人文情怀和优秀的职业形象。对于从事跨境业务的企业，应向国家电信主管部门批准的运营商申请建立一个在国内合法使用的虚拟专用网络，用于开展业务。

本书作为产教融合的典型成果，充分展现了教学与实践的深度融合。它的诞生得益于一线教学经验丰富的骨干教师与具备丰富实战经验的企业管理人员的紧密合作。本书由广东轻工职业技术大学的李超锋、张森、余海冰和陈伟等精心编写。另外，广州铂元信息科技有限公司的杨凡总经理和广州冠科技术股份有限公司的黄健飞总经理，以其丰富的行业经验和前沿的实战知识，为本书注入了实践的活力。本书不仅适合作为高职高专院校跨境电子商务及相关专业的教学用书，也可作为从事跨境电商的人员的参考用书。

本书不仅内容丰富，还配备了丰富的教学资源，旨在为学习者提供全方位的支持。这些资源包括课程标准、课程教学大纲、教学课件、教学案例、试题以及微课视频。

在编写本书的过程中，我们参考了大量的图书文献和资料，但由于水平有限，书中难免存在不足之处。因此，衷心希望各位读者不吝赐教，及时向我们反馈您的宝贵意见。同时，我们也参考了许多同行的研究成果，并已尽可能详细地列在参考文献中，在此对这些专家、学者一并表示衷心感谢。

编者

微课网址

目录

模块一 营销方案策划

模块三　搜索引擎优化

模块四　广告投放

模块一

营销方案策划

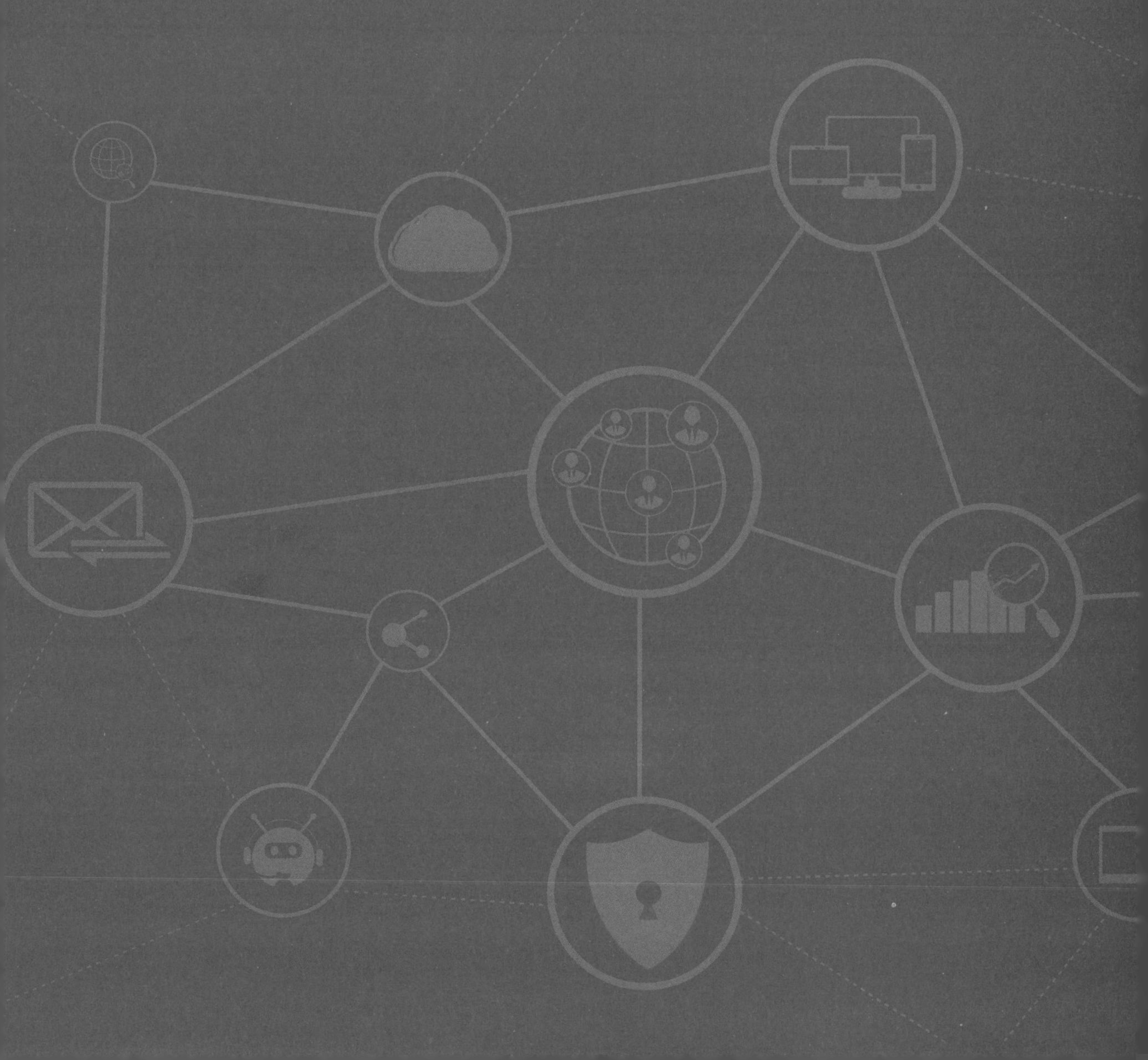

项目一 国际市场推广基础

项目目标

知识目标

课程导学

1. 了解国际市场推广的概念、特点和作用。
2. 了解国际市场推广的基本流程和关键环节。
3. 掌握国际市场环境分析的主要方法和工具。
4. 了解国际市场推广渠道。
5. 理解消费者及消费者行为分析模型。
6. 掌握国际市场推广渠道选择与管理。

技能目标

1. 能针对企业经营目标，采用适当的分析软件开展市场调研与分析。
2. 能够根据目标市场选择合适的推广渠道，并制定相应的推广策略。
3. 能够结合平台特点，从推广目标、推广渠道、推广计划进度、推广预算等方面制定合适的推广方案。

素养目标

1. 善于学习，增强创新意识和创业能力，增强对国际市场推广岗位的适应能力。
2. 具备多元文化的理解力和包容性，熟悉目标市场的风俗习惯。
3. 养成严谨、专注的职业素养，提升自身道德素养。
4. 增强规则意识和服务精神，树立贸易强国的职业理念。

思维导图

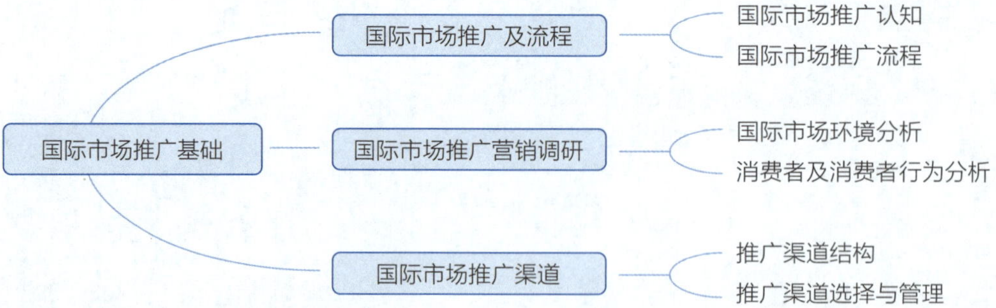

案例导入

解读A公司：如何实现海外市场突破

在数字化与个性化交织的时代背景下，小巧而高效的智能科技产品迅速崛起，成为市场的新宠儿。无线耳机、智能手表等产品，凭借其未来感设计与实用功能，赢得了全球消费者的青睐。A公司凭借卓越的市场洞察与创新的营销策略，成功跨越国界，展现出强劲的国际竞争力。

A公司在2023年实现了营业收入175.07亿元人民币，同比增长22.85%，净利润达16.15亿元人民币，同比增长41.22%。

一、深耕海外市场的先行者

A公司自创立以来，便深耕海外市场，凭借亚马逊（Amazon）电商平台，快速渗透至美国等多个国家和地区。在跨境电商领域，A公司凭借出色的市场表现，荣登由每日经济新闻携手深圳易势科技联合发布的《2024年上半年中国跨境电商品牌影响力榜》次席，仅次于全球瞩目的时尚巨头Shein（希音），彰显了其全球范围内的品牌影响力。

二、社交媒体营销的新篇章

为了进一步提升品牌知名度，A公司积极拥抱社交媒体，特别是在TikTok上布局超过15个账号，吸引近90万粉丝，通过定制化内容与定期直播，有效降低了消费者的认知门槛，增强了品牌与用户的互动与信任。同时，在Facebook等平台上，A公司也收获了可观的用户基础与高度认可，展现了其在全球社交媒体领域的强劲实力。

三、线上线下融合，双轨并进

在销售渠道上，A公司采取了线上线下相结合的“双轨策略”。除了亚马逊、阿里巴巴国际站等线上平台外，还拓展至日本Takashimaya、新加坡Challenger等知名零售商，以及沃尔玛、百思买、宜家等全球零售连锁，实现了销售网络的广泛覆盖。这种多元化的销售策略不仅分散了经营风险，还拓宽了消费群体，为A公司的持续增长奠定了坚实基础。

面对全球化带来的机遇与挑战，A公司始终秉持创新精神与消费者至上的理念，不断深化产品研发与用户体验优化。展望未来，A公司将继续加强品牌在全球范围内的推广与影响力建设，致力于成为全球领先的智能科技品牌，引领智能科技产品的潮流与发展方向。

思考

❶ A公司是如何选择并成功进入海外市场的？

❷ A公司采用了什么推广方式和手段？

任务一 国际市场推广及流程

海外营销合规管控

任务目标

1. 理解国际市场推广的概念及内涵。
2. 了解国际市场推广的作用及重要性。
3. 掌握国际市场推广的理论基础。
4. 能够为品牌或产品推广设计合理的推广目标。

子任务一 国际市场推广认知

国际市场推广认知

任务导入

云帆电子商务有限公司成立于2020年，以快时尚女装为业务主体，主要面向欧美、中东、印度等消费市场，是专注于快时尚的B2C跨境电商企业。企业自成立以来，跨境电商业务虽有一定起色，但并未有跨越式发展。为了提升市场竞争力，进一步拓展海外市场，企业招聘了多名大学生充实营销队伍。李华成功应聘该公司海外推广专员一职。李华对国际市场推广并不了解，他也在思考国际市场推广的概念及内涵是什么？有什么作用及重要性？它的理论基础是什么？

任务分析

近年来，随着国际地缘政治环境复杂多变、全球市场需求持续疲软和市场竞争日益加剧，中国企业品牌出海更加需要国际市场推广。为了加深新入职员工对国际市场推广的认识，营销部王经理在第一节培训课上就全面且系统地讲解了国际市场推广的基础知识，不仅如此，王经理还结合当前市场环境和公司实际情况，与新入职员工一同深入剖析了国际市场推广的发展现状。

知识链接

一、国际市场推广概述

（一）概念及内涵

国际市场推广（international marketing）是指跨境电商企业为扩大产品海外市场份额，提高产品销量和知名度，而将有关产品或服务的信息传递给目标消费者，激发和强化其购买动机，并促使这种购买动机转化为实际购买行为而采取的一系列措施。

国际市场推广是在国际市场发展和进步中演进出来的，是依据某个产品的性能和特点进行宣传和介绍，促使消费者接受、认可和购买产品，是销售、营销的手段和方式。

国际市场推广是海外营销的一部分，是一种战术，需要通过系统地策划和设计内容，是一种有策略地去放大企业的产品或品牌的营销基础，达到加速转化的目的。

（二）作用及重要性

1. 作用

国际市场推广对跨境电商企业非常重要，其作用主要体现在以下四个方面。

（1）销售转化。帮助企业开拓国际市场，扩大企业的市场规模，拓展新的客户群体，精准触达目标群体，从而增加企业的销售额。另外，还可以提升企业的知名度，增强企业的品牌影响力，从而提高企业的销售转化率。

（2）品牌提升。品牌提升主要可以从以下三个方面入手：①持续产出推广内容。这些内容不仅适用于独立站点的展示，而且也适用于亚马逊旗舰店和各大社交媒体平台，以形成多渠道、全方位的品牌曝光；②明确品牌定位。通过筛选与品牌调性相符的关键意见领袖（key opinion leader，KOL），让他们成为品牌的传播者，以他们的视角和影响力介绍和推荐品牌，加深消费者对品牌的认知；③利用Google Trends和Mention等专业的检测工具，对品牌曝光度、网络声量等关键指标进行监测与分析，以便及时调整策略，确保品牌提升活动的有效性与高效性。

（3）拉新获客。利用口碑传播方式接触初始用户，并持续扩大用户群体，以此为基础精准地了解用户需求，并满足这些需求。在忠实粉丝的支持下，持续发展新的业务。

（4）产品迭代。通过与外部推广资源（通常是某领域的专业人士或资深用户）合作，获取产品开发与迭代的建议，从而开发出更有竞争力的产品。

2. 重要性

国际市场推广的重要性体现在以下三个方面。

（1）顺应品牌出海趋势。近年来，随着中国品牌“走出去”战略的深入实施，众多中国企业积极拓展海外市场，其产品也赢得了国外消费者的广泛喜爱。然而，海外运营成本的飙升和监管环境的不断升级等不可预测事件的冲击，给跨境电商企业的国际化进程带来了新的挑战。在这一背景下，单纯的铺货模式似乎难以稳固市场地位，而品牌价值高的企业，由于用户忠诚度高，更能应对各种变化，抵御风险。因此，走品牌出海之路，建立更具韧性和辨识度的品牌，成为多数企业的优选策略。为此，企业应更加注重国际市场的推广，积极开拓海外市场，寻找新的潜在市场和优质资源以抢占市场份额，推动企业利润的稳步增长。

（2）获取优质的海外客户。在国际市场，企业需要获取优质的海外客户资源。这些资源可以帮助企业增加利润，获得潜在的优质客户，并提高品牌的知名度和辨识度。由于优质客户通常已有稳定的供应商或合作伙伴，因此企业需要采取主动措施，通过积极的推广活动，才能提高企业与海外客户的联系，增加成功的概率。

（3）提升市场竞争力。目前大多数产品趋于同质化，尤其是在国际贸易中。当客户无法明确看到产品的质量差别时，注重国际市场推广会突出商品和服务的价值，获取竞争优势，从而提高竞争力。

二、国际市场推广的理论基础

（一）5W2H模型

5W2H是比较常见的问题分析法。5W即what：是什么？做什么？目的是什么？why：为什么做？who：谁来做？when：什么时候做？什么时间做最合适？where：何处？在哪做？一定要在这里做吗？2H即how：怎么做？方法是什么？how much：多少钱？多少量？投入产出如何？5W2H模型的主要优势是：①清楚界定问题、表述问题，提高认知效率；②同时抓住核心要点，不遗漏重要信息；③易理解，好上手。

举个例子来说明这一模型如何运用于产品上市推广。

what：这是一款什么产品？它的卖点是什么？why：为何要开发这款产品？消费者为什么要买它？who：这个产品的目标用户群体是谁？when：什么时候发布这款产品？where：这款产品在哪些渠道售卖？在哪些平台传播？how：如何营销这款产品？how much：这款产品价格多少？要花多少钱推广？

（二）AIPL模型

AIPL模型是一种用于衡量客户价值的模型，它由四个维度组成：认知（awareness），兴趣（interest），购买（purchase）和忠诚（loyalty）。

认知：是指客户对产品或服务的认知程度，它可以通过客户的行为，如搜索、浏览、点击等来衡量。

兴趣：是指客户对产品或服务的兴趣程度，它可以通过客户的行为，如收藏、分享、评论等来衡量。

购买：是指客户对产品或服务的购买行为，它可以通过客户的行为，如购买、支付、使用等来衡量。

忠诚：是指客户对产品或服务的忠诚度，它可以通过客户的行为，如复购、推荐、口碑等来衡量。

AIPL模型的优势在于，它可以更准确地衡量客户价值，从而帮助企业更好地实现客户价值最大化。跨境电商企业可以通过AIPL模型来衡量客户的价值，从而更好地实施客户营销策略，提高客户忠诚度。

（三）AIDMA模型

AIDMA模型是一种市场营销模型，它将推广活动分为五个阶段：awareness（意识），interest（兴趣），desire（渴望），memory（记忆）和action（行动）。

AIDMA模型的优势在于，它将推广活动分解成一系列可操作的步骤，从而使推广人员能够更好地控制和跟踪推广活动的效果。跨境电商企业可以使用AIDMA模型来推广其新产品。企业首先要建立消费者对该产品的意识，然后引起消费者的兴趣，激发他们的渴望，让他们记住该产品，最后促使他们采取行动购买该产品。

（四）AARRR模型

AARRR模型（也称为pirate模型）是一种用于衡量用户行为的模型，如图1-1所示。它由五个重要的指标组成：获客（acquisition），激活（activation），留存（retention），变现（revenue）和推荐（referral）。

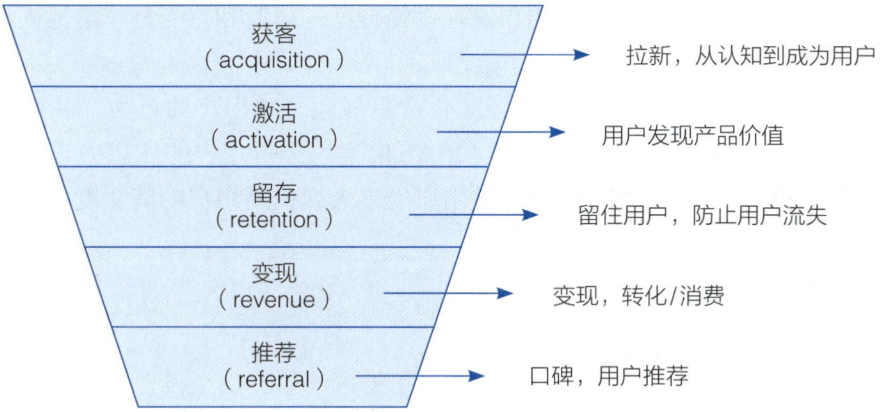

图1-1　AARRR模型

AARRR模型的优势在于，它可以帮助企业更好地理解用户行为，从而更好地改善产品和服务，提高用户体验；它还可以帮助企业更好地把握市场趋势，从而更好地实现增长。

（五）AISAS模型

AISAS模型是一种用于描述用户行为的模型，如图1-2所示。它由五个关键步骤组成：注意（attention），兴趣（interest），搜索（search），行动（action）和分享（share）。

注意：消费者首先会注意到某些信息，这些信息可以是广告、新闻等。

兴趣：消费者会根据自己的兴趣和偏好，对这些信息进行筛选，以便更好地理解和记忆。

搜索：消费者会根据自己的兴趣和偏好，继续在网络上搜索更多相关信息，以便更好地理解和记忆。

行动：消费者会根据自己的兴趣和偏好，采取行动，比如购买产品、参与活动等。

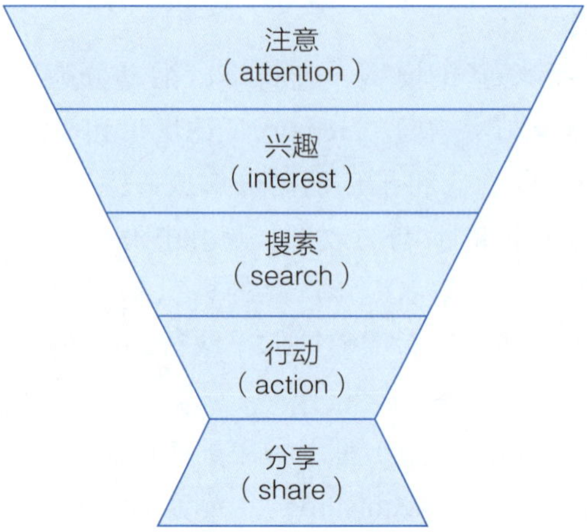

图 1–2 AISAS 模型

分享：消费者会根据自己的兴趣和偏好，将自己的体验和感受分享给他人，以便更多人了解和参与。

AISAS模型的优势在于，它可以帮助企业更好地了解用户的行为，从而更好地满足用户的需求。跨境电商企业可以根据AISAS模型，分析用户的注意力、兴趣、搜索行为、行动和分享行为，从而更好地满足用户的需求，提高用户的满意度。

知识拓展

调性

在营销中，调性是指企业或品牌在传播中展现的情感、态度和风格等方面的特点和特质，是一种与品牌有关的声音和风格。这种声音和风格可以体现在品牌的宣传语、广告文案、图片视频、网站设计等各个方面，通过这些方面的展现，让消费者对品牌有一定的了解和认知。

例如，某跨境电商企业的品牌调性是时尚、年轻和个性化，那么可以邀请一些时尚博主、潮流类的KOL来介绍这个品牌。他们可以在社交媒体上发布品牌相关的图片、视频或者微博文章等，以自己独特的语言风格和表达方式生动展现该品牌的特点和显著优势，吸引更多的目标客户。这些KOL的粉丝通常也是时尚、年轻和个性化的人群，所以品牌在与这些KOL合作的同时，也能够更好地触达目标客户群体。

任务训练

◆ 任务目标

了解国际市场推广的作用及其重要性，能够运用相关理论模型分析其推广策略和表现形式。

◆ 任务导入

Shein（希音）是一家成立于2008年的时尚电商企业，总部位于广州。Shein的产品线包括女装、男装、童装、鞋类、配饰、化妆品等，涵盖了各个年龄段和风格的消费者。Shein的商品定位年轻、时尚、多元化，并且价格亲民。Shein通过其在线商店向全球150多个国家和地区销售产品，其网站拥有超过2亿注册用户和1亿活跃用户。Shein不仅提供产品，还提供社交网络和社区功能，使消费者能够分享他们的购物体验、时尚灵感和产品评价。

查阅资料，运用相关理论模型分析Shein是如何做国际市场推广的。

◆ 任务要求

认真思考，团队协作，以小组为单位，撰写实训报告，不少于1500字。

子任务二　国际市场推广流程

国际市场推广流程

任务导入

云帆电子商务有限公司海外推广专员李华在了解国际市场推广的基本知识后，发现企业尚未形成国际市场推广标准作业流程（standard operating procedure，SOP），有些环节过于简单，而有些环节却过于复杂。王经理让李华设计一套SOP，形成规章制度。李华应该怎么操作呢？

任务分析

国际市场推广流程设计需要考虑目标市场的特点、消费者需求、产品差异、竞争格局等因素，确定其关键环节和主要内容，必要时还要设定每个流程的考核指标。同时，在执行过程中需要不断优化和调整策略，根据市场反馈及时调整推广计划，以提高推广效果和客户满意度。

知识链接

国际市场推广是由多个模块组成的价值链路传递过程。国际市场推广不是一蹴而就的，需要一个大致的流程来进行，可以分为六步，如图1–3所示。

一、明确国际市场推广目标

国际市场推广目标可以通过吸引新客户、增加销售渠道、提高品牌知名度和在竞争激烈的市场中保持竞争优势等方式来实现。国际市场推广可明确以下几点。

（一）划分阶段目标

在推广活动中，可以将目标划分为终极目标和阶段性目标。终极目标是实现企业业

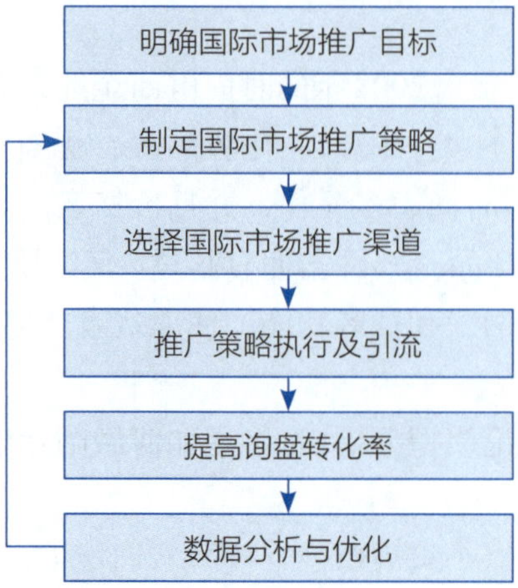

图 1–3　国际市场推广流程

务增长，即销售转化。而在达成这一终极目标之前，需要完成一系列阶段性目标。这些阶段性目标包括积累素材、提升品牌曝光度、获取专业背书以及实现一定程度的直接销售转化。

（二）可量化的指标

企业可以通过一系列的可量化指标来评估推广活动的效果，这些指标涵盖了关键绩效指标（key performance indicators，KPIs），主要包括以下几项：①曝光：播放量、评论数等；②流量：独立访客数、页面访客数等；③转化：直接销售额；④千次展示费用（cost per mille，CPM），用来衡量曝光效率；⑤品牌声量：以月份或者季度为单位，检测品牌/活动/代言人在社交媒体、搜索引擎等渠道中被提及的频率和方式，以评估品牌知名度和影响力。

（三）不可量化的指标

品牌影响力，它体现在将品牌名字转化为行业同义词的程度，例如，将“乐高”等同于“积木”，或将“可口可乐”等同于“可乐”。尽管这种影响力在短期内无法量化，但企业可以通过年度市场份额和消费者调查等方式来判断品牌是否被更多的消费者知晓。

（四）将不可量化的指标向可量化方向展示

定期通过调查问卷（委托第三方企业进行）来调查消费者的购买行为链路。调查问卷的内容可包括在购买前消费者在何处获得品牌信息，并以此作为购买决策的参考。通过数据分析，可以量化消费者对品牌信息来源的偏好，以及这些信息对购买决策的影响程度。这样的数据分析有助于论证推广工作的有效性，为品牌的推广策略提供更有针对性的指导。

二、制定国际市场推广策略

在国际市场推广之前，必须制定一套全面的推广策略。这包括进行市场调研，确定目标受众，建立品牌形象，选择适当的广告投放渠道，并考虑公关活动和推广渠道等方面。这些步骤可以帮助企业更好地了解目标市场，提升品牌在国际市场的竞争力和市场份额。

三、选择国际市场推广渠道

国际市场推广渠道是指采用不同的方式向海外目标客户传递产品或服务信息，以扩大市场份额和增加收入。常见的渠道包括参加展会、海外社交媒体运营、电子邮件营销（E-mail direct marketing，EDM）、搜索引擎推广等。选择适当的渠道需要考虑目标市场、预算、产品特点和营销目的等因素。通过市场研究和测试，确定最佳的推广策略和渠道，以提高推广效果和投资回报率（return on investment，ROI）。同时，持续监测和优化推广活动，确保与目标市场的文化和习惯相符，并获得最大的市场影响力和品牌曝光率。

四、推广策略执行及引流

在执行推广策略时，选择合适的推广渠道是引流的关键步骤。有效的流量是产生询盘、订单，并最终带来现金流的基础。跨境电商行业常用的获取流量方法包括以下几种。

①搜索引擎优化（search engine optimization，SEO）：通过设定主次关键词、优化网页内容、定期增加内容和增加外部链接等步骤，提升网站在搜索引擎中的排名，吸引更多有针对性的流量。

②点击付费广告（pay per click，PPC）：利用付费广告进行网站流量的购买，是SEO的有效补充，可以拓展更多的流量来源。

③社交网络流量：通过在社交网络上与独立站、店铺等关联，并积极互动、发布企业信息等方式，吸引用户的访问和关注。利用流行的社交网站如YouTube、X[①]、TikTok等，能够为企业带来大量的流量和曝光机会。

五、提高询盘转化率

对于跨境卖家或独立站来说，每天上千上万的流量是非常难以达到的，因此如何最大化利用有限的流量转化为客户的询盘就变得非常重要。一旦流量到位，下一步就是将这些潜在的客户转化为实际的询盘。这需要对流量用户进行细分，因为每个访问店铺的用户需求是不同的，因此细分并针对不同需求的用户提供相应的落地页（landing page），明确的行动号召（call to action，CTA），以及收集用户信息等都至关重要。对于大多数跨境电商B2B企业来说，从流量到销售的转化需要经历三个关键步骤：流量获取、询盘转化和销售成交。在这三个环节中，B2B从询盘转化到销售成交的时间通常会

---

① 2023年7月，埃隆·马斯克为打造集音频、视频、信息及支付功能于一体的全能型应用，将Twitter标志性“蓝鸟”图标更新为大写字母“X”。

比B2C要长很多，因为B2B订单通常按货柜报价和交易，涉及订单金额较大、决策过程较为复杂。因此，在这个过程中，客户关系维护、销售技巧和专业水平等因素都非常重要。从市场推广的角度看，至少需要做到以下几点。

①不同阶段的客户需要采用不同的推广策略。

②实施EDM来维系客户关系。

③对于拥有客户关系管理（customer relationship management，CRM）系统的企业，需要确保客户资料信息完善且进行细分。

④在网站上，leads（通过交流得到的关于某人购买某种产品或服务的可能性的数据）表格应当进行细分，提供给客户选择，例如，按照国家区分或按照产品需求区分。这样的细化和落实，有助于提高客户转化率，从而促进业务的增长。

六、数据分析与优化

评估品牌或产品推广的成功与否需要进行数据分析，收集和分析的关键数据包括流量引导（traffic to lead）、引导客户（leads to client）、人均潜在客户成本（cost per lead）和人均客户成本（cost per client）。这些数据能够帮助企业明确推广方向，制定更有效的推广策略。

在进行国际市场推广时，每个环节都可以通过数据进行衡量和评估。通过分析数据可以帮助企业了解市场推广的重点，制定下一步的推广策略。

尽管国际市场推广没有一个标准答案，但通过以上六个基本步骤可以更好地规划和实施。企业也可以尝试其他方法，也许能够开辟出一条不同的成功之路。

知识拓展

相关概念

私域：企业通过自己的平台、社交媒体账号、App等渠道积累的自有用户资源和用户数据。这些资源和数据属于企业自身，与第三方平台无关，因此被称为“私域”。企业通过私域可以直接与用户互动、交流，了解用户需求，提供更加个性化的服务和产品，提高用户忠诚度和复购率。

落地页（landing page）：指通过广告、搜索引擎优化等手段，将潜在客户引导到的一个特定的网页或页面，通常用于实现特定的营销目标，如增加销售、提高注册率或订阅率等。落地页通常具有简洁明了的设计、清晰的信息结构、有吸引力的图片和按钮等，以最大限度地提高用户的转化率和满意度。

“call to action”：可以翻译为“呼吁行动”“引导行动”“号召行动”等。在营销领域，它通常指的是推广活动中要求目标受众执行的具体行动，比如注册、订阅、下载、购买等，旨在引导用户进行特定的转化行为，从而达到推广目标。

任务训练

◆ 任务目标

掌握国际市场推广流程，能够制定国际市场推广策略。

◆ 任务导入

假设你是一家知名时尚公司的海外市场推广专员，公司近期推出了一个名为“星辰璀璨”的高端化妆品系列，旨在满足消费者对高品质、个性化美妆产品的需求。作为海外市场推广专员，你需要全面负责制定“星辰璀璨”系列化妆品在北美和欧洲地区的推广策略，并组织执行相关推广活动。面对不同文化背景的消费者、激烈的竞争环境以及复杂的市场规则，你需要灵活应对各种挑战，确保推广活动的成功。

◆ 任务要求

认真思考，团队协作，以小组为单位，撰写推广方案，不少于1500字。

任务二 国际市场推广营销调研

任务目标

1. 掌握国际市场环境的分析模型。
2. 了解跨境电商消费者特征及消费者行为。
3. 能够确定目标市场并分析其宏观环境以及目标受众群体。

子任务一 国际市场环境分析

国际市场环境分析

任务导入

云帆电子商务有限公司主要面向欧美、中东、印度等消费市场，各个国家和地区有不同的历史、文化和经济发展水平，市场环境也大不相同。王经理要求李华对国际市场环境进行详细分析，并撰写调研报告。李华接到任务后，应该从哪些方面进行分析呢？

任务分析

国际市场环境分析是一项重要的任务，它可以帮助跨境电商企业了解不同国家和地区的市场情况，以及它们之间的贸易政策和关税壁垒等方面的差异。因此，需要采用通用的环境分析模型，全方位考察目标市场环境，为制定相应的推广策略打下基础。

知识链接

一、国际市场环境概述

国际市场环境是跨境电商企业市场推广的不可控制的因素和力量。这些因素和力量是影响跨境电商企业推广活动及其目标实现的外部条件。企业需要了解并预测市场环境因素，以主动适应和利用环境，同时也要努力通过推广活动影响外部环境，以使其有利于企业的生存和发展。因此，研究国际市场环境及其变化对于跨境电商企业的推广活动至关重要。企业应以国际市场环境为依据，不断适应和调整自身策略，以提高推广活动的有效性。

国际市场环境是一个多因素、多层次且不断变化的综合体，其中包含了来自法律、文化等方面的冲突。同时，国际市场推广面临的风险和环境的不确定性带来的经营困难比国内市场严重得多。如2018年美国政府先后三轮对我国约3600亿美元商品加征高额关税，对我国外贸企业出口造成重大负面影响。由此，企业在开展国际市场推广活动时，应对国际市场环境中所有不可控因素的现状及发展趋势有着充分的把握，能够识别和发展对企业有利的市场机会，规避不利的潜在影响。

二、国际市场环境分析模型

为了系统地分析影响跨境电商企业推广活动的各种市场环境因素，人们提出了各种各样的环境分析模型。其中，最著名的分析模型是PESTEL模型。PESTEL是调查和分析一个行业、企业和产品所处市场环境的时候可以考虑使用的一个方法论。在变化的市场环境中，通过PESTEL的P（political：政治）、E（economic：经济）、S（socio-cultural：社会文化）、T（technological：技术）、E（environmental：环境）和L（legal：法律）六个领域进行逐一分析，如图1-4所示。

（1）政治因素（political）：是指对跨境电商企业经营活动具有实际与潜在影响的政治力量和有关的政策、政府干预措施等因素。

（2）经济因素（economic）：是指跨境电商企业外部的经济结构、产业布局、资源状况、经济发展水平以及未来的经济走势等。

（3）社会文化因素（sociocultural）：是指跨境电商企业所在社会中成员的历史发展、文化传统、价值观念、教育水平以及风俗习惯等因素。

（4）技术因素（technological）：不仅仅包括那些引起革命性变化的发明，还包括与企业生产有关的新技术、新工艺、新材料的出现和发展趋势以及应用前景。

（5）环境因素（environmental）：一个跨境电商企业的经营活动、产品或服务中能与环境发生相互作用的要素，如可持续发展空间（能源、资源、碳循环等）。

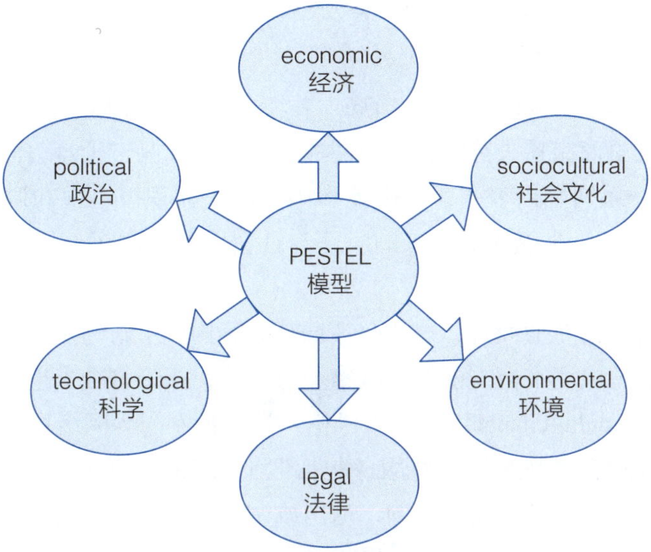

图 1-4　PESTEL 模型

（6）法律因素（legal）：跨境电商企业外部的法律、法规、司法状况和公民法律意识所组成的综合系统。

三、国际市场宏观环境分析

（一）政治法律环境

1．政治局势的变化

近年来，政治局势复杂且多变，大国间的地缘政治竞争与博弈显著加剧，国际力量对比深刻调整，导致全球政治格局持续动荡。地缘政治风险上升，热点地区冲突频发。例如，俄乌战争等地缘政治事件不仅加剧了地区紧张局势，也对全球供应链、能源市场及金融市场产生了深远影响。同时，大国间的战略竞争与合作也在重新塑造国际关系的未来走向，科技竞争成为新的焦点，进一步加剧了国际政治环境的复杂性和不确定性。

2023 下半年以来，中东政治局势持续动荡，大国博弈、地区冲突频发，地缘政治风险显著上升。中东地区作为全球能源供应的关键节点，其政治稳定直接关系到全球能源市场的波动，进而影响国际贸易的发展。

2．法律法规的重要性

法律在跨境电商领域扮演着至关重要的角色，它不仅是企业合规运营的基石，确保企业在全球范围内严格遵守不同国家和地区的法律法规，从而有效规避法律风险和潜在的罚款，更是维护企业良好声誉、保障消费者权益以及促进市场公平竞争的关键要素。

例如，2023 年 9 月，印度尼西亚政府正式颁布了《2023 年第 31 号贸易部条例》（也称《2023 年第 31 号贸易部长令》），这一法令对跨境电商行业产生了深远影响。该条例明确规定，印度尼西亚境内的社交媒体平台仅可用于商品或服务的宣传推广，严禁直接作为商品销售的平台使用。此外，该条例还强制印度尼西亚电商平台对从国外直接进口的商品设置100美元的最低价格门槛，旨在通过价格调控手段保护本土制造业免受进口商品的过度冲击。

马来西亚政府亦在密切关注这一趋势，并考虑出台类似政策，特别是针对TikTok等社交媒体平台上的电商交易进行限制，以回应公众对于商品定价竞争激烈及数据隐私保护问题的担忧。这一系列举措表明，东南亚多国政府正在积极审视和调整其电商政策，以应对直播带货等新兴商业模式所带来的经济与社会影响，同时努力维护本土制造业的竞争力。

对于我国跨境电商企业而言，这些政策调整无疑构成了新的挑战。为了继续在国际市场上稳健发展，跨境电商平台需要积极调整业务模式，探索符合当地法律法规的合规运营路径；MCN机构（multi-channel network机构，是一种专门为网络视频创作者或其他内容创作者提供全方位服务的机构，这些服务包括但不限于内容策划、拍摄制作、宣传推广、粉丝管理、商业变现等）则需及时转型，退出或调整直播运营策略；而出海商家则需面对线上市场受限的现实，考虑通过线下拓展代理商或经销商等传统国际贸易方式，以寻找新的增长点。

3. 其他合规要求

在国际市场推广中，企业除了要遵循各国法律法规外，还要特别关注税务合规、环保标准、劳动法规及知识产权保护等其他合规要求。例如，需要确保税务申报的准确无误与及时缴纳，以维护良好的税务信誉；产品符合目标市场的环保标准，如欧盟《关于限制在电子电气设备中使用某些有害成分的指令》；严格遵守当地劳动法规保障员工权益，并加强知识产权保护以维护企业海外经营的合法性与竞争力。以阿里巴巴国际站为例，企业在该平台上开设店铺时，需深入研读并严格遵守平台的禁限售规则及其他相关规定，确保经营活动既合法合规，又符合平台标准，从而在国际市场中稳健前行。

（二）经济环境

市场推广必须分析经济趋势、目标市场的经济状况、顾客的购买能力是否与自己的企业定位和产品定位相匹配。

1. 收入

各个国家的收入水平和可分配收入的差异是很大的。收入不但影响购买力，而且会形成消费风格，故分析收入水平对跨境电商企业来说非常重要。但收入数据往往涉及个人隐私，不能直接调查，因此通常用人均国民生产总值来初步判断某个国家的国民个人财富情况。

2. 汇率

汇率是指两种货币之间兑换的比率，通常用一种货币购买另一种货币的价格来表示。汇率的高低对于一个国家的出口企业来说至关重要，因为它直接影响了出口商品的成本和价格，进而影响了商品在国际市场上的竞争力。汇率的变动是一个不可控因素，对于出口企业来说是一个巨大的挑战，有时甚至会导致亏本。

为了保持竞争力，出口企业需要密切关注汇率变化，并及时调整报价。因为目前国际支付货币以美元为主，所以重点关注美元兑换人民币的汇率，可以参考中国人民银行货币政策司每日发布的人民币汇率中间价公告来获取权威汇率数据。此外，跨境电商企业还应关注汇率变化的趋势和稳定性，可以查阅中国人民银行货币政策司发布的人民币汇率中间价图表，并通过中国外汇交易中心的中国货币网进行灵活的查询。这些工具和数据可以帮助企业及时了解汇率变动，制定合理的出口策略，以保持竞争力和稳定盈利。

3. 信贷环境

消费者支出是受多种因素影响的，其中包括储蓄、债务和信贷可用性。中国一直被认为是一个高储蓄率的国家，这主要是由于人们普遍秉持量入为出、勤俭节约的价值观念，同时也与个人投资驱动欠缺和社会保障机制不完善等因素有关。相反，许多西方国家则具有高负债率的特征，人们更习惯于超前消费。在开展跨境电商业务时，企业必须考虑目标市场的信贷环境，并制定相应的市场策略。

4. 对外资或外商的友好程度

对于跨境电商而言，若需要建立海外仓，那么就必须了解当地的优惠政策以及该国是否欢迎外资进入，并且需要了解外资能够享受到哪些优惠条件。此外，还需要注意该国是否对进口货物有限制或是否会加征关税，因为这些因素都会直接影响到跨境电商的成本和价格。以印度尼西亚为例，该国规定，对于75美元以上的物品，需要缴纳7.5%的关税、10%的增值税和10%的所得税，而且增值税和所得税是在关税的基础上征收，导致税率达到了29%。而在新加坡，只需缴纳7%的消费税。因此，跨境电商在选择海外仓地点时，必须综合考虑多种因素，包括税率、政策优惠等。

（三）社会文化环境

1. 人口变迁

人口变迁是指人口在数量、年龄结构、地理分布、教育水平、家庭类型、种族和信仰等方面的变化。在我国，改革开放以来的政策和措施使人口红利得以释放，但目前老龄化正在加速，这意味着未来养老和医疗产业市场巨大。同时，城市化进程加速了人口的地理迁移，重点城市和发达地区的虹吸效应日益明显，市场竞争更加激烈。家庭规模缩小，丁克族和不婚族增多，个体消费经济发展迅速。跨境电商企业也必须考虑人口变化趋势对其业务的影响。例如，韩国2024年度总和生育率为0.68，跌至历史新低，这对跨境电商企业来说是一个很明显的提示，需要关注人口变迁对市场需求的影响，以便制定更为适应市场变化的策略。

2. 核心价值观的重要性

在特定社会中，人们的核心信仰和价值观往往是稳定的。例如，有些国家信仰伊斯兰教，遵循伊斯兰教的规定和传统。对于跨境电商企业而言，在进入伊斯兰国家市场时，需要符合当地的文化习惯，避免触犯敏感问题。

（四）科技环境

跨境电商企业在拓展国际市场时，必须考虑目标市场的科技环境。科技环境的差异可能会对产品的研发、生产和销售产生重大影响。例如，美国在第二次世界大战后经济迅猛发展，这与其先进的科技环境密不可分。在非洲市场，由于科技水平落后，很多地方缺乏基础设施，如电力供应。因此，Tecno（传音）公司在非洲市场推出了一款不需要用线充电的手机，只需要用5号电池即可续航。这个产品迎合了当地市场的需求，使Tecno在非洲市场打败了诺基亚、三星等大品牌，成为“手机一哥”。

1. 技术变革的加速度

科技变革的速度日新月异，从过去的BB机、模拟机到数字手机，再到智能手机，这一切只在短短20年内就发生了。我国在互联网时代基本处于跟随状态，但在移动互联网时代，却在许多方面走在世界前列，如移动支付，为国人带来了前所未有的便利。对于跨境电商企业来说，了解当地的网络状况、3G/4G/5G的普及程度、智能手机的普及率以及消费者的联网时间等是非常重要的。近年来，东南亚电商市场的崛起与互联网技术的进步和普及程度有很大关系。

2. 重视研发、原创和知识产权

在一个全球化的商业环境中，我国企业要想在跨境电商中获得成功，必须重视研发、原创和知识产权。这可以为企业带来独特的产品和技术能力，帮助企业在国际市场上脱颖而出，增强其市场竞争力。通过研发和原创，企业可以推动技术创新，提升产品和服务的质量和附加值。此外，企业还需要了解知识产权相关的法律法规和国际惯例，以便避免侵犯知识产权，避免出现知识产权纠纷，避免可能的诉讼风险。因此，重视知识产权的保护和研发是我国企业走向国际市场的关键。

（五）自然环境

自然环境的恶化已经成为一个全球性问题，各国都在采取措施减少人类活动对环境的负面影响。在这样的背景下，越来越多的国家和消费者开始重视绿色营销，要求企业提供可持续发展的解决方案。对于跨境电商企业来说，面对不同国家的环保要求和法规，需要考虑其出口产品是否符合当地的环保标准，以确保其产品在市场上的可接受性。

此外，企业也需要承担更多的社会责任，展示其对环保和可持续发展的承诺。这可能包括通过绿色包装、节能产品和清洁能源等方式来降低环境影响。通过这些举措，企业可以赢得消费者和社会的信任和支持，提高其品牌价值和市场竞争力。

（六）其他重大事件

全球性事件，如公共卫生事件、金融危机等的爆发和蔓延，无疑会对多个行业和企业造成深远的冲击。许多企业因此陷入停摆状态，全球经济也遭受巨大的损失。然而，在这种充满挑战的环境中，依然有部分企业凭借敏锐的洞察力和灵活的应变能力，取得了显著的业绩。因此，跨境电商企业需要时刻关注国际重大事件的发展，通过对全球趋势的深入了解和准确判断，制定出更加有效的推广策略，应对挑战并抓住机遇。

虽然宏观市场环境分析对于确定目标市场具有重要的参考价值，但是考虑因素众多，我们往往在短期内无法做到足够细致。在实践中，我们可以通过在互联网上进行资料调查来较为粗略地了解目标市场，首先排除明显的负面宏观因素，然后在推广过程中持续、深入地了解目标市场的情况，以更好地适应市场需求，提高销售业绩。

任务训练

◆ 任务目标

了解一个国家市场环境的现状，以及评估未来市场趋势。

◆ 任务导入

选择一个国家，了解该国的政治、经济、社会和文化等基本情况，调查该国市场的行业结构和市场规模，分析该国家的市场趋势，包括市场机会、挑战和潜在威胁等。

市场环境调研工具：中华人民共和国商务部“走出去”公共服务平台（https://fec.mofcom.gov.cn/），该网站有服务“一带一路”、国别（地区）指南、境外经贸合作区、境外完全风险防范等多个栏目，其中“国别（地区）指南”涉及各国的基础情况、政治、与中国的贸易等，是了解该国市场情况的重要指南。

◆ 任务要求

学生可以自由选择分析的国家和市场，但必须在任务开始前向教师提交任务计划，经教师审批后开始调研，之后提交一份完整的报告，详细介绍市场分析结果和未来的市场趋势。

子任务二　消费者及消费者行为分析

消费者及消费者行为分析

任务导入

云帆电子商务有限公司主要销售快时尚女装，以欧美、中东、印度等地消费者为主。不同地区的消费者在消费观念、购买决策、支付方式等方面存在差异，企业在销售策略和产品设计上也需要根据目标市场的特点做出相应调整。王经理要求李华分析目标市场的消费者及其消费行为。李华应该如何去做呢？

任务分析

在跨境电商领域，对其消费者分析是通过对其区域、特征、消费习惯等进行收集和分析，从而了解其特征和需求的过程。而消费者行为分析的确切目的是找到影响消费者行为的相关因素，以及通过分析这些因素来了解消费者的行为特点。

知识链接

一、跨境电商消费者分析

跨境电商是一种发展迅速的互联网贸易形式，它不受传统商业贸易方式的限制，能够很好地满足消费者的需求，而且还能带来双赢的局面。

（一）消费者区域分析

海关数据显示，2023年我国跨境电商出口规模达到了1.83万亿元，主要出口国家为欧美国家，如美国、英国、法国和德国。这些国家市场成熟，网购普及率高，同时还拥有强大的基础设施和国家政策的支持。

随着跨境电商平台的快速发展，多语言沟通的实现和跨境贸易服务的全球化覆盖，东南亚、印度、巴西、中东地区、非洲等新兴市场逐渐崛起。同时，互联网技术、物流等基础设施也不断得到优化完善，智能手机的普及和网购习惯的养成也在推动着这些国家和地区的跨境购物消费者数量迅速增长，进而形成了庞大的跨境电商需求空间。

（二）消费者特征分析

海外消费者永远是国际市场推广关注的热点，把握跨境电商消费者的特征，对于跨境电商企业营销决策和实施都是十分重要的。

1. 消费者视觉、听觉以及空间位置的感知环境更加丰富

随着移动通信技术、数字多媒体技术、信息交互技术和位置服务技术的快速发展，极大促进了消费者对基于位置、搜索和社交的消费需求的产生，同时也提供了更加全球化、即时和丰富的视觉、听觉和空间位置的感知环境。另外，移动App的用户体验，可以带来更加便捷、快速、个性化的购物体验，提高消费者的购买欲望和满意度。

2. 海外消费者对中国品牌和商品认知提升

在以法国和德国为代表的欧洲市场，中国品牌或产品的曝光率较高。法国有高达55%的受访者表示“经常”或“十分经常”看到中国品牌或产品信息，德国的比例则为43%。与主流的欧美市场相比，在以巴西、菲律宾和尼日利亚为代表的新兴市场中，中国品牌或产品的曝光率更高。

总体来看，国际市场对中国品牌或产品接触越来越多，更加了解，更加熟悉。对中国品牌或产品的认知提升，消费者对跨境电商商品的需求更加丰富和旺盛，因此在未来发展中，跨境电商企业应更多关注国际市场的品牌或产品布局，挖掘新的市场贸易红利。《2024中国品牌全球传播调研报告》显示，在出海的中国企业中，93.6%的企业注重“产品/服务”主题的传播。

3. 海外消费者显示出强烈的社交性愿望

跨境电商环境具有去中心性、互动性、分散性等特点，提供了更加丰富的社会化媒体交流沟通功能和引擎式搜索用户生成内容的功能，消费者的各种消费体验能够快速地传播和扩散，从而对其他消费者的信息搜索与选择过程产生一定的影响，形成一个动态的良性循环。通过评价和分享，消费者显示出强烈的社交性愿望和行为，具有极大的商业价值。

4. 海外消费者个性化和潜在需求易于进行智能分析

跨境电商消费者的行为和决策都依赖于信息，他们可接触的商品信息更加丰富，价格更加低廉，信息传播和更新更加快速，在线支付平台更加安全便捷。大数据分析、语义检索能够对消费者的消费记录和浏览信息进行智能分析，根据浏览轨迹确定他们的兴

趣偏好和潜在消费需求，进行精准推广，以满足他们个性化需求和潜在需求。

（三）消费者消费习惯分析

融合了全球性、移动性、社交性和位置服务之后，跨境电商消费者行为习惯发生了巨大的变化，他们有了更加多样化和社会性的消费需求，更倾向于建立社交网络、体验与分享消费信息、彰显个性与偏好以及线上线下统一的消费行为，涵盖了商品或服务的购买与使用、信息搜索与筛选、个体或群体影响、推荐与分享、评价的个性化消费行为。

1. 北美

美国和加拿大是中国产品需求较大的两个发达国家。美国的电子商务市场相对完善，拥有庞大的网上消费者数量和高消费水平的购物群体。美国人非常注重商品的质量和包装，价格也逐渐成为竞争热点。高、中、低档商品的价格差别很大，而劣质商品很难打开市场。此外，美国消费者有来自各国的移民，因此对新事物有很高的接受度和包容度。美国消费者对消费类电子产品青睐有加，他们会在网上查询产品评价并观看产品测评视频。要拓展美国市场，商品的包装必须新颖、雅致、美观、大方，能够产生一定舒服惬意的效果。例如，茅台酒在为拓展美国市场而进行的包装升级和改进中，注重环保性，使用可回收材料制成的纸盒进行包装，符合消费者对环保的重视。在美国市场，服饰配件、玩具、消费类电子品最受消费者欢迎。

2. 南美

南美共有十几个国家和地区，大部分属于发展中国家，是跨境电商的一个新兴市场。目前跨境买家占比最大的国家是巴西、哥伦比亚、巴拿马等，消费者特点大致相似。南美消费者通常比较看重品牌的知名度和声誉，也更看重技术型产品的性能，在价格上也相对比较敏感。此外，他们喜欢消费，网上购物消费人群也在不断递增，这也给中国跨境电商企业带来了发展机遇。

3. 欧洲

欧洲各国的消费者有着不同的购物习惯和偏好。英国消费者注重品质和实用性，在购买时看重产品的细节和外观，而不太在意品牌。他们喜欢网上购物和预支消费，尤其是对于日常用品和化妆品等商品。法国消费者目的性较强，在网上购物时主要搜索自己需要的商品，而且购买旅游、文化、服务等相关商品的比例较高。德国消费者消费比较理性，注重生活品质和节日礼物的选择，愿意为家居用品、办公用品、汽车和旅行等付费。俄罗斯消费者注重保暖和运动，喜欢购买冬季必需品和运动服装及配件，同时他们也有送礼文化，他们会在特定的节日送礼物，而价格是影响购买决策的重要因素。在美容方面，俄罗斯女性对品牌化妆品的需求较大。

4. 亚洲

亚洲消费者对新产品和新服务非常好奇，特别是对技术型产品更感兴趣。在日本，人们对商品品质的要求非常苛刻，经常会经过严格的检测。日本人几乎都使用信用卡，而且喜欢提前消费，网络使用率也非常高，对网络消费的意愿很强。韩国拥有极快的互联网速度，女性消费者是主要的消费群体，她们对服饰、美容和珠宝类产品非常感兴趣。东南亚是跨境电商市场的新兴地区，有着庞大而年轻的人口。当地人喜欢使用社交软件，移动端电商市场占绝大多数。印度人非常注重产品的价格，并且越来越注重品牌，他们对家庭非常重视，在购物时会考虑家人的意见。在中东地区，年轻人更容易接受新产品和服务，跨境网购也越来越受欢迎，但现在仍然有很多人更喜欢使用货到付款的结算方式。

5. 非洲

非洲是一个人口众多的大陆，随着经济的快速发展，消费者群体也在迅速增长。在非洲，年轻的一代人（18 ~ 34岁）成为消费市场的主力军，他们喜欢从互联网上寻找消费信息，更加注重时尚和流行趋势，同时也乐于尝试新的产品和服务。

对于非洲消费者而言，实用性产品是他们最看重的，特别是那些具备高科技含量的产品。以前，非洲的消费者往往只关注商品价格，而忽略了品质和品牌。但现在，随着消费水平的提高，他们对品牌和质量也开始有了更高的认识。在购买服装方面，质量已成为非洲消费者考虑的首要因素。

此外，非洲消费者更喜欢使用移动设备进行购物，因为这样可以随时随地购买商品，非常方便。总体来说，非洲消费市场呈现出年轻、注重实用性和品质、喜欢使用移动设备等特点。

二、跨境电商消费者行为分析

消费者行为是指消费者为获取、使用、处置消费物品或服务所采取的各种行动，包括先于且决定这些行动的决策过程。近年来，跨境电子商务服务的体验不断优化，线上跨境购物的消费习惯得以逐渐形成并普及。

对跨境电商消费者行为进行深入分析，有助于我们全面而客观地了解哪些因素对他们的购买行为产生重要影响。基于这些分析结果，跨境商家可以更有针对性地制定推广策略，从而为消费者提供更加优质的产品和服务。

（一）影响消费者行为的因素

1. 消费者自身因素

消费者自身因素会深刻影响到他们的互联网消费行为，这些消费者自身因素具体有以下几项。第一，性别年龄因素。女性消费者尤其热衷网上购物，她们通常有更多的商品选择，因而网上购物更容易受到女性消费者的青睐。从年龄层次来看，由于年轻人思想更为开放，消费更为积极，且喜好追求时尚与潮流，因而更倾向于网上购物这种消费模式。第二，购买动机因素。当今的消费者已经离不开网上购物，他们往往关注这些跨境电商平台的个性化设计、知名度、服务体验等，这些细节会直接决定消费者是否购买商品，也就是跨境电商平台所具备的这些特点，将会刺激消费者的购买动机。第三，风险承受能力因素。跨境电商平台提供的是一种虚拟化的交易平台，消费者只能通过网络上的图片、视频、文字等对商品进行判断，所以在某种程度上的确很难判断购买的商品是否与实物相符，有时甚至会面临资金交易方面的安全问题。可见，对于广大跨境电商企业而言，消费者的风险承受能力也不应忽视。

2. 消费环境因素

在电子商务环境下，消费环境会影响到消费者的购买行为。消费环境因素具体可分为以下几项。第一，产品服务因素。物美价廉永远是消费者的最大追求，每个消费者在购物时都希望找到商品质量与价格的最佳平衡点，而电子商务较为低廉的消费成本对广大消费者而言的确有着很强的吸引力，决定着他们具体的消费行为。当然，良好的服务品质也是留住消费者的重要筹码。第二，物流配送因素。跨境电商所设计的物流配送也有着自己非常明显的特点，这与传统的国内物流配送存在很大不同，其中最大的区别就在于跨境电商交易的全流程一定要有科学、完善的物流配送体系。事实上，消费者的购买行为会受到物流效率、价格等因素的影响。第三，网络安全性因素。广大消费者在进行网络交易时，除了担心购买的产品会出现质量问题外，最害怕的就是自身财产安全得不到保障。一旦感觉财产不够安全，消费者的购买行为就会趋于保守，从而减少或放弃网络交易。网络的安全性一般包括操作的安全、数据传递的安全等，这也是目前跨境电商平台较为关注的核心问题之一。

（二）消费者行为特点

1. 消费者需求趋于个性化和多样化

随着全球化的发展和数字科技的普及，跨境电商消费市场已经趋向细分化，消费者对商品和服务的需求也越来越个性化和多样化。消费者对于商品的需求不再仅仅停留在产品的基本属性上，而是更注重品质、体验、服务、环保、社会责任等方面，同时也更加注重个性化和定制化。消费者可以通过跨境电商平台直接获取海外商品和服务，也可以通过社交媒体、口碑评价等渠道获取商品和服务的详细信息。

2. 消费者行为趋于理性化

随着跨境电商市场的不断发展和成熟，消费者的消费观念也在逐渐改变。消费者不再盲目跟风追求时尚潮流，而是更注重产品的品质、价格、售后服务等实际因素。他们会通过各种渠道获取商品的相关信息，包括品牌背景、产品成分、生产工艺等，以便更好地判断产品的价值和适用性。此外，消费者也更加注重个人消费需求的满足，更愿意在网上浏览、对比和筛选产品，以便找到最符合自己需求的商品。

3. 消费者日益看重全方位优质服务

随着跨境电商平台和独立站的不断升级，消费者对于服务的需求也逐渐得到了重视。比如，消费者越来越关注物流时效和配送服务的质量，包括运费、送货时间和退换货服务等。此外，消费者对于售后服务的质量也越来越关注，比如退换货流程的简单便捷、退款速度等方面。这些服务需求的主流化反映了跨境电商消费者对于全方位的购物体验的期望，而企业在提供优质服务的同时，也需要不断改进和提升自身的服务水平，以满足消费者的需求，提升企业的品牌形象和竞争力。

任务训练

◆ 任务目标

深入了解国际市场的消费者行为特点和消费习惯，掌握相关的数据分析和研究方法。

◆ 任务导入

通过文献和网络调查，收集海外消费者的相关数据，如消费者年龄、性别、职业、收入等基本信息，以及购物习惯、消费心理等。将收集到的数据按照不同地区进行比较分析，探究不同地区的消费者行为特点、购物习惯和消费心理的异同。

◆ 任务要求

认真思考，团队协作，以小组为单位，撰写实训报告，不少于1500字。

任务三 国际市场推广渠道

任务目标

1. 了解国际市场推广渠道类型。
2. 掌握国际市场不同推广渠道的特点。
3. 能够根据品牌的市场定位和发展方向，选择合适的推广渠道。

子任务一 推广渠道结构

推广渠道结构

任务导入

云帆电子商务有限公司业务受海外市场消费疲软、通货膨胀等多重因素叠加影响，遇到销售瓶颈，增长乏力。公司想开拓更多推广渠道，进一步引流转化，推动业务增长。王经理安排李华了解国际市场上主要的推广渠道，并分析它们的特点。李华应该如何操作呢?

任务分析

国际市场上的主要推广渠道可以分为线下渠道和线上渠道两种类型。两种类型的推广渠道可以相互补充，形成协同效应，提高推广效果。例如，在展会上可以通过向参展者发放宣传资料并引导他们关注企业的社交媒体账号，从而将线下客户转化为线上粉丝；在EDM中可以邀请客户参加线下活动，进一步增强客户关系，提高品牌忠诚度等。

知识链接

国际市场推广主要有线下和线上这两种主要渠道，线下是以展会、报纸、杂志和电视为主的传统媒体，线上是以Google、Facebook等为主的数字媒体。

一、线下渠道

线下的渠道比较传统且比较固定，主要有展会推广和线下媒体推广。

（一）展会推广

国际市场推广的方式有很多，在跨境电商交易中，展会是众多企业公认的较为有效的方式之一。在展会中，来自各方面的卖家、买家、业内专家等相聚一堂。参展企业不仅做成了生意，还调查了市场，得到了新的启发，获得了新的信息，了解了所经营的产品的未来发展趋势及所面临的竞争与风险，同时也客观地检验了参展的产品在市场上是否具有竞争力。

展会推广案例

展会是为了展示产品和技术、拓展渠道、促进销售、传播品牌而进行的一种宣传活动。与传统纸媒的覆盖性和网络媒体的迅捷性相比，展会有其自身的优势。展会推广是指跨境电商企业为了吸引更多的目标客户，提高品牌的价值和影响力，通过会展服务、形象设计、定价、渠道、促销、宣传等手段开展的一系列市场推广活动。简言之，展会推广就是跨境电商企业向目标客户提供产品或服务的一种推广活动和管理过程。

1. 展会种类

跨境电商展会在市场上主要有两类，一类是多品类跨境电商展，覆盖了纺织、家居、电子、家电、玩具、婴童等多种产品；另一类是关注某一领域的垂直性跨境电商展。

两类展会各有优劣，多品类跨境电商展的优点明显，品类多，买家多，现场人流量大。跨境电商行业中小卖家居多，小单快采（即订单数量小，但是采购次数多。买家一年可能下单四五十次，每次订单量小，避免库存，紧跟潮流和消费者需求）正成为行业新的特点，多品类跨境电商展可以吸引广大的卖家群体和媒体关注。缺点也同样显著，展会大而难精，买卖双方匹配吃力。中国跨境电商交易会（福州）、ICBE国际跨境电商交易博览会等就属于多品类。而垂直性的跨境电商展一般聚焦1～2个行业，如电子或家居类展会，这类展会规模相对较小，知名度仅限于行业内，由于产品精确，买家也较为精准。

2. 展会推广类型

展会推广主要包括以下三种类型。

（1）主办型。即由跨境电商企业负责组织、以宣传产品为目标的展会，例如，产品上线时的推介会、动员会、培训会，以展示产品代言人形象或吉祥物形象的展览，为了庆祝产品达到指定目标峰值时举办的演出或宴会等。这些手段都可以让产品得到进一步的曝光并提升产品的认知度、知名度与好感度。

（2）合作型。即与各类展会以赞助、合办等形式进行合作推广。例如，有一个针对产品包装的会议即将召开，而刚好需要寻找产品的包装供应商，那么可以用产品品牌的名义赞助该会议（赞助形式可以是资金，也可以是会议礼品）或与主办方合办会议（为会议提供某一方面的特定资源，从而交换推广资源）。总之，如果企业愿意赞助指定类型的展会，完全可以与展会的主办方联系，也可以在网络上发布相应的需求来寻求符合条件的展会合作资源。

（3）参与型。即成为参与展会的一方，如某个专业展会或综合展会。需要结合重点开发市场筛选展会，建议分析过去几届展会官方网站公布的展后报告，全方位考核展会质量。

3. 展会推广优缺点

展会推广是一种高效且直观的市场营销方式。在展会上，企业可以直接展示产品，与潜在客户面对面交流，这种互动不仅有助于建立信任，还能迅速捕捉市场反馈。此外，展会汇聚了来自世界各地的买家和供应商，为跨境电商企业提供了一个优质的采购与商机对接平台。

然而，展会推广也存在一些不容忽视的缺点。首先，参展成本高昂，包括展位费、物流费、人员差旅费等。其次，展会效果往往受到诸多客观因素的影响，如自然灾害等，这些因素可能导致展会取消或延期，给参展企业带来风险和损失。因此，在选择是否参展时，跨境电商企业需要进行充分的风险评估。

知识拓展

中国进出口商品交易会

中国进出口商品交易会（the China import and export fair，简称“广交会”）自1957年4月25日创办以来，每年春秋两季在广州举办，由中华人民共和国商务部和广东省人民政府联合主办，中国对外贸易中心承办。广交会是中国历史最长、层次最高、规模最大、商品种类最全、到会采购商最多且分布国别地区最广、成交效果最好的综合性国际贸易盛会，被誉为“中国第一展”。

广交会贸易方式灵活多样，除传统的看样成交外，还设有网上交易会。广交会主要聚焦出口贸易，但同样开展进口业务，并推动多种形式的经济技术合作与交流。此外，还涵盖了商检、保险、运输、广告、咨询等一系列相关业务活动，为参展商和采购商提供全方位的服务与支持。

（二）线下媒体推广

线下媒体是相对于线上网络媒体而言的，它的传播媒介不是互联网，而是线下的出版物或线下的设备、设施等。我们常说的线下媒体包括报纸、杂志、电视、广播和户外媒体等，如表1–1所示。

表1-1　线下媒体渠道类型

线下媒体渠道类型	基本介绍
报纸	向用户传播新闻、时事等资讯的纸质出版物
杂志	按照一定期限成册出版的印刷品，各行各业都有相应的刊物
电视	利用电子技术及设备传输图像和音频的接收设备
广播	通过无线电波或导线传送声音的传播工具
户外媒体	存在于户外，尤其是公共空间的传播媒介。常见的户外媒体包括公共交通工具上的媒体（公交媒体、火车媒体、地铁媒体等）、公共环境内的媒体（商超媒体、广场媒体、机场媒体、电梯楼宇媒体等）和建筑物上媒体（墙体媒体、建筑LED媒体等）

当然，随着互联网的迅猛发展，线下媒体与线上媒体的界限越来越模糊，网络报纸、网络杂志、网络电视、网络广播都已经出现。所以为了区分，我们不妨将这些渠道更准确地称为传统渠道。

五大传统媒体都有各自的、成熟的推广合作模式。最典型的当然是投放广告，如报纸的整版广告、半版广告、报眼广告、通栏广告、新闻广告、软文广告；杂志的封面广告、封底广告、内页广告、插页广告、文章报道广告；电视和广播的时段广告、节目冠名广告以及各种户外广告位，这些都由专门的广告服务负责人或广告代理商处理。借助人脉资源或互联网上的资讯即可获得相应的联系方式，从而获取广告资源与报价单。

不过传统媒体的式微也使传统媒体一直在转型和创新，并提出了更多共赢的推广合作模式，如线下联合举办活动、产品专题定制主题、共同搭建户外互动场地或将传统媒体与线上媒体全面结合等，只要双方将资源摆出来并找到利益的共同点，推广的模式可以多种多样。

二、线上渠道

（一）线上展会推广

线上展会推广是一种利用数字技术在虚拟展览中展示和推广产品或服务的营销策略。通过线上展会，企业可以摆脱时间和空间的限制，向全球受众展示产品或服务，并提供互动体验和在线沟通机会。线上展会推广还可以借助数据分析等技术，了解用户兴趣和需求，进行定制化营销。

线上展会推广的优点在于可以有效地吸引海外潜在客户并建立品牌形象，提供更为便捷、实时、全球化的展示方式。此外，线上展会推广还可以降低营销成本，节约传统展会的物流、租金等费用，并节省人员和时间成本。另外，线上展会推广还可以借助数字化技术提高互动体验和展示效果，比如虚拟现实、3D展示等技术，增强用户体验和记忆效果。

然而，线上展会推广也存在一些缺点。首先，线上展会推广仍然需要付出一定的人力、财力和技术支持，比如网站开发、数字展示技术、在线互动工具等。其次，由于在线展览通常面向全球受众，涉及语言和文化差异，因此需要定制化推广策略和翻译支持。最后，线上展会推广虽然可以提供很好的数字化体验，但缺少现场互动和面对面沟通，可能会影响建立深度联系和信任关系。

（二）视觉营销推广

视觉营销推广是一种以图像和视频为核心，通过视觉呈现的方式来推广产品或服务的营销策略。它包括各种形式的图片、动画、视频等媒介，旨在吸引受众的眼球并引起他们的情感共鸣，从而增加品牌曝光度和用户黏性。视觉营销推广可在多种平台上进行，包括社交媒体、广告平台、视频网站等，比较知名的有YouTube、TikTok等。

视觉营销推广的优点在于传达信息的能力非常强，可以更加直观地呈现产品或服务的特点和优势，吸引目标受众的注意力，提升品牌曝光度和用户黏性。此外，视觉媒体具有易分享和传播的特点，可以通过社交媒体等渠道进行快速传播。同时，视觉营销推广还可以通过广告投放等方式实现更精准的目标客户群体覆盖。

然而，视觉营销推广也存在一些缺点。首先，视觉媒体需要投入更多的资金和时间进行制作和优化，从而增加了推广成本和难度。其次，视觉营销推广对制作人员的要求比较高，需要具备一定的创意和技术能力，否则可能无法达到预期效果。此外，视觉营销推广也存在信息过载和视觉疲劳等问题，需要设计合理的营销策略和创意，以吸引目标受众的关注并提高转化率。

（三）海外社交媒体推广

海外社交媒体推广是一种利用社交媒体平台向目标海外受众推广产品或服务的营销策略。通过在海外社交媒体平台上发布内容、广告、合作推广等方式，可以吸引潜在客户的关注，提升品牌曝光度和用户黏性。海外社交媒体平台包括但不限于YouTube、X、Instagram、LinkedIn等。

社媒营销与品牌案例

海外社交媒体推广的优点在于可以在社交媒体平台上直接和目标受众进行互动，提升用户参与度和信任感。通过社交媒体平台的数据分析工具，可以更加准确地了解目标受众的兴趣和需求，进行精准化的定制化营销。此外，海外社交媒体平台在全球范围内具有广泛的用户群体，能够有效地覆盖海外市场。另外，海外社交媒体平台还可以借助广告投放、KOL合作等方式进行推广，提高品牌曝光度和用户黏性。

然而，海外社交媒体推广也存在一些缺点。首先，由于不同国家和地区的社交媒体平台、用户习惯和文化差异较大，需要根据实际情况制定不同的推广策略，增加了营销成本和难度。其次，海外社交媒体平台也存在一定的竞争压力，需要进行有效的广告投放和KOL合作等方式提高曝光度和用户黏性。最后，海外社交媒体平台的算法和政策会不断调整和变化，需要不断跟进和优化营销策略。

（四）EDM推广

EDM推广是通过电子邮件直接向目标受众发送营销信息的一种推广方式。EDM的全称是E-mail direct marketing，是许可式电子邮件营销。EDM推广包括发送电子邮件、邮件内容的设计和制作，以及邮件列表的管理等方面，旨在提高品牌曝光度、促进销售和客户维护。

EDM推广是一种可以快速传递营销信息的方式，具有成本低、效果好、受众精准等优势。通过对邮件列表的维护和管理，可以准确找到目标受众，对不同的用户群体进行不同的营销策略，提高营销效率。此外，EDM推广还可以方便地进行数据分析和跟踪，通过对邮件的打开率、点击率等数据的监测，不断优化营销策略，提高转化率。

然而，EDM推广也存在一些缺点。首先，过度频繁或不合理的邮件发送可能会让受众感到厌烦，导致营销效果不佳，甚至产生负面影响。其次，电子邮件的过滤机制和垃圾邮件规定也可能导致邮件被屏蔽或拦截，降低营销效果。此外，EDM推广需要有专业的设计和制作团队来进行邮件内容的设计和制作，需要投入一定的人力、物力和财力，增加了推广的成本。

（五）搜索引擎推广

搜索引擎推广（search engine marketing，SEM）是一种数字营销策略，通过在搜索引擎中购买关键词广告来推广产品或服务。SEM能够精准地定位潜在客户并在用户搜索相关关键词时直接将产品或服务推荐给他们，因此转化率相对较高。SEM广告费用和广告内容都可以灵活调整，因此可以根据需求实时调整SEM活动。此外，SEM的效果通常会在广告投放后很快显现，能够快速带来流量和转化。同时，SEM可以根据地理位置、关键词等多个维度定位广告受众，使广告展现的效果更加精准。

然而，SEM也存在一些缺点。首先，SEM的竞价排名模式意味着在竞争激烈的行业中，投入的成本会很高。其次，SEM需要具备专业的技能和知识，以制定有效的广告策略和管理SEM活动。此外，SEM的效果和展现受搜索引擎的影响，如果搜索引擎算法有所变化，可能会对SEM的效果产生影响。最后，SEM广告内容相对较少，容易被竞争对手模仿或者侵犯知识产权。

任务训练

◆ 任务目标

了解全国跨境电商展会情况，能够开展参展策划。

◆ 任务导入

将班级分为若干小组，每个小组负责调查一个区域，调查内容主要为：①该区域跨境电商展会的种类和规模，包括每年举办的展会数目、展会的面积、参展商和参观者的数量等；②该区域跨境电商展会针对哪些品类和产品，例如，服装、电子产品、家居用品、食品等。学生需要了解展会的品类分布情况，以及每个品类中的具体产品。

通过调查这些内容，可以了解全国跨境电商展会的整体情况和特点，为企业制订参展计划和展会推广策略提供参考和依据。

◆ 任务要求

认真思考，团队协作，以小组为单位，撰写分析报告，不少于1500字。

子任务二 推广渠道选择与管理

推广渠道选择与管理

任务导入

云帆电子商务有限公司海外推广专员李华在分析了线下和线上不同推广渠道的优缺点后，面对公司的业务需要如何选择和管理推广渠道，仍然束手无策。面对这种情况，他向王经理请教。王经理要求他深入调研，进一步谋划推广渠道的选择和管理。

任务分析

选择和管理推广渠道是一项关键的市场推广活动，它可以让企业有效地吸引和保留目标受众，提高品牌认知度和销售额。为了选择合适的渠道，企业需要根据有关影响因素来确定哪些渠道最适合触达目标受众。在渠道管理方面，企业需要不断监测和评估渠道的效果，调整和优化营销策略，以达到最佳的推广效果。

知识链接

一、推广渠道选择

每种推广渠道都是一个独立的渠道，多种推广渠道可以构成社会化营销网络，实现推广的由线及面。

（一）影响因素

1. 产品匹配

不同类型的产品需要使用不同的推广渠道，以达到最佳的推广效果。对于高频消费类产品，例如，日常用品和家居服装，推广渠道可以选择Facebook广告或者EDM推广。对于机械设备类产品，搜索引擎仍然是最主要的推广渠道。虽然短视频平台如YouTube和TikTok非常流行，但在工业品推广方面仍然属于极个别现象。这是因为工业品较为专业化，需要更具有技术性和专业性的营销方式。当然，如果企业有足够的创意和营销策略，也可以在短视频平台上发布有趣、富有吸引力的视频，吸引潜在客户的注意力。

2. 目标受众

了解目标受众的消费习惯、偏好、年龄段等细节，再根据目标受众的不同需求，从产品独特性、价值特色、消费者类型、竞争品牌对比等多角度进行综合评定，以便选择正确的推广渠道。

3. 渠道分类

熟悉各个渠道的优势，选择适合自身需求的渠道。Facebook、X、Instagram等社交媒体有利于品牌宣传；Google、Bing等搜索引擎有利于提高品牌知名度。

4. 渠道成本

要考虑不同渠道的成本，选择经济实惠的方式，以减少费用投入。如果预算有限，可以选择SEO或者免费的社交媒体进行推广。当一个品牌准备向海外扩张市场，预算又比较充足时，付费广告无疑是最有效的推广方式。付费广告可以为企业线上销售渠道吸引外部流量，完成粉丝增长、品牌曝光、产品销售、客户信息收集等转化目标。付费广告可以控制推广预算、获得高流量，通过年龄、性别、地域等进行精确的广告投放。知名的付费广告平台有Google、Facebook、YouTube、TikTok等。

5. 市场规模

为了成功拓展海外市场，企业需要了解市场规模、竞争格局等信息，并对市场进行细分，以便合理安排投放渠道和制定营销策略。例如，大疆创新[①]通过产品与市场数据将目标市场分为三个层级，针对不同市场采取不同的推广策略和渠道。对于成熟市场，如北美市场，采用以购买转化为目的的推广，通过Facebook等广告渠道实现快速测试和优化。针对欧洲市场，采用增加覆盖人群、加强定制化产品推广等方式实现网站引流的策略。而对于亚洲市场和澳洲市场，大疆着重提高品牌知名度，覆盖尽可能多的受众，并通过视频广告形式吸引受众，讲述品牌故事。

（二）推广渠道决策

推广渠道将企业与用户衔接起来，可以提高品牌知名度、用户黏性，还可以向平台网店或独立站拓展流量，提高转化。跨境电商企业选择推广渠道可以从以下方面入手。

1. 根据需求（推广目标）决定渠道

企业在选择推广渠道时应考虑自身业务需求和推广目标，并根据商品的需求和目标受众选择最适合的渠道。例如，对于日常消费品，可以使用传统媒介、搜索引擎、EDM和社交媒体等多种渠道，以提高品牌知名度。对于高端或特殊商品，可以参加专业的展会活动，拓展更多的海外市场。

2. 根据目标客户（受众）决定渠道

跨境电商企业在选择推广渠道时，还应根据目标受众的不同选择不同的方法。如需要推广给年轻人，可以考虑社交媒体推广，以便在社交平台上抓住年轻人的眼球；而针对企业客户，则可以发放电子邮件来建立联系，为客户提供报价及服务等相关信息。

3. 根据推广内容决定渠道

跨境电商企业也可以根据推广内容的不同，选择适当的推广渠道。如想要提高品牌

---

① 大疆创新，全称深圳市大疆创新科技有限公司（DJ-Innovations，简称“DJI”）。

的知名度，则可以采取社交媒体推广、电子邮件推广，将自身的品牌、产品等展现给消费者；而对于具体的产品交易，则可以采用搜索引擎推广的方式，便于消费者能够更加方便快捷地找到自己想要的产品。

4. 根据平台决定渠道

跨境电商企业还要根据不同的海外市场平台，选择合适的推广渠道。比如针对美国市场，可以考虑在Google、Facebook等平台上进行推广，以达到更高的宣传效果；而对于欧洲市场，又可以考虑Yahoo、X等平台来扩大自身的影响力。

5. 参考其他企业选择

跨境电商企业也可以参考其他企业的推广渠道，来总结学习。比如可以参考同行的推广效果，分析他们采用了什么样的渠道宣传，哪些渠道表现较好，从中借鉴其宣传策略，进行自己的海外推广。

二、推广渠道管理

不同的推广渠道均有差异化定位，即使掌握了上述渠道选择技巧，跨境电商企业依然会难以取舍。实践中，企业常常会选择多个推广渠道，实施所谓的“推广渠道矩阵”。因此，对推广渠道进行有效管理越来越重要。

（一）推广渠道评估

1. 渠道转化

对于跨境电商企业来说，分析不同的海外市场推广渠道的转化效果十分重要。例如，使用网站分析工具跟踪渠道访问量和转化率、为需要引流的目标页面提供链接并跟踪转化情况、采用特定的投放方式精准定位潜在用户群体等。通过对不同渠道的数据进行对比分析，企业可以确定哪些渠道带来了最多的流量和转化，从而调整营销策略，最大化渠道转化效果。

2. 渠道测评

对于不同的海外市场推广渠道也应给予不同的测评标准，例如，对于展会推广，可以考察每次展会的招待数量及后续的参展效果；对于SEO及EDM推广，可以通过统计不同关键词的排名情况、EDM电子邮件及优惠券的点击量及转化情况等，来评估渠道表现。

3. 推广渠道矩阵构建

推广渠道矩阵是一种将不同的推广渠道以矩阵的形式进行排列、管理和分析的工具。它通常由渠道类型、推广方式、预算、目标人群、转化率等多个维度组成，用以帮助企业在不同的推广渠道中找到最有效的方式，实现营销效果最大化。

（二）推广渠道建设规划

针对跨境电商企业的实际推广需求，制定一个全面的渠道建设规划是非常必要的。这个规划应该是一个有序的、系统的过程，包括不同渠道推广的基础建设、投放策略、效果分析和持续优化。

对于搜索引擎推广，企业可以从关键词优化开始。通过研究竞争对手的关键词，分析用户搜索行为和购买偏好，确定优化关键词的方向和重点。在关键词优化的基础上，可以逐步提升关键词等级，提高曝光率和转化率，最终实现更高的搜索引擎排名和流量。

对于社交媒体推广，企业可以先通过社交网站建立关注者群体。通过在社交网站上发布有价值、有吸引力的内容，增加社交媒体账号的曝光率和关注者数。然后，企业可以通过多种方式发布不同类型的内容，包括图片、视频、文字等，以获得最优的推广效果。同时，需要不断地分析社交媒体账号的数据变化，优化内容策略和发布时间等，提高转化率和收益。

在渠道建设规划的实施过程中，企业还需要关注推广效果的分析和持续优化。通过跟踪不同渠道的转化率、ROI、流量等数据，及时发现问题和机会，调整推广策略，持续优化推广效果。

跨境电商企业在推广渠道管理中要综合考虑当前国际市场环境、竞争对手动态及潜在消费者需求，精准控制推广预算以提高推广效率。同时，要积极寻求与国内外合作伙伴开展推广合作，以拓宽推广渠道。此外，还要不断提升产品知名度，定期发布新品并策划富有吸引力的推广活动；致力于拓展网络营销领域，灵活多样地运用各类新媒体渠道进行营销推广。这些都是跨境电商企业在国际市场推广渠道管理中应当着重关注的关键要素。

综上所述，跨境电商企业在开展市场研究、选择渠道、实施推广活动、评估效果等方面都需要科学管理。借助正确的管理方法，可以有效提高其在海外的推广效果，从而实现推广目标。

任务训练

◆ 任务目标

了解不同的推广渠道类型，掌握推广渠道选择和管理的方法和技巧，为企业的推广活动提供支持和建议。

◆ 任务导入

假如你是一家主营户外服装的独立站的海外推广专员，主要负责推广公司的产品在美国市场的销售。为了进一步提高销售和开发更多客户，需策划一场针对美国客户的市场推广活动。针对本次美国推广活动，请选择两种以上推广渠道进行策划。

◆ 任务要求

1. 要求根据目标市场以及产品类型说明推广渠道选择理由。
2. 认真思考，团队协作，以小组为单位，撰写实训报告，不少于1500字。

项目小结

本项目划分为三个核心任务：国际市场推广及流程、国际市场推广营销调研以及国际市场推广渠道。本项目旨在帮助学生深入理解和应用国际市场推广的基础知识与流程，同时强调掌握国际市场环境分析与消费者行为分析的方法与技巧，以及推广渠道的结构、选择与管理。

通过本项目的学习与实践，鼓励学生理解不同国家和地区的文化背景、价值观和消费习惯，培养跨文化沟通和理解的能力，从而在国际市场推广中更加精准地定位目标市场。

学习成果评价

一、不定项选择题

1. 国际市场推广的主要目的是（　　）。

   A. 扩大产品海外市场份额　　B. 提高产品售价和利润

   C. 减少生产成本　　D. 扩大公司规模和影响

2. 在拓展国际市场时，为什么需要考虑目标市场的科技环境？（　　）

   A. 科技环境会影响企业的发展战略

   B. 科技环境可能会对产品的研发、生产和销售产生重大影响

   C. 科技环境会影响企业的税收政策

   D. 科技环境可能会影响企业的人力资源管理

3. 为什么重视知识产权的保护和研发是我国企业走向国际市场的关键？（　　）

   A. 知识产权可以为企业带来独特的产品和技术能力

   B. 知识产权保护可以避免侵犯知识产权和可能的诉讼风险

   C. 知识产权研发可以推动技术创新

   D. 以上所有选项都正确

4. （　　）产品更适合使用搜索引擎作为主要推广渠道。

   A. 日常用品和家居服装

   B. 机械设备类

   C. 个人护理

   D. 电子

5. 推广渠道矩阵的维度通常包括（　　）。

   A. 渠道类型、推广方式、预算、目标人群、转化率

   B. 渠道类型、目标市场、人群特征、产品特点、价格策略

   C. 推广方式、市场需求、目标群体、预算、转化率

   D. 渠道类型、投放时间、推广方式、预算、竞争对手

二、简答题

1. 简述国际市场推广的作用及重要性。

2．简述国际市场推广流程。

3．PESTEL模型是什么？可以用来分析哪些领域？

4．请简要分析北美消费者特点。

5．国际市场推广渠道如何选择与管理？

项目二 国际市场推广分析

项目目标

- **知识目标**

1．了解国际市场推广折扣模式。
2．了解国际市场推广内容模式。
3．了解国际市场推广广告模式。
4．掌握品牌推广的内容与策略。
5．掌握产品定位方法及推广策略。
6．掌握独立站的类型及推广策略。
7．掌握跨境直播平台及推广策略。

- **技能目标**

1．能够针对企业经营目标，依据品牌定位和产品卖点选择合适的推广模式。
2．能够根据品牌或产品定位制定推广策略。
3．能够根据数据反馈及时调整独立站推广策略。

- **素养目标**

1．树立文化自信，增强国际化视野和跨文化交流能力。
2．培育立足中国、面向世界，开拓创新的职业道德。

思维导图

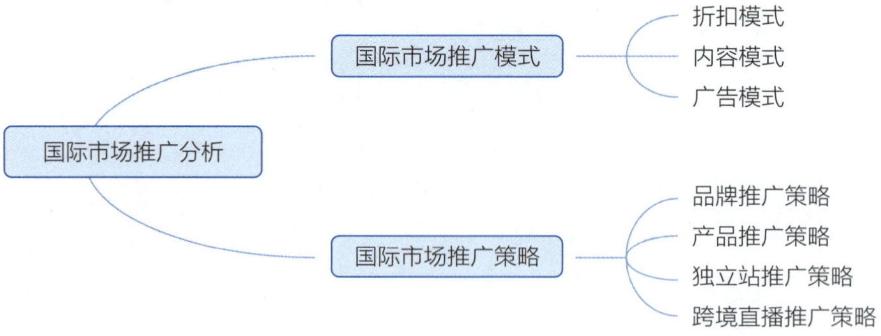

案例导入

大疆无人机：海外市场的成功之道

在全球无人机市场上，大疆创新凭借其卓越的产品实力与精妙的营销策略，已稳居行业领导地位，其海外市场的收入占比高达80%，这一成就背后，是大疆创新在目标市场划分、社交媒体推广以及渠道成员管理三个层面的深刻洞察与精准执行。

一、精准目标市场划分

面对全球市场的多样性，大疆创新深刻理解到市场需求的差异性与企业资源的有限性。因此，它基于Facebook等平台数据、无人机市场行业数据以及企业自身的产品数据，将全球市场精准划分为三个层级：一级市场如北美，以品牌知名度和高成熟度著称；二级市场如欧洲，需进一步拓展用户覆盖并加强定制化产品推广；三级市场如亚洲（除中国外）及大洋洲，则处于品牌知名度提升与市场开拓的关键阶段。这一划分策略帮助大疆创新明确了营销目标，并依据各市场的特征制定了高效的市场进入与拓展策略。

二、社交媒体推广的艺术

作为拥有5898项专利的无人机领域佼佼者，大疆创新深知产品硬实力是基础，但软实力的塑造同样重要。在社交媒体时代，大疆创新充分利用了Instagram、Facebook等平台，不仅展现了其产品的技术魅力，还通过多样化的内容策略拉近了与全球消费者的距离。至今，大疆创新在全球社交媒体上已累计拥有超过1000万粉丝，这一数字背后是其对热点营销的敏锐捕捉与海外社媒平台布局的精心策划。

热点营销：大疆创新擅长借势热点事件，如“年终奖送保时捷卡宴”等话题性事件，通过巧妙包装将品牌与热点相结合，刷新公众对无人机的认知，提升品牌曝光度。

平台深耕：在Instagram上，大疆创新不仅拥有庞大的粉丝基础，还通过与专业内容创作者合作，分享高质量的产品使用反馈与功能详情，构建起品牌与消费者之间的信任桥梁。同时，利用Instagram Reels的高参与度特性，发布产品教程类内容，既普及了产品知识，又增强了用户互动。

三、渠道成员的智慧取舍

在渠道管理上，大疆创新展现出了高度的灵活性与前瞻性。面对可能损害自身利益的渠道成员，大疆创新果断采取措施，以保障品牌利益最大化。同时，它紧跟时代潮流，积极拥抱新兴营销方式，选择与符合品牌发展方向的渠道成员合作。这种智慧的取舍不仅巩固了现有市场地位，还为未来的市场拓展奠定了坚实基础。

思考

❶ 大疆创新针对不同市场采取了哪些差异化营销措施？

❷ 未来，大疆创新海外市场的挑战与机遇是什么？

任务一
国际市场推广模式

任务目标

1．了解折扣模式的类型及特点。

2．掌握内容模式的特点及策略。

3．掌握广告模式的类型及策略。

4．能够评估不同市场环境下各推广模式对品牌知名度和销量的影响，做出最优选择。

5．能够制定跨文化和跨区域的推广策略，确保信息在国际市场的有效传达和接受。

子任务一 折扣模式

折扣模式

任务导入

云帆电子商务有限公司主营快时尚女装，这个行业竞争激烈，产品更新迅速，库存积压成为公司面临的一个重要挑战。为了解决库存问题，提高销售量和市场占有率，李华建议公司采用折扣模式进行推广。王经理要求李华认真学习折扣模式，并制定相关推广策略。李华应该怎么操作呢？

任务分析

折扣模式是一种有效的推广策略，可以帮助企业快速清除库存，提高销售量和市场占有率，提升品牌影响力和知名度。在实施折扣模式时，需要考虑折扣类型、常见的折扣服务、折扣发布要素等关键因素，从而制定出具有针对性和可操作性的折扣策略。

知识链接

一、折扣模式概述

（一）折扣模式

折扣模式是跨境电商企业吸引客户购买产品的一种常见营销方式。这种方式通过提供具有吸引力的价格优势，例如，折扣、赠品或免费试用等，来促进销售并吸引新客户或鼓励现有客户再次购买。

折扣营销可以在销售不景气的季节、推广新产品、促进销售或与竞争对手竞争等方面发挥作用。然而，商家需要谨慎考虑折扣营销的使用，因为它可能对品牌形象和定价策略产生影响，并且过度依赖折扣可能会削弱客户对产品价值的认识。因此，商家应该结合其商业目标和市场情况，仔细评估折扣营销的可行性和适用性。

（二）折扣类型

折扣模式可以分为以下四种。

1．折扣券

折扣券是一种常见的优惠方式，消费者在购买商品时可以使用折扣券抵扣部分金额，享受折扣优惠。对于跨境电商企业而言，主要采用电子折扣券，可以通过线上活动、邮件营销等多种渠道发放，具有灵活性和可控性。此外，折扣券还可根据消费者的购买行为和偏好进行个性化定制，提高消费者的购买欲望和忠诚度。

2．满减折扣

满减折扣是一种优惠方式，它基于消费金额设定了一个门槛，当消费者的购买金额达到门槛时，就可以享受折扣优惠。例如，满200元减50元。这种折扣方式可以刺激消费者增加购买数量和单笔消费金额，从而提高销售额和客户价值。

3．会员折扣

会员折扣是一种基于消费者身份和等级的折扣方式，即消费者在成为会员后，可以享受不同等级的折扣优惠。会员折扣可以提高消费者的忠诚度和购买频次，同时也可以促进会员成长和提高消费者价值。

4．积分折扣

积分折扣是一种基于消费者积分的折扣方式，即消费者可以使用已有的积分来抵扣商品价格。积分折扣可以激励消费者增加购买量和频次，提高消费者的参与度和忠诚度，同时也可以促进积分的累积和使用。

（三）折扣服务

折扣网站为消费者提供折扣推广服务，包括提供优惠券、折扣代码和其他优惠活动等，以协助消费者在购物时节省成本。同时，这些网站也能提供有关跨境电商平台的相关商品最新信息和平台特定优惠活动的信息，帮助消费者获得最优惠的购物价格。

在美国，Slickdeals（简称“SD”）是较具影响力的折扣信息分享交流平台之一，SD的用户主要年龄在18～44岁，受教育程度比较高。作为全品类的折扣网站，它受到大、中、小亚马逊卖家、独立站卖家和其他B2C电商平台卖家的青睐，非常适合于推广产品、引流放量和清库存。SD有三种发帖方式：第一种是联系SD的网络红人发帖，通常需要付费；第二种是企业自己操作发帖；第三种是提交SD后台审核发帖，通常是免费的。此外，在美国还有许多其他知名的折扣网站，如RetailMeNot、LivingSocial、Coupons.com和Brad's Deals等，它们提供各种商家的折扣代码和促销活动，帮助消费者在购买产品和服务时节省资金。

除了主流折扣网站外，Facebook Group网络红人群发帖也非常流行。在Facebook Group发帖价格更为优惠，随着越来越多的中国卖家进入折扣网站，为了保持竞争力，他们需要提供更大的折扣力度。这些网络红人是长期在折扣网站上发布促销信息的群组管理员。只需在Facebook上搜索一些通用关键词，如US Deals、Amazon Deals、Codes、Coupons和Promos，就可以找到很多Facebook Group。通过与管理员联系，可以发布促销信息。通常，每次发布促销信息的费用在2～5美元。

同样的原理也适用于独立站，如Banggood、Gearbest、Tomtop等独立站也会在主流折扣网站上发布促销信息，并在Facebook Group中寻找管理员进行促销信息发布。这些管理员不仅仅是发布低价促销信息的人，还可以探索与企业产品相关的群组。例如，如果企业的产品是家电产品或微波炉，管理员可以寻找与食谱或烹饪相关的群组，以配合产品内容的测评，并向该群组的其他成员提供一定程度的折扣。

知识拓展

什么是Deals?

"Deals"在跨境电商中通常指的是促销、优惠、特价、折扣等活动。当一个跨境电商网站或平台发布Deals时，通常是为了吸引消费者的关注并促进销售。这些Deals可以是限时促销、打折优惠、满减活动等，消费者在活动期间可以享受更便宜或者更有价值的购物体验。

在一些跨境电商平台，如亚马逊（Amazon）、eBay等，Deals也经常用于描述一些短期促销活动，这些Deals通常会给消费者带来额外的折扣或优惠。

总之，Deals是一种营销手段，是为了吸引消费者、增加销售和提高客户满意度。当消费者购物时，可以关注这些Deals，以便在活动期间享受更好的优惠和折扣。

二、折扣发布要素

折扣模式比较单一，只要企业的产品品类需求符合折扣力度的要求，就可以依靠单价吸引敏感性人群。折扣发布的四要素包括产品名称、产品价格、折扣力度和产品链接。

（一）产品名称

产品名称指所促销的产品的名称或型号等信息，以便让消费者清楚地了解所促销的具体产品。在国际市场中，产品名称的翻译要准确无误，并且要符合当地的文化和市场需求。

（二）产品价格

产品价格指促销产品的原价和折扣价，消费者在购买时会关注这个信息。在折扣发布中，产品价格必须被合理地定价，并且折扣价也必须被设置得合理。在国际市场中，不同国家和地区的消费者有着不同的收入水平和消费习惯，因此产品的价格要根据当地市场的需求进行调整。

（三）折扣力度

折扣力度即产品折扣的幅度，通常以百分比表示。例如，商品原价为100元，折扣价为80元，则折扣幅度为20%。消费者会比较不同商品的折扣幅度，选择折扣力度更大的商品进行购买。

（四）产品链接

产品链接指促销产品的网页链接或二维码等信息，以便消费者直接进入网站或商品页面进行购买。产品链接应该易于访问，让消费者可以方便地了解产品信息和购买方式。

任务训练

◆ 任务目标

熟悉折扣活动的策划和实施，培养学生的团队合作和创新能力。

◆ 任务导入

某跨境电商公司主要经营电子产品，计划在圣诞节期间为美国用户推出一周的折扣活动，涉及多个品类的商品。该公司的目标是通过该活动吸引更多美国用户，提高品牌知名度和销售额。

◆ 任务要求

1. 分析美国市场的消费习惯、偏好、购物习惯等因素，确定折扣幅度和商品品类，设计符合消费者需求的折扣方案。

2. 认真思考，团队协作，以小组为单位，撰写实训报告，不少于1500字。

子任务二　内容模式

内容模式

任务导入

内容营销作为一种高效的推广手段，在品牌建设和品牌传播中起着至关重要的作用。然而，对于海外推广专员李华来说，他对内容营销的了解还比较有限。因此，王经理要求他认真学习内容营销相关知识，并制定适合公司的内容营销推广策略。

任务分析

在内容营销中，内容质量是至关重要的。高质量的内容可以吸引潜在客户的关注，加深他们对品牌的认知和印象，增加品牌的曝光度，促进口碑传播，进而提升销售额和市场份额。此外，高质量的内容还可以吸引更多的用户流量，提升网站的搜索排名和流量转化率，从而带来更多的商业机会和利润。

知识链接

一、内容模式概述

（一）内容模式

内容模式是指跨境电商企业通过生动有趣、具有价值和吸引力的内容，吸引并留住目标受众，以促进跨境电商产品和品牌的销售及推广。

内容营销的主要目的是与潜在客户建立联系，让他们对品牌产生兴趣并加深对品牌的认识。通过生动的故事、图片、视频、文章等形式，内容营销可以增加品牌的曝光率，提高品牌的知名度，使消费者更容易记住品牌，从而增加销售量和收入。

（二）内容营销的特点

内容营销是通过创建、发布和共享有价值的内容来持续吸引目标受众的注意，从而实现品牌推广和产品销售目标的一种营销策略。以下是内容营销的几个特点。

①有价值的内容：内容营销的核心是提供有价值的内容，为受众解决问题或提供有用的信息。这样的内容可以抓住受众的注意力，帮助建立品牌信任和口碑。

②受众导向：内容营销是根据受众需求和兴趣来制定内容策略的。营销人员需要了解受众的需求和偏好，以便为他们提供最有价值的内容。

③多样性：内容营销包括多种形式的内容，如文章、视频、音频、漫画、图片等，以满足受众的不同需求和偏好。

④分享性：内容营销的目的是通过分享扩大影响力，提高品牌知名度和口碑。因此，内容需要易于分享和传播，可以通过社交媒体、电子邮件等平台进行传播。

⑤长期性：内容营销是一种长期的策略，需要持续不断地创建和发布有价值的内容，以持续吸引受众的关注。因此，内容营销需要一个长期的计划和执行策略，而不是短期的活动。

二、内容营销推广策略

（一）开展内容营销的要点

1．明确内容营销的目标

内容营销是一套包括策划、设计、分配和运营内容的流程，帮助企业规划、设计内容来达到推广目标。使用内容营销的目的是什么？是为了扩大曝光率？还是为了找到潜在客户还是为了与客户建立关系？企业首先要明确内容营销目的是获取用户，围绕这个目的，一定要先研究客户画像，是哪一类顾客来购买企业的产品呢？他们的年龄分布、喜好需求、购买动机是怎样的？分析客户，才能知道生产什么样的内容可以更好地达到效果。

2. 提供客户感兴趣的内容

做内容营销，经常会陷入的困局是，生产的内容对于用户无用。内容营销要和用户的兴趣进行结合，让内容自带吸引力，让客户主动找上门，帮助潜在客户对企业的品牌和产品有一个一般性的了解。

当提到内容营销时，很多人首先想到的是文章或帖子。在跨境电商业务中，这些文章或帖子可以是专门的知识，也可以是官网中的新闻，它们是用来传播和展示价值的重要工具。但是，为了让消费者有更加丰富多样的体验，也可以探索其他不同的形式，如信息图表、白皮书、海报、H5、线上课程、线下演讲、录制视频音频等。这些形式可以为我们提供更多元化的呈现方式，激发消费者的兴趣。

知识拓展

H5

HTML（hyper text markup language）是一种用于创建网页内容的标记语言，而HTML5是HTML的第五个主要版本，增加了新的功能和特性，可以更好地支持多媒体和交互式内容。

HTML5包括一系列新的元素和属性，如视频、音频、画布、表单控件、地理位置等，这些元素和属性使得开发者可以更轻松地创建丰富的多媒体应用程序和交互式网站。另外，HTML5还支持离线缓存、本地存储和实时通信等特性，使得Web应用程序可以更像本地应用程序一样运行。

H5通常与CSS（cascading style sheets）和JavaScript一起使用，这些技术的组合可以实现丰富的用户界面和交互效果。

3. 搭建内容营销矩阵

对于开拓海外业务的企业来说，获取询盘是内容营销的最重要结果。相比于只在单一平台上展示内容，选择多个平台进行内容营销可以针对同一或不同的细分市场，从而显著提高产品的销售表现。内容营销所涉及的渠道包括品牌形象、海外新闻曝光、海外自媒体、事件营销、社交媒体、视频平台、搜索引擎、付费广告、官网建设、第三方平台以及邮件营销等。

不同平台对应的用户人群不同，因此在选择合适的平台时需要考虑目标用户的画像。例如，面向消费者的跨境卖家可以在Instagram上进行内容营销，这些平台具有广泛的用户基础和社交属性；而如果目标客户是厂商，则推荐在LinkedIn上进行内容营销，因为该平台更加专注于商业和职业领域。企业需要根据自身产品和目标市场，综合考虑平台的特点和用户画像，来选择最适合的平台进行内容营销。

4. 分析数据并优化

进行内容营销后，必须进行数据评估和反思，这样才能更好地进行下一次内容营销。对流量、互动和转化这三个关键数据进行评估，可以了解哪些内容受到用户的欢迎、哪些内容互动次数较多、哪些内容能够成功转化成销售等。

在过去发布的新闻稿或软文帖子方面，可以在一段时间之后进行评估，看看哪些内容受到用户的喜爱和关注，以及产生了互动和转化。这些数据可以用来再生产同类型的内容。

此外，企业还可以不断更新旧内容，以满足客户的需求。在旧内容的基础上，加入新的观点和信息，并结合新的形式呈现，以呈现出更高质量、更符合用户需求的内容。这样可以吸引更多的用户，提高用户的黏性和忠诚度，进而促进转化。

（二）开展内容营销的切入点

1. 源头

内容营销要从产品抓起。当产品还在酝酿的时候，企业就应该注入内容基因，打造内容性产品，形成自营销。内容性产品有三个特点：①赋予目标用户一种强烈的身份标签，让他们有社群归属感；②消费者在选择购买这个产品时，就有一种强烈的情绪共鸣；③将内容植入产品，产品就成为一种实体化的社交工具，消费者之间可以通过产品而产生互动。

2. 价值

企业应将内容营销作为消费者购买流程中的一个环节，在为消费者提供实用价值的同时提升消费者体验。消费者通过企业的内容营销，感受到产品的独特价值与内涵，甚至强化或重启一种生活方式，从而形成品牌黏性，实现循环购买。

3. 主题

（1）引发受众价值观共鸣。企业在开展内容营销时，真实、有个性的普通人成为重点关注对象。普通人不再只是人口统计学数据，他们有着情感丰富的内心世界。许多成功的内容营销案例具有一个共同点，就是让普通人影响普通人，从而产生情感共鸣。

（2）尊重年轻群体的娱乐方式。年轻群体对企业来说具有巨大的利润发展空间。因此，越来越多的企业在进行内容营销时，会主动迎合年轻人的口味，针对年轻群体的喜好来制定具体的营销策略。

4. 平台

内容营销的平台是企业向受众传达营销内容的渠道。企业可以借助多方位的平台和传播渠道，打造生态传播体系，最大限度地扩大品牌内容的传播范围。

5. 表现形式

（1）将艺术元素融入内容营销中，可以让品牌传递的内容更加有质感和吸引力。传统的内容营销方式往往缺乏艺术性，容易让消费者感到单调和枯燥。如果将艺术作品融入内容营销中，可以使品牌传递的信息更加生动有趣，从而提升品牌形象和吸引力。

（2）创造有趣的文案或图案是一种很有效的内容营销方式。在信息碎片化和生活快节奏的时代，大多数人更容易被有趣、简短的文案或图片所吸引。通过使用有趣的文案或图案作为内容营销的表现形式，可以吸引消费者的关注并促使其进行传播。此外，引导消费者自发创造内容并进行传播（user generated content，UGC），也是内容营销中非常有效的模式之一。企业可以创造有趣、易于传播的文案或图案，引导消费者自发地参与，从而实现“病毒式”传播。这些方式可以让企业更好地了解消费者的需求并与他们建立联系。

任务训练

◆ 任务目标

了解跨境电商的市场和用户特点，提高创意和撰写能力，并能够为实际的跨境电商推广活动提供有价值的内容。

◆ 任务导入

假如你是一家跨境电商公司的内容策划，你的公司最近推出了一款名为“智能按摩枕”的产品，它能够通过内置的智能芯片和按摩球提供身体按摩和舒缓压力的效果。这款产品已经在电商平台上销售，但是公司想通过社交媒体的宣传来增加销售量。

◆ 任务要求

你的任务是设计一篇创意性的文章，用于在社交媒体平台上宣传和营销这款产品。你需要考虑以下要素：目标受众、标题、内容、语言及视觉效果。

子任务三　广告模式

广告模式

任务导入

在国际市场推广中，广告模式对企业至关重要。它可以帮助企业确定目标用户，并提高广告曝光率和影响力，进而增强品牌知名度和美誉度，提升产品或服务的销售量和转化率。为了应对这一挑战，李华需要深入学习广告模式的构成要素和各种类型，并根据这些知识制定出科学合理的广告推广策略，以达到企业的营销目标。

任务分析

在当今这个数字流量时代，广告推广已经成为跨境电商行业中不可或缺的一部分。通过广告推广，企业可以将自己的产品和服务在目标受众面前展示，吸引他们的关注和兴趣，进而促进销售增长。

知识链接

一、广告模式概述

广告模式是指通过各种形式的广告宣传，向目标受众展示商品或服务的信息，以提高品牌知名度、促进销售和增加流量。

广告模式的构成要素包括广告主、广告信息、广告媒介、广告受众、广告费用及广告效果。

二、广告模式类型

（一）图片广告

广告内容以静态图片的形式展现，通常是为了突出商品的特点、造型和设计，吸引消费者的注意力。这种广告形式能够快速传播、制作低成本、易于制作和优化，需要注重图片质量、文案简洁易懂、定位目标群体、与品牌形象一致、符合法规规定和商业诚信原则等方面，以提高广告的效果和转化率。

（二）文字广告

广告内容以文字形式展示，通常是为了让消费者了解产品的特性、功能和优点等信息。文字广告需要注重标题的吸引力和简洁性、文字的清晰和易懂、呈现价格和优惠信息等方面，以提高广告的效果和转化率。例如，“The world is changing, but one thing remains constant: our commitment to quality.”（世界在变化，但有一件事保持不变：我们对品质的承诺。）这个广告语是海尔在推广其家电产品时所用的宣传语，强调了其对于产品品质的追求和承诺，其英文口号体现了海尔作为一个国际品牌的全球视野和高品质标准。这个广告语在国际市场上获得了广泛的认可和好评，成为海尔品牌形象的重要代表和经典的广告案例。

（三）视频广告

广告内容以动态视频的形式展现，通常是为了生动地展示商品的特点、使用场景和效果，吸引消费者的注意力。这种广告形式具有快速传播、高效营销、低成本的特点，成为越来越多跨境电商企业推广产品和拓展海外市场的重要策略之一。

（四）音频广告

广告内容以音频形式播放，通常是为了在广播、网络音乐等场景中传达商品的信息和宣传语。这种广告形式具有便携性和可随时随地收听的特点，适合在移动设备上播放，能够有效吸引海外受众的关注和购买欲望。同时，与视频广告相比，音频广告的制作和传播成本更低。

（五）互动广告

通过一定的交互形式（如游戏、调查、投票、抽奖等），与消费者产生互动，以增强消费者对广告的参与感和记忆度，提高广告的效果。这种广告形式能够有效提高品牌的曝光率和用户参与度，增强品牌与消费者之间的互动和信任，从而促进产品的销售和品牌的传播。同时，跨境电商互动广告也能够帮助企业了解消费者的需求和反馈，为企业提供市场洞察和决策支持。

（六）原生广告

原生广告是一种与网站或平台原生内容形式相同、融入其中的一种跨境电商产品和服务的广告形式，它不像传统广告那样显眼、突兀，而是与网站或平台的内容一脉相承，更容易被用户接受和消化。这种广告形式通常会采用类似于文章或新闻等形式展示跨境电商产品和服务的信息，以满足用户对相关主题内容的需求。由于原生广告能够融入网站或平台的内容中，不会给用户带来视觉上的干扰和打扰，因此能够更好地吸引用户的关注，提高广告的点击率和转化率。同时，原生广告也能够帮助企业在用户与内容之间建立更紧密的联系，增强品牌与用户之间的互动。

三、广告推广策略

（一）免费推广

广告的免费推广是指通过无须支付费用的方式来宣传推广产品或服务，以吸引目标受众的关注和兴趣，提高产品或服务的知名度和影响力。相比于传统广告的付费推广方式，免费推广可以帮助企业节省广告费用，同时也可以扩大广告宣传的覆盖面和影响力，提高广告效果和ROI。

以下是一些常见的广告免费推广方式。

①社交媒体推广：利用社交媒体平台，发布免费的广告内容和信息，与目标受众互动，提高产品或服务的知名度和关注度。

②口碑营销：通过客户口碑、好评等方式，让消费者主动宣传企业产品或服务，以提高企业的知名度和信誉度，增加销售量。

③内容营销：通过优质的内容，如文章、视频、图片等形式，吸引目标受众的关注和兴趣，提高产品或服务的知名度和影响力，从而达到品牌推广和营销的目的。

④SEO：通过搜索引擎优化，让企业网站排名更靠前，吸引更多的目标受众浏览企业网站和了解产品或服务，提高企业的曝光率和知名度。

⑤免费样品或试用：通过提供免费样品或试用服务，让消费者亲身体验企业产品或服务的好处和优势，提高产品或服务的信任度和满意度，从而吸引更多的消费者购买。

（二）付费推广

付费推广是指在海外市场以付费方式投放广告，以吸引目标受众的关注和兴趣，提高产品或服务的知名度和销售量。付费推广是目前较常用的广告推广方式之一，通常涉及广告投放平台、广告形式、广告定位和广告预算等方面的策略。

以下是一些常见的海外市场广告付费推广方式。

①搜索引擎广告：通过向搜索引擎投放广告，让企业网站排名更靠前，吸引更多的目标受众浏览企业网站和了解产品或服务，从而提高企业的曝光率和知名度。

②社交媒体广告：利用社交媒体平台，如X、Instagram等，以付费方式投放广告，

与目标受众互动，提高产品或服务的知名度和关注度。

③显示广告：在网站、App、视频等页面上以图像、文字、视频等形式投放广告，吸引目标受众的关注和兴趣，提高产品或服务的曝光率和销售量。

④EDM推广：通过向目标受众发送电子邮件，推广企业产品或服务，提高销售量和知名度。

⑤联盟广告：通过与网站等媒体合作，投放广告并分享销售收益，从而扩大广告宣传的覆盖面和影响力，提高产品或服务的销售量和知名度。

联盟营销案例

在进行海外市场广告付费推广时，企业需要考虑广告投放平台、广告形式、广告定位和广告预算等因素，并根据实际情况进行策略调整，以达到最优的广告效果和投资回报率。同时，企业也需要注意遵守海外市场的广告法规和规定，避免违法行为对企业形象和品牌的负面影响。

任务训练

◆ 任务目标

掌握跨境电商产品广告设计的基本要素和技巧，提高创意设计和广告推广能力。

◆ 任务导入

假设你是一家跨境电商公司的市场推广专员，你的公司最近推出了一款名为“TechPod”的全新无线蓝牙耳机，它具有高音质、轻便舒适、长续航等多种优点。你需要设计一则广告，来宣传这款产品。

◆ 任务要求

针对目标受众撰写广告文案，创意表达并引起共鸣，最终呼吁购买，确保文案流畅、视觉元素符合品牌形象。

任务二
国际市场推广策略

任务目标

1. 掌握品牌推广内容及推广策略。
2. 掌握产品定位方法及推广策略。
3. 掌握独立站模式及推广策略。
4. 掌握跨境电商直播平台及推广策略。
5. 能够熟悉跨境直播推广相关流程，熟练掌握海外直播平台规则。

6. 能够熟练使用英语或当地语言撰写跨境直播脚本。

品牌推广策略

子任务一　品牌推广策略

任务导入

云帆电子商务有限公司在当前市场环境下面临着激烈的竞争，许多企业采取价格战等手段争夺市场份额，导致企业盈利能力下降。为了应对这一困境，王经理要求李华制定品牌推广策略。李华应该怎么操作呢？

任务分析

品牌推广，首先要明确什么是品牌推广，其目的是什么；其次理清品牌推广的内容；最后是制定品牌推广策略。

知识链接

随着消费升级和5G的到来，跨境电商企业正迎来发展品牌的机遇。以Shein、李宁为代表的直接面向消费者（direct to consumer，DTC）品牌正在颠覆线上购物方式，垂直品牌也在迅速崛起。掌握用户数据，研发迎合消费者需求的产品，通过品牌化运营打造成功品牌，降低消费者对价格的敏感度，提高购买决策速度，实现跨境电商的品牌竞争优势。

一、品牌推广概述

在跨境电商行业，品牌推广指的是通过各种方式和渠道，向目标国际市场的消费者传达品牌形象、价值观、产品或服务等信息，提高品牌在目标国际市场的知名度、认可度和美誉度的过程。品牌推广旨在建立和加强品牌在受众心目中的形象和地位，提高品牌的市场占有率和销售业绩，促进品牌的长期发展。

二、品牌推广内容

（一）品牌定位

品牌定位是指在市场竞争中，企业通过确定品牌的独特性、目标受众和市场定位等方面来建立品牌形象，以便于消费者在众多同类产品中快速识别和选择该品牌。它决定了品牌在目标市场的位置和形象，直接影响品牌在市场中的竞争力和生存发展。

品牌定位是跨境电商企业做品牌最关键的环节，决定了品牌未来的发展方向。品牌一旦定位好以后，企业所有的资源自上而下的都要以品牌建设为中心。

品牌定位的常见方法有以下三种：按照产品卖点定位、按照品类定位以及根据情感定位。

1．按照产品卖点定位

这种方法是基于产品的独特卖点来定位品牌，例如，某家跨境电商企业专注于出售高品质、高端的家居装饰品，他们的品牌定位可以是“高端家居艺术品”或“优雅生活方式”。这种定位方法可以帮助企业在特定的细分市场中脱颖而出，吸引那些有特定需求的消费者。

按照产品功能卖点定位的方法简单粗暴，容易理解，见效快。但是随着技术的发展，需求的不断升级，企业需要不断地创新，否则就很难持久，所以比较适合内部有研发能力、创新能力强的跨境电商企业。

2．按照品类定位

这种方法是基于品类来定位品牌，例如，某家跨境电商企业专注于出售运动鞋，他们的品牌定位可以是“专业运动鞋品牌”或“运动鞋专家”。这种定位方法可以让消费者知道这个品牌专注于什么品类，从而在其领域内建立品牌影响力。

目前，跨境电商定位的最好选择是找到竞争还没那么激烈、潜力大、高速通道的产品品类蓝海，比如Anker定位手机配件品类，凭借近年移动手机的快速发展，结合亚马逊平台的全球化，迅速成为该品类可以和老牌欧美品牌竞争的中国品牌。按照品类定位的方法需要企业深度理解用户的需求，不断迎合新变化，开发垂直化、个性化的爆品。

3．按照情感定位

这种方法是基于消费者的情感需求来定位品牌的，例如，某家跨境电商企业专注于出售环保产品，他们的品牌定位可以是“为地球做贡献”的品牌。这种定位方法可以吸引那些关心环保和可持续发展的消费者，并建立起品牌和消费者之间的情感联系。

（二）品牌战略

品牌战略是企业为了达成品牌目标而制订的长期计划和行动方案。在跨境电商行业中，品牌战略的制定需要考虑到不同国家和地区的文化、消费习惯、法律法规等因素。品牌战略的制定需要依据企业的品牌定位、品牌价值、品牌文化、品牌传播等因素来确定。

例如，小米秉承“互联网思维”，将互联网技术融入硬件产品中，不断推出多款智能硬件产品，如智能手机、智能电视、智能家居等，提升产品质量和用户体验，增强品牌影响力和美誉度。

三、品牌推广策略

（一）品牌真实性

当下的消费者非常注重品牌的真实性，同时，他们非常关注企业如何为社区和社会提供服务。在企业建立起信任后，一致性是维持信任的关键因素。如果企业不加强信任，那么已经建立的信任就不会持续很久。因此，企业需要忠于自己的愿景、价值观和战略，以保持良好的声誉。在计划中的每一个行动或变化之前都应深思熟虑。企业不应该以牺牲真实性为代价来吸引新客户，因为这会给企业带来更大的弊端。忠实于品牌及其使命，关注相应的积极反馈，是企业保持良好声誉的关键。

（二）可持续品牌

从企业的可持续发展中，我们可以观察到客户行为的变化。现在人们似乎更关注品牌的知名度和该品牌所支持的价值观。过去，客户通常会优先考虑品牌名称和产品价格，但现在人们更加意识到环保的重要性。在这种情况下，建立可持续品牌成为一种趋势，因为它不仅可以减少对环境的负面影响，还能为企业获得客户信任和支持奠定基础。通过建立可持续品牌，企业可以满足消费者对环保的需求，进而提高品牌知名度和美誉度，促进企业长期稳定的发展。

（三）极简主义

极简主义曾经是一种艺术运动，而现在已经成为生活的一部分。许多品牌已经开始朝着这个方向发展，以在市场中脱颖而出。简洁的设计容易被人们记住，也易于落实。在当今信息爆炸的时代，人们需要更简单的方式来理解和接受新事物，这也为品牌营销提供了机会。通过采用极简主义的策略，品牌可以减少消费者的认知负荷，提高品牌认知度和品牌忠诚度。

（四）品牌包容性

品牌的包容性是吸引客户并使其选择该品牌而非其他品牌的重要方法。如果一个品牌将包容性视为核心价值观之一，就有更多机会吸引更多人的关注。品牌展示出对客户的关心，这不仅能加强与现有客户的联系，还能吸引新客户。包容性不仅体现在外观上，也包括产品价格，这使得品牌的销售更具吸引力，并有助于其吸引更广泛的受众。作为一种趋势，品牌的包容性表明了品牌对社会的态度，并增加了建立长期关系的机会。

（五）客户驱动的品牌

客户驱动对于企业增强竞争力至关重要。有些企业以客户为导向来构建品牌，这为他们预测客户需求、建立品牌信任创造了机会。这说明，数据在品牌中的重要性不容忽视。企业可以运用数据科学，从客户信息中获取优势，以此来取得成功。然而，客户驱动的品牌推广并不局限于此，它还意味着客户参与产品开发和内容创作。大多数人更倾向于与自己参与的品牌互动。为什么呢？因为他们觉得自己有话语权。对于品牌而言，客户的参与增强了品牌与客户之间的联系，并提高了品牌知名度。

任务训练

◆ 任务目标

了解品牌推广的特点和运营规范，掌握品牌推广策略的设计与实施，提高市场分析能力、创新能力和团队协作能力。

◆ 任务导入

品牌名称：Nature's Beauty；品牌定位：天然、有机、环保的个人护理品品牌；目标市场：年轻时尚人群，关注环保、健康、美容的消费者；竞争对手：其他天然、有机、环保个人护理品品牌。

◆ 任务要求

将班级成员分成若干小组，每组4～5人，组成一个专门的Nature's Beauty品牌推广小组。每个小组负责设计一套适合该品牌的推广策略并实施，以确保推广活动能够顺利进行并达到预期效果。

子任务二 产品推广策略

产品推广策略

任务导入

云帆电子商务有限公司在国际市场推广时，面临着一些挑战。首先，产品定位不够明确，无法满足不同市场对产品需求和喜好；其次，在激烈的市场竞争中，产品独特性和吸引力减弱，难以在同一市场内实现差异化；最后，产品推广策略单一，无法充分考虑不同国家和地区的文化差异，这也会对产品推广的效果造成影响。为了应对这些挑战，王经理要求李华制定产品推广策略。李华应该怎么操作呢？

任务分析

在进行产品推广之前，需要先明确产品推广的定义和目的，以及理解产品定位的重要性和各种可行的定位方法。接下来，应该制定一套具有针对性和可行性的产品推广策略，以有效地吸引目标客户并增加销售量。

知识链接

一、产品推广概述

产品推广是指通过各种市场推广手段和渠道来宣传和推销一个产品，以吸引潜在客户的关注并促进销售。产品推广的目的是让客户了解产品的特点、优势和使用方法，使其更有可能购买或使用该产品。

随着跨境电商行业中产品同质化的加剧，产品开发成为企业获取市场竞争优势和增长利润的主要手段，因此产品推广的重要性愈加凸显。

二、产品定位方法

跨境电商产品面临的市场定位问题与传统电商的市场定位问题类似，但由于涉及跨国市场，因此需要更加细致地考虑市场的差异和特点。以下是几种常用的跨境电商产品市场定位方法。

（一）地域定位法

根据产品的属性，比如适用人群、使用场景、消费文化等，将目标市场分成不同的地理区域，并在每个区域内进行市场分析和调研，以确定最适合该区域的产品特征和市场策略。例如，在非洲市场上，Shein将定价较低的产品放在主页的突出位置，以吸引更多的价值敏感型消费者。

（二）价值定位法

通过对目标市场消费者的需求和行为进行研究，确定产品的核心价值，并将其与竞争对手进行比较，以确定最具竞争力的定位策略。例如，在美国市场上，李宁将其品牌定位为高性能、高品质、高价值的产品，专注于体育竞技市场，推出多款专业运动鞋和运动服饰，以满足美国消费者对高品质体育用品的需求。在欧洲市场上，李宁将其品牌定位为高端时尚品牌，推出多款时尚运动服饰，满足欧洲消费者对时尚、品质的需求。

（三）人群定位法

根据目标市场消费者的年龄、性别、职业、教育程度等特征进行定位，以确定产品的定位策略和市场推广方式。例如，在东南亚市场上，蜜芽宝贝将其品牌定位为高品质、时尚、实惠的母婴产品品牌，针对中产阶级和年轻父母群体，推出多款时尚、实用的母婴产品，并且价格相对较低，以满足东南亚市场消费者对价格的敏感度。在美国市场上，蜜芽宝贝则将其品牌定位为高品质、安全、可靠的母婴产品品牌，注重产品的质量和安全性，以满足美国消费者对产品质量和安全性的高要求。

（四）差异化定位法

通过产品特色的独特性和与竞争对手的差异化来确定产品的定位策略，从而实现在目标市场的差异化竞争。例如，针对海外市场的特点和需求，小熊电器注重产品设计和品质，以迎合海外市场对于设计感和品质的追求。另外，采取了多元化的产品策略，除了传统的家用电器产品，还推出了一系列创新产品，如厨房用品、个人护理用品等。

（五）问题解决定位法

针对目标市场消费者面临的具体问题和需求进行定位，将产品定位为解决这些问题和需求的最佳选择。例如，由于非洲地区电力供应不稳定，普遍存在充电不便等问题，Tecno（传音）手机电池容量大，使用寿命长，采用低功耗的芯片和优化的软件设计，使得其在使用过程中的电池消耗更少，得到了当地用户的广泛认可和追捧。

三、产品推广策略

（一）大范围曝光，树立信任感

有一条营销法则称，潜在客户需要接收到至少7次广告宣传信息才会考虑购买。这意味着产品需要不断出现在潜在客户的视线中，才有可能引起他们的注意。因此，我们需要在多个平台发布产品信息，通过视频、图片、图文、问答等多种形式进行广泛宣传。而且，只有优质的素材才能真正吸引消费者的注意力。

（二）广告推广，加深印象

在市场推广过程中，投放广告是必不可少的环节。目前，Google是主要的广告推广平台，而TikTok、Instagram和YouTube则是受欢迎的社交平台，也是广告投放的好去处，能够增强消费者对产品的印象。然而，在投放广告之前，必须了解平台的投放准则，遵循规范并根据算法规则制定合适的投放策略。同时，需要避免投放灰色商品和侵权广告，并注意广告素材的质量。只有遵循平台规则，保证广告合法合规，才能提高广告效果，让产品获得更好的曝光率和销售机会。

（三）网红带货，爆发式传播

在当下，网络红人拥有庞大的粉丝基础，能够快速爆发式地传播信息，并且其受众群体也比较精准，能够带来高质量的转化。通过向大量的网红、博主等付佣金的方式，可以让他们为你的产品进行测评和推广。网络红人带货分为两种模式，一种是通过曝光的方式推广产品，另一种则是根据实际成交进行佣金结算。这两种模式可以合理安排，以达到最优的宣传效果。

任务训练

◆ 任务目标

了解产品定位的重要性，并学会制定有针对性的产品推广策略。

◆ 任务导入

假设你是一家跨境电商公司的市场推广专员，公司主营产品是一款可以实现深层清洁和按摩护理的多功能护肤仪。该产品的特点是轻便、易于使用，可以帮助人们在家中进行高端的美容护理。

◆ 任务要求

帮助产品准确定位，并设计有针对性的产品推广策略。

子任务三 独立站推广策略

独立站推广策略

任务导入

云帆电子商务有限公司注意到许多公司近年来纷纷建立独立站，然而有些独立站却难以引起消费者的关注和兴趣，推广独立站成为许多企业面临的挑战。王经理要求李华制定独立站推广策略。李华应该怎么操作呢？

任务分析

建立独立站后，为了吸引流量并将其转化为客户，积极推广是非常必要的。在推广过程中，需要分析独立站和平台站的优劣势，明确独立站的模式，并制定相关的推广策略，以便在激烈的市场竞争中获得更多的流量和客户。

知识链接

随着国际贸易环境的变革，跨境电商行业迎来了显著的发展机遇。特别是第三方平台规则的影响逐渐增强，促使许多中国跨境卖家开始探索新的发展模式，其中独立站成为了备受关注的选项。

一、独立站概述

在跨境电商行业中，独立站指具备独立域名的网站，提供跨境电商交易的全套解决方案，包括商品展示、购买流程、物流配送、客户服务等。欧美等发达国家买家的消费习惯与国内不同，加上这些国家支付信用和风控体系比较健全，买家不必担心付款安全问题，同时网络普及率较高，因此，海外买家习惯通过独立站进行线上消费。

独立站是我国跨境电商企业的新选择，因为它提供了许多优势，如提高品牌知名度、增加销售渠道、提升客户体验等。然而，建立独立站需要花费一定的资金和时间，并需要不断更新和维护，以保证其正常运营；独立站的使用需要一定的技术知识和资源；企业还需要了解有关法律法规，以确保其独立站符合当地的法律法规。例如，在一些国家和地区，企业需要符合特定的税收和贸易规定，以开展跨境电商业务。

总的来说，独立站是一种有效的跨境电商途径，但企业需要仔细考虑自身的能力和资源，并严格遵守当地的法律法规。

跨境电商独立站与平台站优劣比较如表2-1所示。

表2-1　独立站与平台站优劣比较

项目	平台站		独立站	
	优点	缺点	优点	缺点
建站模式	标准化打造，有利于快速入门	规则限制较多，且持续变化	个性化打造，装修风格由自己定义，凸显品牌特色	起点较高，需要较专业的技术支撑
流量获取	自带流量，新店往往有流量倾斜	同行集中，竞争激烈，一般需要额外购买站内流量	独享流量	没有基础流量，需大力推广来引流
交易佣金	—	交易佣金为8%～15%，扣除交易佣金后利润率低	视建站系统而定，交易佣金没有或较低	—
客户资源	—	无法获取客户资源	拥有客户资源，形成品牌忠诚度	—

二、独立站模式

独立站案例

跨境电商独立站可以根据其经营模式和运营策略的不同，分为垂直类、铺货类和代发类三类独立站。

（一）垂直类独立站

专注于某一垂直领域，只销售特定种类产品的站点。例如，某些站点可能只销售服装、鞋子或美妆等，这些站点的产品通常有自己的特点和品牌形象，主要定位于某一细分市场或特定人群，如女性、年轻人或运动爱好者等。

垂直类独立站的优势在于它们可以深入了解其所处的垂直市场，并在产品、服务、营销等方面做出差异化的创新，以提高自己的竞争力。这种站点通常会针对特定人群的需求和偏好，提供符合其需求和偏好的产品、服务，并通过各种渠道和方式，建立品牌形象和影响力。

此外，垂直类独立站还可以通过建立自己的社区、论坛、资讯平台等，吸引和聚集其所处垂直市场的目标客户群体，提高自己的品牌忠诚度和客户满意度。

然而，垂直类独立站也存在一些挑战，例如，需要深入了解自己所处的市场、竞争环境和客户需求等，需要进行专业的市场调研和分析；同时，还需要有足够的资金和资源支持，才能建立自己的品牌形象和推广渠道。

（二）铺货类独立站

通过与多个供应商合作，从这些供应商的平台上获取商品，并将这些商品销售到自己的电商站点上。这种站点通常不会对商品进行品牌定位和形象打造，而是以销售多品牌产品为主要特点。

铺货类独立站的优势在于其可以通过与多个供应商合作，获得更多、更全面的商品种类和供应量，以满足不同客户群体的需求；同时，这种站点的运营成本相对较低，因为它们不需要自己生产或存储商品，而是通过与供应商合作，直接从供应商处获取商品并进行转售。

此外，铺货类独立站还可以通过多元化的产品线和供应渠道，降低其经营风险，因为它们不会受到单一供应商的影响。

然而，铺货类独立站也存在一些挑战，如需要与多个供应商建立合作关系，需要承担更多的供应链管理和风险控制工作；同时，由于这种站点的主营业务是转售商品，而非自主生产或创新，因此在品牌建设和差异化竞争方面存在较大的挑战。

（三）代发类独立站

通过与供应商或制造商建立合作关系，将订单直接转交给供应商或制造商来处理，并由供应商或制造商直接将产品发送给消费者的站点。这种站点通常不会持有自己的库存，也不需要自己处理物流和仓储问题。

代发类独立站需要与供应商或制造商建立良好的合作关系，同时需要有良好的客户服务能力，以提高客户满意度和忠诚度。然而，代发类也存在一些风险和挑战，如物流风险、供应商不可靠等问题，商家需要进行合理的风险控制和管理。

不同模式的独立站典型代表如表2-2所示。

表2-2　独立站典型代表

独立站类型	典型代表
垂直类	Zaful（飒芙）是一家专注于时尚女装和配饰的电商平台，所有商品都是由其自有品牌设计和生产的，拥有完整的采购和供应链系统，能够掌握整个生产和销售过程，以确保产品质量和价格的稳定性
铺货类	Shein（希音）是一家中国时尚电商公司，主要业务是向全球范围内的客户销售女性时装、饰品、鞋子和其他时尚配件 Shein主要通过采购和管理大量的库存来为其平台上的商家提供产品，并且这些商家可以在Shein上销售他们自己的产品。Shein本身并不生产这些产品，而是通过建立合作关系与各种供应商、工厂和批发商合作，以供应商提供的低成本采购价收购库存
代发类	Joom是一家以手机App为主的跨境电商平台，销售时尚、美妆、家居、运动、数码等品类商品 Joom采用代发模式，卖家将商品直接从供应商发货至客户，无须将商品存储在自己的仓库中。该平台以超低价格、高品质的商品为特色，吸引了大量消费者的关注。Joom的独立站支持多种语言和货币，并在全球范围内开展业务，成为知名的跨境电商平台之一

三、独立站推广策略

（一）初级阶段

在独立站初级阶段，为了增加品牌知名度和吸引潜在消费者，需要覆盖多种推广渠道。通常情况下，消费者在做出购买决定之前需要接受多次推广的影响，通常需要3～5次甚至7次不同形式的推广触达。

独立站需要通过不同的广告形式在不同的推广渠道上进行布局，采用多种形式的广告触达消费者，提高品牌知名度，激发购买需求。这可以通过展示广告、搜索广告、购物广告、视频广告等多种形式进行，同时需要过滤掉无效流量，为下一个阶段的发展打下基础。

（二）中级阶段

在独立站进入中级阶段时，需要着眼于流量（通常指访问独立站的人数或者访问独立站的次数）的沉淀。此时，独立站的收支已经达到平衡状态。为了扩大市场覆盖率和受众群体，独立站可以投入更多的付费广告，并探索更多的广告形式。

同时，需要建立会员系统，培养忠诚度，并在社交媒体平台上策划品牌故事进行传播，增强黏性。通过电子邮件等方式与老顾客保持联系，增加复购率。这些措施将有助于增加流量和提高转化率，为独立站的长期发展奠定坚实的基础。

（三）高级阶段

在高级阶段，随着品牌知名度的提高，可以采用再营销方式来获取更多订单。相比于重新获取客户，再营销的效率更高。

在中级阶段就可以开始实施再营销策略，但到后期则需要更多的细节把握，从多个方面让消费者与独立站或品牌产生联系和认同。特别需要关注处理客户投诉的细节，因为消费者的投诉既是危机也是转机，对消费者的疑问和投诉做好处理工作，赢得消费者的信任，是至关重要的。

知识拓展

再营销

再营销（remarketing）是一种营销策略，指通过向已经访问过网站或者购买过商品的用户进行有针对性的广告投放，以达到再次吸引用户回到网站、加强用户黏性和提升销售转化率的目的。

再营销一般基于用户的行为数据，通过对用户的浏览、搜索、购买等行为进行跟踪和分析，为用户推送相应的广告信息，以期达到更高的转化率。再营销的广告投放可以采用各种广告形式，如搜索引擎广告、社交媒体广告、电子邮件营销等。再营销对于提升电商销售业绩、提高用户黏性、增强客户忠诚度等方面都有着积极的作用。

任务训练

◆ 任务目标

了解独立站推广的各种策略和方法，能够根据实际情况制定更具针对性和实效性的独立站推广策略。

◆ 任务导入

假定你的公司正在经营一个服装配饰类的独立站，主要销售女性配饰。产品线包括手包、鞋子、首饰、围巾等。公司想要增加网站的流量和转化率，提高销售业绩。

◆ 任务要求

将班级分组，每组4～5人，组成一个独立站推广小组。每个小组独立完成市场调研和数据分析，并能够制定相应的推广策略。

子任务四 跨境直播推广策略

跨境直播推广策略

任务导入

云帆电子商务有限公司最近想要进一步扩大市场，尝试跨境直播平台这一新兴趋势，以增加公司的曝光度和销售额。不过，公司缺乏相关知识和经验，不知道如何开展这项业务，需要进行调研和规划。因此，王经理要求李华负责调查跨境直播平台的情况，并提出相应的推广策略，以便公司能够迅速进入这个领域并获得更多的市场份额。李华应该怎么操作呢？

任务分析

要开展跨境直播业务，首先需要了解什么是跨境直播；其次，了解跨境直播平台有哪些以及它们的特点，以便选择最适合的平台；最后，需要制定有针对性的跨境直播推广策略，以便快速开展业务并获得更多的市场份额。

知识链接

一、跨境直播概述

（一）跨境直播及其价值

跨境直播是一种通过网络直接向不同国家或地区的观众进行实时视频直播的形式。通过跨境直播，主播可以在不同的国家或地区与观众互动，展示产品或服务，进行销售推广或其他活动，同时也为观众提供了更加多样化的娱乐、学习和购物选择。

跨境直播因其便利、实时性和互动性等特点而受到越来越多的关注和应用。对于跨境电商企业而言，直播有利于拉近品牌方与消费者的距离，可以很好地吸引买家的注意力，流量效应则助力了品牌营销和推广。对于消费者而言，直播购物的趣味性和沉浸感，有利于他们更全面地了解产品信息，在五花八门的促销优惠中寻找最具性价比的购买方式。

（二）中国跨境直播的发展历程

2020年，随着市场环境的变化，中国直播电商模式全面爆发，尤其是“直播+电商”的新零售业态迅速崛起。这一模式不仅深刻影响了人们的消费习惯，也为中国跨境卖家提供了新的拓展国际市场的机遇。

2020年3月，亚马逊直播（Amazon Live）正式在中国落地，并开始向中国企业提供直播服务。2020年5月，阿里国际站开启B2B直播。B2B直播功能主要有三个：活动直播、商品直播和采购直播。同时，阿里国际站还推出了多项促销活动（如直播补贴、海外流量扶持、专业导师指导等），鼓励中国卖家参与跨境直播，并提供相应的营销支持。目前，阿里国际站的跨境直播已经成为中国卖家开拓海外市场的重要渠道之一。2021年12月，TikTok Shop正式宣布向中国企业全面开放入驻，开启属于自己的TikTok Shop，正式入局跨境直播。

二、跨境直播平台

（一）TikTok Shop

TikTok是一款拥有超过10亿用户的应用程序，以“TikTok Made Me Buy It”和“As

Seen On TikTok”等流行标签为特色，成为消费者发现新产品和趋势产品的主流渠道。在2021年9月，TikTok推出了直播购物功能，让用户可以通过直播购买产品。

此外，TikTok还推出了直播购物广告，帮助商家引流和推广产品，目前该功能只适用于选定平台和正在测试的TikTok Shop市场，包括但不限于英国、印度尼西亚、马来西亚、菲律宾、新加坡、泰国和越南等国。

常用的TikTok直播购物功能有如下三种。

①连线邀请联合主播或嘉宾：用户可以邀请多至5人加入直播间，与联合主播不同的是，连线嘉宾需要申请才能加入直播间。

②问与答（question and answer，Q&A）：主播可以在单独的面板看到提问的问题，更便于答复并与观众互动。

③添加管理员：在直播期间，管理员可以帮助审查管理评论区，让直播更和谐有序地进行。

（二）YouTube

2021年，YouTube推出了直播购物功能，是其创作者货币化和电子商务工具扩张的一部分。2022年6月，YouTube推出新功能，创作者可以在平台直播中利用YouTube Studio中的“Shopping”标签的新工具来标记他们推广或销售的产品。此外，YouTube与Shopify达成合作，允许创作者和商家在YouTube视频中展示相关产品，并为美国地区的创作者提供站内结算权限，使消费者不需要转跳网站也能完成无缝购物。

为了提高直播购物的影响力和参与度，YouTube在2022年的Beauty Festival上邀请了知名明星和炙手可热的品牌，用户可以直接从购物直播中购买到40个顶级美容品牌的产品。YouTube还与Glossier合作推出了“Shoppable Shorts”（可购物短视频）挑战，并联手歌手Kehlani促进推广挑战。这种新的购物方式使用户能够发现和购买所喜爱的创作者推荐的产品。根据Talk Shoppe在美国的调查，89%的观众认为YouTube创作者的推广是值得信赖的。

（三）Instagram

品牌和创作者可以使用Instagram的直播购物功能，展示多达30个产品或整个产品系列，并可以在直播中展示和标记（pin）产品。每次可标记一个产品，观众可点击该产品进行了解和购买。美国地区的消费者可以直接在Instagram上进行购买，无须离开应用程序。

常用的Instagram直播购物功能有如下四种。

①设定直播日程：用户可以在未来1小时至3个月时间内预定直播日程，设定的直播行程会自动生成出现在用户简介中。

②Live Room：主播可以连线邀请3个及以上嘉宾或合作的品牌一起参与直播，以获得更多观看和互动。

③标记主题或评论：直播中可以将问题标记在公屏上，方便观众了解直播内容。

④产品发布：已设置支付方式的商家（仅限美国企业）可以预告独家降价产品，让

用户设置提醒。产品发布前1小时会以倒计时的形式进行倒数，在发布时间，倒计时组件将变成“Add to Cart”（加入购物车）按钮，方便用户购买。

（四）X

X于2021年11月推出直播购物。用户可以在观看购物直播时：①查看活动页面上的可购物横幅广告（banner）和购物标签；②在最新标签和商店标签之间反复切换；③在应用浏览器中继续观看直播。

（五）亚马逊

亚马逊直播通过免费流媒体向美国地区的亚马逊注册品牌和拥有店铺的供应商提供。

2022年的会员月（Prime Days），亚马逊联手一些名人与小企业主一起直播推广产品并分享故事。亚马逊称，Prime Days期间流媒体获得超过1亿次的浏览量，成千上万的创作者参与其中。

（六）沃尔玛

2020年12月，沃尔玛首次尝试了TikTok直播购物，取得了意想不到的成功，活动浏览量是预期的7倍，粉丝增长了25%。2021年3月，沃尔玛又推出了第二次直播购物活动，这次活动名为“Spring Shop-Along：Beauty Edition”（春季购物：美容版），邀请了TikTok创作者为其美容产品推广。此外，沃尔玛还与其他社交平台如YouTube、X合作，在直播购物领域开展了多场活动。

知识拓展

相关概念

标记（pin）：在直播过程中，主持人或参与者会介绍和展示一个产品，并将其固定或标记在视频画面的某个位置，以便观众能够更容易地看到并了解该产品。在这种情况下，“pin”的含义是将某个内容或物体固定在视频或屏幕上的操作。

Banner是一个在网页或移动应用程序上呈现的大型横幅广告，通常在页面的顶部或底部显示。

购物标签则是在页面中与特定商品相关的标记或图标，点击它们可以直接跳转到购买页面。这些购物标签通常与商品的价格和其他关键信息一起显示，以便用户了解更多关于该商品的详细信息。

三、跨境直播推广策略

（一）熟悉中文文化差异和市场差别

由于国外用户的宗教文化、社会习俗和政治价值等方面与中国不同，这导致跨境电商中的消费习惯存在较大的差异。因此，要通过跨境直播拓展国际市场，就必须深入了解当地的国情和民情，以适应当地社会和经济

跨境直播案例

发展的特点。

首先需要明确的是，不同的直播平台吸引的人群结构不同。例如，TikTok的平均用户年龄在17～22岁，因此，推荐的产品单价和款式存在一定的限制。Instagram的用户主要是女性和年轻群体，适合以年轻女性受众为主的品牌或是经常分享日常生活事务的个人卖家。而YouTube具有平台用户群庞大、用户黏性高、直播功能突出的优势，适合拥有大量稳定粉丝基础的卖家。

其次，国内直播带货注重的是如何快速销售产品，主播实际上扮演了一个超级推销员的角色。而国外品牌商则会邀请网络红人充当主播，但重要的是推广宣传品牌，而非将推销产品作为首要任务。作为主播的网红通常不会将自己定位为产品推销员，而是为产品赋予更多的品牌价值。因此，只有当他们认为产品确实优秀时，才会去推荐，而不仅仅是为了盈利和带货。

最后，国外直播的观看途径主要是社交平台，但是在美国以及其他市场，超过一半的交易来自企业官网、沃尔玛等线上平台，消费者购物渠道与社交媒体平台的关联性较弱。

（二）稳定可靠的网络环境

网络环境是跨境直播的重要因素之一，因为它会影响直播的稳定性、清晰度和流畅性等方面。不同国家和地区的网络环境和速度不同，因此主播需要选择可靠的直播平台和网络服务商，并在直播前测试网络速度和稳定性，以确保直播效果。

首先，主播需要选择可靠的直播平台。在选择直播平台时，主播需要考虑该平台是否可靠、稳定、适合自己的直播内容，并具有良好的用户基础。例如，在中国，哔哩哔哩和抖音是非常流行的直播平台，而在国外，Twitch和YouTube Live是很受欢迎的直播平台。

其次，主播需要选择可靠的网络服务商。网络服务商是提供互联网接入服务的公司，包括提供宽带、无线网络和数据中心服务等。主播需要选择可靠的网络服务商，以确保网络速度和稳定性。例如，在中国，电信、联通和移动是主要的网络服务商，而在美国，Verizon和AT&T是主要的网络服务商。

最后，主播需要在直播前测试网络速度和稳定性。测试网络速度和稳定性可以帮助主播了解网络的实际情况，并采取必要的措施来改善网络连接。

（三）关注时差和节假日

不同国家和地区有不同的时差和节假日，主播需要根据不同的时区和节假日安排直播时间，以最大限度地吸引观众。

例如，中国与美国的时间相差12个小时。如果在美国时间晚上8点直播，相当于中国时间第二天上午8点，这个时间是比较合适的，因为在中国时间上午和美国时间晚上都是人们比较空闲的时间。美国独立日是7月4日，这是美国的国庆节。在这一天，很多美国人都会放假，因此主播可以在这一天进行直播，吸引更多的美国观众。

（四）培养跨境主播

中国主播经过高等教育之后，阅读英文网页、进行简单交流并不难，但是通常很难理解海外消费者的文化内核，也难以对消费者进行细微洞察，导致企业直播带货的时候无法真正触动海外消费者。

对于跨境电商平台来说，直播的在线人数就意味着流量。为了达到更好的跨境直播带货效果，通常需要考虑与国外网络红人进行合作。尽管亚马逊等平台能够提供网络红人签约服务，但是网络红人的费用与观众人数有关，如果想要获得较高流量就要支付较高的费用，中小企业很难长期支付这笔费用，不具备可持续性。

对此，跨境电商企业一方面需要与更成熟、更高知名度的平台合作，另一方面也要对直播的内容加以斟酌推敲来打动用户。

对跨境直播人才的要求也比国内的直播主播要求更高。跨境直播主播不但要具备高超的外语沟通和表达能力，也要懂得电商平台的业务操作能力和营销知识，还要了解直播对象国家的宗教文化、社会习俗、政治价值等。这些都对主播跨文化理解能力和跨领域综合能力提出了挑战。

任务训练

◆ 任务目标

提高跨文化沟通能力，熟练掌握跨境直播推广技巧和语言表达能力。

◆ 任务导入

假定你是一家跨境电商公司的海外推广专员，所在的公司主要经营服装配饰，并计划通过跨境直播的方式进军海外市场。为此，公司决定邀请来自目标海外市场的时尚博主作为主播，利用社交平台进行直播。这次直播活动的主题是时尚搭配秀，主播将向观众展示如何将你们公司最新的服装配饰系列进行时尚搭配，并分享穿搭心得和时尚观点。

请根据以上情景，设计一场跨境直播的脚本，包含开场白、产品介绍、互动环节和结尾语。

◆ 任务要求

以小组为单位，进行跨境直播演示，视频录制时间不少于3分钟。

项目小结

本项目涵盖了国际市场推广的两大核心内容：模式和策略。在推广模式上，详细介绍了三种不同的模式：折扣模式、内容模式和广告模式。其中，折扣模式作为促销利器，能够直接吸引消费者购买；而内容模式和广告模式则侧重于引流，并在推广过程中强化品牌形象，辅助品牌的推广与促销活动。对于国际市场推广，要从品牌、产品、独立站和跨境直播这四个关键领域出发，精心制定一系列具有针对性的策略。这些策略旨在助力企业和品牌顺利进入国际市场，进而提升品牌知名度，并有效推动销售额的增长。

通过本项目的学习与实践，应懂得作为跨境电商从业者不仅要坚守中国传统的诚信、敬业和责任等职业准则，更要培养全球视野，勇于面对国际市场的机遇与挑战；要持续学习，勇于创新，在推广策略的制定和品牌建设的过程中展现独特创意和前瞻性视野，以专业、高效、创新的态度，积极为企业国际化发展贡献力量，同时为中国品牌在国际舞台上赢得更多尊重和认可。

学习成果评价

一、不定项选择题

1. 折扣营销的适用场景是（　　）。

A．销售不景气的季节　　B．推广新产品

C．与竞争对手竞争　　D．以上所有选项

2. 内容营销的核心是（　　）。

A．创新的广告　　B．有价值的内容

C．高质量的图片　　D．流行的音乐

3. 跨境电商独立站根据其经营模式和运营策略的不同，可以分为（　　）。

A．垂直类　　B．铺货类　　C．代发类

D．直销类　　E．二手交易类

4. 跨境直播因其（　　）特点而受到越来越多的关注和应用。

A．省时省力　　B．实时性和互动性

C．价格低廉　　D．没有地域限制

5. TikTok直播购物功能的特点有（　　）。

A．可以邀请多至5名联合主播或嘉宾加入直播间

B．可以进行问与答互动

C．可以添加管理员来审查评论区

D．只能在特定国家和地区使用

二、简答题

1. 简述折扣发布的要素的内容。
2. 内容营销有什么特点？
3. 品牌定位的常见方法有哪些？
4. 简述独立站与平台站的优劣。
5. 请例举海外直播平台，并说明这些平台各有什么特点。

项目三 国际市场推广策划

项目目标

● 知识目标

1. 掌握热点事件营销推广策划。
2. 掌握节日营销推广策划。
3. 掌握展会营销推广策划。
4. 掌握推广文案的写作技巧。
5. 理解推广文案运用的方法。

● 技能目标

1. 能够跟踪时事热点、结合品牌特点进行营销策划。
2. 能够策划推广活动，与粉丝建立良好互动，提升用户黏性。
3. 能够熟练使用英语或当地语言撰写推广文案。

● 素养目标

1. 具备创新思维和创业精神，能够发挥自己的专业优势在市场竞争中脱颖而出。
2. 具备国际视野和跨文化交流能力，以适应全球化市场的竞争环境。
3. 具备公民意识和法制观念，强化对商业道德和诚实守信的认识。

思维导图

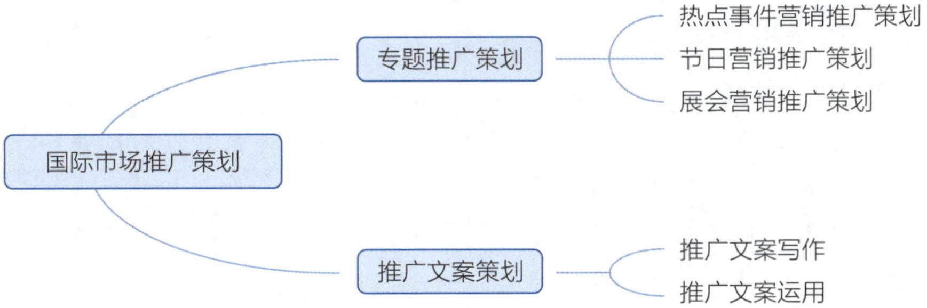

案例导入

PAWSITIVE北美宠物市场出海策划

一、市场分析

随着人们对宠物的关注度提高，宠物用品和宠物粮食市场呈现出快速增长趋势。Global Market Insights的数据显示，自从2016年以来，全球宠物市场规模不断扩大，预计到2027年将会达到3500亿美元的规模。其中重点地区为美国，潜力地区为东南亚。美国地区的宠物行业规模领先，东南亚地区的发展也呈惊人涨势。

二、竞争环境

美国宠物市场有着100多年的发展，其行业已经较为成熟。2023全球宠物网站TOP20前五均来自美国。

三、市场特点

在当前市场中，宠物粮食消费者更加注重产品的品质和营养成分，宠物用品消费者更加注重产品的耐用性和环保性。PAWSITIVE将会以高质量、健康、安全为切入点来满足消费者的需求。

四、营销策划

1. 整体目标

①通过内测邀请码的方式吸引B端客户体验平台；②收集客户反馈，优化平台服务；③提高品牌知名度，建立行业影响力，确立在宠物市场的地位。

2. 目标客户

①宠物食品制造商；②宠物用品品牌；③宠物服务提供商（如美容、寄养服务等）；④宠物医疗和保健品牌。

3. 营销策划详述

（1）邀请码内测。①内测规模：选取200～300个有影响力的B端客户进行内测；②邀请方式：通过行业内邮件营销、直接联系、合作伙伴和社交媒体推广发放邀请码。建立邀请制度，鼓励用户邀请他人参加内测，可以享受到邀请福利，扩大用户群体；③内测福利：免费使用平台功能6个月，并提供专业营销顾问支持。

（2）营销策略。①内容营销：发布宠物市场相关的营销策略、成功案例及行业趋势分析报告，以增加品牌内容的价值感和专业度。提供宠物健康、养护、训练等方面的专业知识和建议，满足用户对宠物相关信息的需求；②社媒活动：在Instagram、X、TikTok等海外社媒上开展宠物故事分享活动、互动问答、明星宠物活动和直播讲座，提升潜在客户参与度和品牌曝光度。

（3）定制化服务。①吸引B端客户的具体措施：针对不同宠物品牌的需求提供定制化的营销方案，包括品牌定位、目标受众分析、营销策略实施等；②数据支持：利用先进的数据分析工具，帮助客户评估营销活动的投放效果，从而优化广告内容和营销策略；③技术支持：提供专业技术支持，确保客户在使用平台时的体验流畅。

思考

❶ PAWSITIVE如何将自己与竞争对手区分开来，展现其独特价值？

❷ 在东南亚市场，PAWSITIVE是否需要调整营销策略以适应文化差异？

任务一

专题推广策划

任务目标

1. 了解热点事件内涵及种类。
2. 掌握热点事件营销推广决策框架。
3. 了解跨境电商节日营销推广日历。
4. 掌握线下展会推广增加流量的方法。
5. 能够利用热点事件进行营销推广策划。
6. 能够利用节日主题进行营销推广策划。
7. 能够参展并进行推广策划。

子任务一　热点事件营销推广策划

热点事件营销推广策划

任务导入

近几年，受全球化、社交媒体、政治环境和经济发展等方面的影响，热点事件频发。云帆电子商务有限公司计划积极参与热点事件营销推广，让企业更好地把握时代潮流，有效回应社会关注，增加企业的知名度和影响力。王经理要求李华查阅相关资料，对热点事件营销推广认真筹划。李华应该怎么操作呢？

任务分析

进行热点事件营销推广，需要在理清热点事件的基础上，建立完整的热点事件营销推广决策框架，并深入分析受众、特征和机制，最终进行详细的营销推广策划，才能在热点事件营销推广中取得成功。

知识链接

热点事件营销推广是指企业或品牌利用社会热点事件进行营销推广活动，从而吸引更多消费者关注和参与，提高品牌知名度和销售业绩的一种市场营销策略。在内容营销中，热点事件营销推广是个强大但同时充满风险的利器。如果缺乏恰当的战略，盲目跟风，不但会浪费精力，而且可能会招致反感。追逐热点进行营销推广并不是一个全新的概念，但可以确定的是，随着数字营销的普及和社交媒体的崛起，热点事件营销推广赢得了更多技术支持和更广泛的受众基础。

显然，热点事件营销推广是个高收益、高风险的内容营销策略。由于它正式开展的历史不长，不少企业都处于摸索及积累经验的阶段。对于那些准备或者刚刚开始尝试的企业，有哪些规律及方法可以参考呢？

一、热点事件概述

从社会学的角度来看，热点事件是指在特定时间段内，具有广泛社会影响力、能吸引大量关注的事件。

热点事件可以分为两类，确定性热点事件和突发性热点事件。确定性热点事件包括重大节日、活动，固定发生的社会事件和自然事件等，它们可以预期并提前准备，因此比较容易进行推广策划。突发性热点事件则更具有刺激性和创意空间，因为它们具有不可预见性和随机性，能够更好地激发大众的好奇心和关注度。突发性热点事件可以分为商业、娱乐、体育、政治、自然、事故和社会等几类。由于没有过去的样本可参考，企业的热点营销大致在同一条起跑线上，因此做好了，出彩的可能性更大。突发性热点事件的特征可能各不相同，大家首先比拼的是对事件的反应及解读能力，看谁能从事件中找到合适的品牌切入点，然后才是内容创意、执行力及传播效率。总之，热点事件营销推广既可以从确定性热点入手，也可以从突发性热点入手，通过巧妙地切入和传播，实现品牌的营销效果。

二、热点事件营销推广决策框架

虽然利用热点事件进行营销推广是内容营销的一种有效手段，但是过多的负面例子表明盲目跟风热点存在很大的风险。那么，企业如何判断哪些热点值得追逐呢？可参考热点事件营销推广决策框架，如图3-1所示。

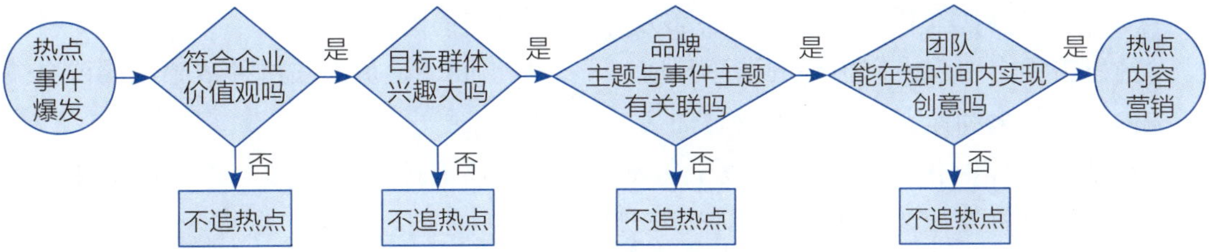

图3-1　热点事件营销推广决策框架

在热点事件爆发后，有意推广策划的企业首先应该问自己一个严肃的问题：这个事件的主题符合企业的价值观吗？如果不符合，即使这个热点再火爆，企业也不应该去跟风。因为建立对价值观的信任比打破要困难得多。

在企业考虑热点事件营销推广之前，需要评估目标客户对这个热点事件的感兴趣程度是否符合自己的预期。如果目标客户对这个热点并不感兴趣，那么营销这个热点可能不会产生预期的效果，因此需要慎重考虑是否值得投入资源。

其次，企业需要关注热点事件营销是否能够将品牌主题与热点事件主题有机结合。人们更关注热点事件本身，而非品牌信息。只有将品牌主题与热点事件主题相融合，才能借助目标客户群体对热点的关注传播品牌信息。如果品牌主题与热点事件主题不相关，那么跟风这个热点就没有必要。

最后，企业需要审视自身的热点事件营销推广策划能力。热点事件营销推广与常规推广不同，要求企业在短时间内提炼创意、制作和发布推广作品。由于时效性是热点事件营销推广的生命，所以如果企业没有高效、快速反应的能力，就无法实施热点事件营销推广策略。

三、热点事件营销推广：受众、特征与机制

从社会心理学的角度看，突发性热点事件爆发后，大众的认知和情感会呈现以下特点。

（一）认知视角下，热点事件揭示人们对更多信息的渴求

认知方面会激发人们对更多信息的渴求，包括事件的全貌、内情和未来影响等，从而推动人们对该事件进行深入思考和探究。以2023年某知名科技公司因数据泄露事件引发全球关注为例，尽管公司迅速发布公告承诺采取措施防止类似事件再次发生，但公众对于泄露的数据规模、涉及的用户隐私范围以及这一事件对公司声誉和业务模式的长远影响仍充满好奇与关切。在这样的背景下，社交媒体再次成为公众获取热点事件信息的主要渠道。某知名财经媒体微信公众号迅速响应，仅在该事件曝光数小时后便发布了一篇深度分析文章，不仅探讨了数据泄露的技术细节，还分析了该事件对科技行业数据

安全标准的潜在影响，以及用户应如何增强个人信息保护意识。这篇文章因其时效性（几乎与事件同步发布）和深度分析，迅速在社交媒体上传播开来，成为公众讨论的焦点，激发了更多人对于数据安全和个人隐私保护的关注与讨论。

（二）情感视角下，热点事件会激发人们强烈的情感反应

情感方面会引起人们强烈的情感反应，不论是正面还是负面。这种情感和期待会被相关内容所放大和诠释，让人难以忘怀。

在数字媒体时代，社交媒体是社会舆论热点传播最迅速的平台。当热点事件发生时，人们会在社交媒体上汇聚，不仅获取最新信息，还通过评论、点赞、转发等方式，表达对事件的态度并寻求认同。因此，突发性事件也成为社交需求和媒体刷屏的时刻。在这种情况下，社交媒体平台（如X）会根据热度搜索量，聚合形成实时热搜榜。总体而言，热点事件激发了公众的信息、情感和社交需求，这些需求转化为内容需求，为企业进行热点事件营销推广策划提供了方向（图3–2）。

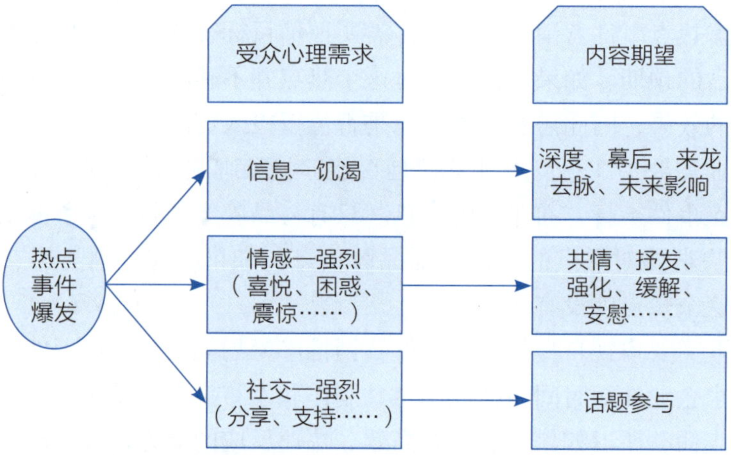

图 3–2　热点事件营销推广：受众心理需求与内容期望

四、热点事件营销推广策划

（一）确定性热点事件：用预期规划争取最佳位置

确定性热点事件是指那些可以预测的节日、假期、特殊时段、季节、赛事等事件。这些热点事件的优点在于商家可以提前做好规划和准备，但弊端是大家都在关注同一个话题，想要从中脱颖而出就变得更加困难了。

为了俘获人心，需要提前做好准备并充分发挥创意和诚意。对于可预期的热点事件，需要提前策划活动，但也需要精确判断活动时间的发布与结束时机，以获得最佳效果。

在策划活动时，需要考虑以下问题：人潮涌动最频繁的时间是什么时候？收尾时刻展现活动时间的宝贵性以及最佳成效性是什么时候？应该选择哪些主题和款式来推广已有的产品线？除了确定以上问题，我们更需要以创意的方式设计活动内容，吸引人群的眼球，并用诚意赢得他们的心。

（二）突发性热点事件：最快时间站对位置

突发性热点事件的范围很广，几乎可以包括一切非常规热点事件，例如，时政新闻、娱乐新闻、某种语体等。这种推广手段的优点在于裂变速度快，爆发性强，但缺点是操作难度大。

在突发性热点事件发生时，中小企业可以选择主动参与或被动跟随两种操作方式。主动参与要求原创性和发散性高一些，而小型互动则更为实际可行。被动跟随需要足够勤奋，抓住热点事件就近处理，也可以借助热点事件的裂变效应得到大量的流量。

在互联网时代，企业可以通过互联网开展一系列“热点事件”营销推广活动，借助热点事件在互联网上被热炒并形成“滚雪球”的传播效应，从而用最小的成本获取最大的回报。此外，精准传播也是非常重要的。一个成功的活动策划除了创意之外，对传播渠道的准确判断以及对渠道人群的数据分析也十分重要。这对想要抓住热点事件的企业文案提出了新的要求。

任务训练

◆ 任务目标

了解热点事件营销推广策略的制定和实践能力，提高市场推广和品牌塑造能力。

◆ 任务导入

2023年3月16日，百度宣布正式推出基于百度新一代大语言模型的生成式AI产品文心一言，引发了全球关注。某跨境电商企业计划借助这一热点事件进行营销推广策划，提高企业的知名度和品牌价值。

◆ 任务要求

了解热点事件的相关情况，制定合适的推广策略，包括宣传口号、推广渠道、社交媒体推广等方面，制订活动宣传计划。

子任务二　节日营销推广策划

节日营销推广策划

任务导入

节日是人们关注的焦点，通过与节日相关的推广活动，企业可以吸引消费者的注意并增加产品销量。王经理要求李华查阅相关资料，认真筹划节日营销推广。李华应该怎么操作呢？

任务分析

要进行节日营销推广，首先需要了解节日的内涵和形式，以此为基础构建节日推广框架。接着，发布跨境电商节日推广日历，制定推广策略。

知识链接

一、节日推广概述

在社会心理学框架中，节日指的是人们生活中的特定日子，用于纪念特别事件、历史典故、人物角色等。人们对节日通常有情感性期待，也伴有特定行为（过节）。在节日期间人们一般会展现正面情绪，也乐意分享节日的喜悦。这种强烈的情感特征意味着，节日是企业进行内容营销的好时机，可以体现出品牌的共情能力（empathy），拉近与用户的距离。

每个节日通常都会有其特定的含义（核心主题），比如情人节是情侣之间的爱情，伴随着共同认可的送花、吃烛光晚餐等仪式；有明确的符号，比如情人节的玫瑰、心形巧克力、粉色等；而且还有可能牵涉对节日含义的延展，比如在国外，情人节虽然主要表现情侣之间的爱情，但后来也逐渐扩展到广义的“爱”，比如亲人、朋友及其他利益相关者（对企业来说可能指客户）之间的关爱。

从核心主题、仪式、符号到延展主题，人们对节日内涵的诠释逐渐放宽，但大致上依然保持了对节日的敬意。的确，节日有社会主流习惯认可的庆祝方式，但人与社会都有复杂多样性。社会心理学中的抵触理论（resistance theory）认为，社会中的部分群体，可能出于种种不同的原因，展现出与他人（如主流群体）在理念或行为上的差异。在节日场景下，他们或者规避节日庆祝，或者以与主流不一致的方式表达自己对节日的独特理解和感受。

节日推广是指在节日期间企业利用消费者的节日消费心理，推广自己的产品或品牌，以提高产品的销售力和品牌形象。节日推广通常涵盖了节日的主题、仪式和符号等元素，并结合节日的文化内涵和消费习惯，设计和推出特别的产品、活动和广告等，以吸引消费者的眼球和购买欲望。节日营销推广通常是一个长期的营销策略，而不是短期的售卖活动。对于一些节日消费类产品来说，节日营销推广的意义显得更为重要。

节日营销推广框架如图3–3所示。

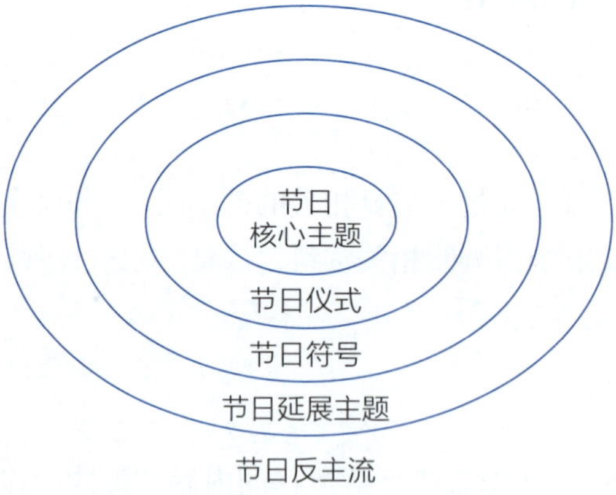

图3–3　节日营销推广框架

二、跨境电商节日推广日历

对于跨境商家来说，为了更好地进行营销推广活动，需要提前准备跨境电商节日推广日历。推广活动需要根据时间变化而变化，关键词也需要根据季节、节日、国家或地区的变化而变化。例如，在2月14日情人节、3月8日妇女节推广珠宝、鲜花等商品；在“双十一”“黑色星期五”推广服装、电子产品等商品。

三、节日营销推广策划

节日营销案例

节日营销对于跨境电商商家而言是一年中最期待的时候，不仅交易量大，而且成单率高。对于部分商家而言，节日季的成交量几乎可以占到全年成交量的一半以上。由此可见，节日季也是跨境电商商家的销售旺季。那么，跨境电商节日季如何推广呢？

（一）做好活动准备

节日营销推广是一项需要提前准备和规划的复杂任务，这需要商家在节日季到来之前做好充分的准备和活动预热，而不是等到节日当天才开始。商家应该提前制订季度或年度节日营销推广计划，考虑节假日和平台历年活动排期时间、店铺产品定位、流量、视觉设计、备货选款等方面，制定完善的方案，以指导后期节日营销活动的顺利进行。

（二）找准目标人群，精准推广

找准目标人群进行精准推广是至关重要的一步。这意味着需要对目标受众进行深入分析，包括其年龄、性别、地理位置、购买行为和偏好等方面的信息。通过收集和分析这些数据，可以更好地理解目标受众的需求和行为模式，从而制定出更有效的推广策略。

例如，商家销售的一款高端智能电视，通过市场调研和数据分析，可以确定其潜在目标人群。这些目标人群往往具有较高的收入水平，年轻且对科技感兴趣。

（三）视频和图片宣传效果更好

相较于纯文字的宣传方式，视频和图片更具有视觉冲击力和感染力，可以更好地传递宣传信息，使消费者加深印象，从而大大提高推广和宣传的效果。

商家在节日推广中使用视频或图片的三种方法。

1. 制作礼物指南

将自己的产品包装成节日礼物，制作成视频、有趣的图像或GIF发布。这种多媒体形式的宣传方式，更加生动有趣、视觉冲击力强，可以强化宣传效果。

2. 富有趣味性/幽默感的节日推文

有趣的表情包、带有节日特色的促销活动以及富有创意的节日信息。这种宣传方式可以让消费者感到轻松、愉快，从而更容易与商家产生共鸣和互动。此外，富有趣味性的宣传内容通常会引起消费者的关注和转发，从而扩大品牌的影响力。

3. 分享品牌文化和价值观

商家可以通过发布关于企业文化的视频或介绍企业的慈善或社会责任倡议等内容，

向消费者传递品牌的社会责任感和价值观。这种宣传方式不仅可以提高品牌的知名度，还可以让品牌在消费者心目中树立良好的形象和信誉。

（四）跟踪、衡量与调整

节日期间竞争如此激烈，必须不断对广告素材进行各个方面的测试，并根据所取得的结果进行跟踪、衡量和调整，以便找到最适合的推广方法。

任务训练

◆ 任务目标

了解节日营销推广活动的策划过程，包括目标受众、推广目标、策略制定、预算管理和时间安排等。

◆ 任务导入

某企业是一家跨境电商企业，专门销售美妆护肤产品，并且业务范围覆盖欧美各国。由于情人节是一个浪漫的节日，该企业计划在情人节期间推出一个营销推广活动，旨在增加销售额并提高品牌知名度。

◆ 任务要求

结合情人节的主题，设计推广方案，要求不少于1500字。

子任务三 展会营销推广策划

展会营销推广策划

任务导入

作为跨境电商企业，参加展会可以增强品牌知名度，与潜在客户进行互动，了解市场情况，展示新产品和新技术，寻找合作伙伴等，这些都是扩大业务范围和提高企业竞争力的重要途径。王经理要求李华查阅相关资料，对展会营销推广进行认真筹划。李华应该怎么操作呢？

任务分析

线下展会通过展示产品和服务现场吸引潜在客户，赠送礼品和优惠券促进销售，并通过邮件等方式跟进客户。线上展会则通过云展示方式展示产品和服务，吸引潜在客户的关注，节省成本，覆盖范围更广，并通过数据分析优化推广策略。

知识链接

近年来，随着全球市场环境逐渐稳定，无论是线上还是线下，各类跨境电商展会都将如期举行，展现出巨大的吸引力。展会营销推广成为跨境电商商家有效开发客户和实现订单成交的重要方式之一。

一、线下展会营销推广

线下展会营销推广主要通过现场展示产品或服务，让观众亲身体验，了解产品或服务的特点和优势，从而提高品牌知名度和产品销售量。在展会现场，可以设置展台和展示柜，展示产品的样品和功能，配合现场演示和互动活动，吸引观众的注意力，增强品牌形象和产品的吸引力。此外，可以通过赠送礼品、优惠券等方式吸引潜在客户，促进销售。在展会结束后，可以通过邮件、电话等方式跟进客户。

（一）充分宣传和介绍产品

参展是企业进行宣传的重要途径，展会时间有限，因此参展企业必须利用好时间，做好产品介绍。企业可以通过提供图片和企业手册等资料让观众了解更多产品信息。此外，企业还可以在展会上向采购商提供各种宣传材料，如光盘、单页彩页和价目表等。同时，参展企业的负责人和经销人的名片也非常重要，这些材料都应该包含企业的基本联系信息，如电话号码、网址和地址等。

（二）增加配套活动

展会期间，参展企业可以通过举办新产品发布会、经销商年会、产品演示等配套活动，巩固老客户，能吸引新客户。为了增强观众与企业之间的互动，提高观众参与度，企业可以设置签到墙、抽奖等互动活动。

（三）提供丰富多样激励

激励可能是增加展位流量的重要方法之一。参展企业应该在社交媒体上发布企业展会期间的活动计划以及在展位上提供的相关活动奖励或者活动奖品。具体的奖励措施视每家企业的情况而定。以下是一些激励建议。

（1）时尚。参展企业要提供的奖品应该是时尚的，这样才可能吸引人们的关注。设计前卫的T恤、USB充电适配器、U盘等一直很受欢迎。钥匙链或印有企业品牌的签字笔也是不错的选择。

（2）充电站。这是目前一些贸易展会上较受欢迎的设计概念之一，可以增加展位流量。参展企业可以利用潜在客户为移动设备充电的间隙，让他们体验相关的展品。

（3）免费Wi-Fi。提供免费Wi-Fi是一个有效的引流方法。参展企业可以要求人们先注册再享受服务，这样可以留下潜在客户的相关信息，以便后期联系。

（4）其他。限时优惠、特别定价、竞赛和赠品也会吸引大量的人流量。总体来说，增加参展企业的展位流量不仅需要预先规划，还需要跳出思维定式。

二、线上展会营销推广

线上展会营销推广主要通过云展示方式进行，可以通过各种云平台、社交媒体等方式展示产品或服务，吸引潜在客户的关注和参与。在线上展会中，可以设置虚拟展厅、在线演示和互动活动等，让观众可以在家中就能够了解产品的特点和优势。同时，可以通过线上抽奖、发放优惠券等方式吸引潜在客户，并在展会结束后通过邮件、短信等方式跟进客户。线上展会营销推广的优势在于可以节省展会成本，覆盖范围更广，同时也可以通过数据分析等方式更好地了解潜在客户的需求，优化产品或服务的推广策略。

（一）展示方式以云展示为主

线上展会借助3D、AR、MR、VR等现代技术，创造出一个“云展示”的平台，提供虚拟和沉浸式的产品展示。企业可以通过网络主播用外语直播展示产品。有些甚至将直播间设在企业展厅或工厂内，让观众更加全面直观地了解企业产品和实力。采购商可以通过观看直播的方式获取各种线上产品资料，获得更多信息。

（二）营销服务转为线上引流

传统的线下展会参展商主要侧重于展前广告宣传、展中现场展示、互动体验、营销洽谈和论坛活动等体验式营销。而线上展会参展商则更加注重线上引流，建立网上直播专栏和链接，通过在线推广等方式吸引采购商进入网站。此外，还可以通过内容运营激活私域流量，接入YouTube、Facebook、TikTok等国外用户热门社交平台等外部资源实现云引流。

知识拓展

3D技术

3D技术指的是三维技术，它是一种用于制作三维图形和动画的技术。通过3D技术，我们可以用计算机模拟出三维物体的形状、纹理、颜色和光照等效果，使得这些物体看起来非常逼真，就像在现实世界中一样。3D技术广泛应用于电影、游戏、建筑设计、工业设计等领域，它能够为这些领域带来更加逼真的视觉效果和更高的表现力。

任务训练

◆ 任务目标

了解展会营销推广的流程和方法，掌握展会推广技巧和策略，能够在展会现场有效地推广。

◆ 任务导入

某跨境电商企业将参加一个行业展会，在展会上展示企业的产品和服务，展会时间为一个月后。假如你是本企业的市场推广人员，请为本次展会做个营销推广活动策划。

◆ 任务要求

撰写策划报告，内容包括展位设计、产品展示、互动体验、演讲分享以及展会营销推广策略，不少于1500字。

任务二
推广文案策划

任务目标

1. 理解推广文案的含义和作用。

2. 掌握推广文案的基本组成要素，包括标题、副标题、正文、口号等。

3. 了解推广文案的编辑技巧，如突出产品特点、引用口碑、使用简洁语言等。

4. 能够根据推广目的和受众特点，撰写具有吸引力和说服力的标题。

5. 能够根据推广内容和目的，选取合适的切入点和角度，增强文案的针对性和实效性。

6. 能够根据不同媒介的特点和需求，灵活运用推广文案的知识和技能，撰写适合不同平台的优质文案。

子任务一　推广文案写作

推广文案写作

任务导入

云帆电子商务有限公司近年来通过精心设计和优化推广文案，成功吸引了大量潜在客户的关注，传达了产品的独特卖点和优势，提高了产品的市场竞争力。由此可见，推广文案对于产品销售的重要性不可忽视。为此，市场部王经理委托李华查阅相关资料，以期能够编写出更为优秀的推广文案。那么，李华应该如何操作呢？

任务分析

在进行推广文案的写作时，首先需要明确推广文案的内涵和目的，以及推广文案的基本构成要素。同时，还需要掌握一些编辑技巧，以提高文案的质量和效果。在这个基础上，可以发挥创意，创作出更具吸引力和说服力的推广文案。

推广文案写作案例

知识链接

一、推广文案概述

推广文案是广告信息内容的文字表现形式，有广义和狭义之分。广义的推广文案是指通过广告语言、形象和其他因素，对既定的广告主题、广告创意所进行的具体表现；

狭义的推广文案则指表现广告信息的言语与文字构成。

推广文案由标题、副标题、正文、口号组成，它是广告内容的文字化表现。在广告设计中，文案与图案、图形同等重要，虽然图案和图形具有前期的冲击力，但推广文案具有更深远的影响力。

推广文案由以下四个部分组成。

（一）标题

标题是推广文案的主题，往往也是广告内容的诉求重点。它的作用在于吸引人们对广告的注目，留下印象，引起人们对广告的兴趣。只有当受众对标题产生兴趣时，才会阅读正文。标题的设计形式有情报式、问答式、祈使式、新闻式、口号式、暗示式、提醒式等。标题撰写要语言简明扼要，易懂易记，传递清楚，新颖个性。标题文字数量一般以控制在12个字以内为宜。

（二）副标题

副标题是对标题的补充和解释，帮助读者更好地理解广告的内容。好的副标题应该简洁明了，能够让读者更深入地了解文案的主题。

（三）正文

正文是推广文案的核心部分，需要突出产品或服务的特点和优势，让消费者更好地理解文案的主题，并激发他们的购买欲望。正文撰写时内容要实事求是，通俗易懂。不论采用何种题材式样，都要重点突出，言简意赅。

（四）口号

口号是推广文案中最后的部分，它是战略性的语言，目的是通过不断重复、反复展现，使消费者了解产品或服务的个性。口号常用的形式包括联想式、比喻式、许诺式、推理式、赞扬式、命令式。广告口号应简洁明了、语义明确、独创有趣、易读上口、便于记忆。

国际市场推广所涉及的文案表现形式包括：商品描述、广告宣传、产品说明及社交媒体的发帖、活动策划等。

知识拓展

软文

“软文”是相对于硬性广告而言，指由企业的市场策划人员或文案人员负责撰写的“文字广告”。与硬广告相比，其精妙之处就在于一个“软”字，好似绵里藏针，收而不漏，通过文中带有“嵌入式广告”的文字，让读者受到感染，从而树立产品形象，提高产品知名度。一直以来，软文营销都是商家们非常青睐的营销方式，主要是因为其成本低效益高、操作简单灵活、内容丰富多样、渠道多传播广、渗透性强、时效长等。

例如，××品牌多功能洗漱包推广文案。

标题：分开是为了更好相处。

副标题：干湿分离，方便收纳。

正文：商务人士的出差，旅游爱好者的旅行，总会遇到一个问题——湿的物品如何收纳？××品牌多功能洗漱包的出现，为你解决这一难题。采用干湿分离设计，物品更加整洁有序，同时防水防潮，避免干的衣物被弄湿，让你的旅途更加轻松愉悦。多功能收纳，满足你的不同需求，出门必备，让你的旅途更加便捷。

口号：出门旅行，干湿分离；防水收纳，更好相处！

二、推广文案撰写技巧

（一）突出产品特点

在文案中突出产品的特点和优势，让客户更容易了解产品的价值和功能，从而提高购买的意愿。以下是一些突出产品特点的技巧和相应的例子。

强调产品的独特性：在文案中强调产品的独特性和与众不同之处，可以引发客户的关注和兴趣。例如："我们的产品采用了独特的配方，可以让您的肌肤更加细嫩、光滑。"

突出产品的优势：在文案中突出产品的优势和可以解决的问题，可以让客户更加信任和认可产品。例如："我们的产品可以有效改善皮肤干燥、粗糙等问题，让您的肌肤更加健康、美丽。"

强调产品的效果：在文案中强调产品的实际效果，可以让客户更加信任和愿意尝试。例如："我们的产品可以让您的头发更加柔顺、有光泽，让您的形象更加出色。"

突出产品的安全性：在文案中突出产品的安全性，可以让客户更加放心和信任。例如："我们的产品采用了天然植物提取物，不含有害化学成分，让您的肌肤更加健康、安全。"

（二）引用口碑

引用口碑是指在文案中引用其他客户对该产品的好评和推荐。这种方式可以增加产品的可信度和吸引力，因为客户更容易相信其他客户的真实意见，从而增强购买的信心。

例如，如果一款产品在某个电商平台上有很多高分评价，可以在文案中引用这些评价，让其他客户了解产品的优点和特点，从而增加购买的意愿。

（三）使用简洁语言

在文案中使用简单、易懂的词汇和句子结构，让读者更容易理解文案所表达的意思，这样可以避免读者阅读文案时产生困惑或不理解的情况。

例如，一款美容产品的文案可以这样写："这款美容产品可以帮助您保持年轻的肌肤，淡化皱纹和细纹，让您的肌肤更加光滑、柔软。"这里使用了简单、易懂的词汇和句子结构，让读者更容易理解产品的好处。相比之下，如果使用过于复杂的词汇和句子结构，会让读者感到困惑和不知所措，从而减弱了文案的效果。

（四）使用积极的语气

使用积极的语气可以让文案更具有吸引力和说服力。积极的语气可以让读者感到充满活力，进而对文案中的内容产生共鸣和认同。

例如，对于一个健身产品的文案，可以使用积极的语气来描述产品的优点，例如："这款健身器材可以让你轻松达到理想的身材，让你充满自信！"这样的语气可以让读者感到兴奋和动力，激发他们的购买欲望。

（五）引导读者行动

在文案中引导读者采取行动，可以提高文案的效果。引导读者采取行动可以让读者更加深入地了解产品，并促使他们做出购买决策。

例如，一个旅游产品的文案可以在结尾处加上"立即预订，畅游美景！"这样的话语就可以引导读者立即采取行动，预订旅游产品。另外，在引导读者采取行动时，需要使用简单、明确的语言，让读者清楚地知道应该采取哪些具体行动。

（六）重点突出

在文案中，有些信息是非常重要的，需要通过一些方式来突出显示，以吸引读者的注意力，这可以通过使用不同的字体、颜色或排版方式来实现。例如，可以使用粗体、斜体、下划线等方式来强调关键词或短语，使用不同的颜色来突出重要的信息，或者通过排版方式来使重点内容更加显眼。

举例来说，一家电商平台在推广某款产品时，可以采用以下文案："今天购买，立享半价优惠！"在这个文案中，"今天购买""半价优惠"都是非常重要的信息，需要突出显示。可以使用不同的颜色来强调这些信息，例如，"今天购买"使用黄色字体，"半价优惠"使用红色字体。

（七）适应不同平台

不同的推广平台有不同的特点和受众需求，因此需要针对不同平台制作不同的文案。例如，在社交媒体平台上推广产品时，需要使用简洁、有趣、易懂的文案，配合图片或视频来吸引用户的关注。而在搜索引擎上推广产品时，需要使用更加详细、专业的文案，以便用户更好地了解产品的特点和优势。

举例来说，一家化妆品品牌在不同平台上推广同一款产品时，可以采用不同的文案。在社交媒体平台上，可以使用以下文案："抢先试用！全新升级的××口红，让你瞬间变身美丽女神！还等什么？快来试试吧！"而在搜索引擎上，可以使用更加详细、专业的文案："××口红，采用纯天然植物提取物，不含有害化学成分，让您的双唇更加滋润、柔软。多种颜色可选，适合各种肤色和场合。立即购买，享受优惠！"

任务训练

◆ 任务目标

了解推广文案的结构组成，掌握撰写推广文案的技能。

◆ 任务导入

假设你是一家跨境电商企业的市场推广人员，为吸引有购买运动鞋需求的消费者，你需要为企业的运动鞋产品撰写一个推广文案。

◆ 任务要求

撰写一个完整的推广文案，要求有吸引力、说服力和符合品牌形象。

子任务二　推广文案运用

推广文案运用

任务导入

作为云帆电子商务有限公司海外推广专员，李华已经掌握了推广文案的基本构成和撰写技巧。然而，他仍然感到困惑，不知道如何开始推广文案的运用。为了解决这个问题，他向公司同事寻求帮助，并开始着手推广文案的运用构思。

任务分析

推广文案的运用需要遵循一定的原则，但同时也需要根据具体情况进行灵活处理，提出相应的策略。

知识链接

推广文案运用案例

一、推广文案运用原则

推广文案是一种营销性的文字，它的目的是让读者对产品产生兴趣、需求和购买行为。推广文案运用应该遵循以下几个原则。

（一）目标导向原则

推广文案应始终围绕设定的目标进行，无论是提高品牌知名度、促进产品销售还是增强用户黏性，文案都应服务于这些目标。

（二）以用户为中心原则

推广文案需要深入了解目标受众的需求、兴趣和行为习惯，以用户为中心，用他们易于理解和接受的语言和方式进行表达，确保信息能够准确传达并引起共鸣。例如，美国消费者喜欢直接、简洁、有趣的文案，而日本消费者则更注重礼貌、细节、情感的文案。

（三）简洁明了原则

推广文案应简洁明了，避免冗长和复杂的句子结构。用简洁的语言快速传达核心信息，使读者能够快速理解并产生兴趣。

（四）独特性原则

在众多的推广信息中，独特的文案更容易吸引用户的注意。因此，文案应具有创新性，突出产品或服务的独特之处，形成差异化竞争优势。

（五）情感共鸣原则

通过情感化的表达，触动读者的内心情感，引发共鸣。这有助于增强读者对品牌或产品的认同感，提高转化率。

（六）测试与优化原则

不同的受众可能对不同的文案风格和内容产生不同的反应。因此，推广文案需要定期测试和优化，通过数据分析和用户反馈来调整策略，以提高推广效果和ROI。

二、推广文案运用策略

（一）从消费者角度出发，推广更有效

如果企业只从自己的角度出发，描述自己的产品，可能会忽略消费者的实际需求和问题。因此，最好的推广文案应该从消费者的角度出发，提供相应的解决方案。这样的文案更容易引起消费者的共鸣和购买欲望，提高产品的销售转化率。

例如，一家企业在销售健身器材时，如果了解到消费者的需求是在家中进行有效的健身，那么企业就可以在推广文案中强调该产品适合在家中使用，占用空间小，方便存放，同时具有多种健身功能。

（二）写好产品的用处

当企业在推广产品时，强调产品的功能和规格并不是最重要的。潜在买家更关心的是，这些功能和规格能够带来什么好处，解决什么问题，满足什么需求。因此，企业需要强调产品的最佳功能所带来的好处，让潜在买家更容易理解和感受产品的价值。举例来说，如果一款手机的最佳功能是拍照，企业可以强调这款手机的拍照效果优秀，能够让用户轻松记录生活中的美好瞬间。如果一款电脑的最佳功能是性能强大，企业可以强调这款电脑能够满足用户的高性能需求，让用户在工作和娱乐中都能够得到更好的体验。通过强调最佳功能的好处，企业可以更好地吸引潜在买家的注意力，让他们对产品产生兴趣，并最终促成购买行为。这也是企业在推广过程中需要注重的关键点之一。

三、避免使用空泛的夸赞文案

当不知道还有什么可写时，文案写作者经常会添加一些空泛的文案，如“优秀的产品质量”。一旦潜在买家看到这样的句子，他难免会想，每个卖家都是这么说的。所以说明产品的优点时，不能用“我的产品很好”这样泛泛而谈的描述。

可以分点描述每个技术优点，注意要简短。此外，还可以采用更具体、更有说服力的方式来表明产品的优点。例如，可以通过数据来证明产品的优越性能，或者通过用户的反馈来展示产品的高质量。最重要的是，要尽量避免使用空洞的形容词和定语，而是要用客观、具体的语言来描述产品的优点，让潜在买家能够更加信服地购买推广的产品。

四、谨慎使用最高级

在进行产品推广或服务时，过于夸张的表述可能会让客户失去信任感，甚至引起客户反感。因此，在推广文案中应该注重客观、真实的描述。例如，可以使用以下方式来表述。

使用更加客观的词汇，如“优质”“高效”“可靠”等，不要使用绝对化的词汇，如“绝对最好”“完美无缺”。

提供实际的数据和案例来证明产品的优点和性能，不要过度夸大产品的功能和性能。比如，可以说产品能够提高工作效率，而且在实际使用中已经被多家企业验证过。

使用更加客观的词汇和句式，不要使用夸张的形容词和副词来描述产品或服务。比如，可以说产品在高亮度环境下提供清晰的图像和文字，而不是说产品是“史上最清晰的”。

五、激发消费者的想象力

让消费者想象拥有产品的文案技巧被称为“想象力营销”或“情境营销”。运用这种技巧可以激发消费者的情感和想象力，让他们更容易想象拥有产品或服务的场景，从而增强购买欲望。

举个例子，假设要推销一款洗发水，文案可以这样描述：“我们的洗发水不仅能够深层清洁头发，还能有效修护受损发丝，让你的头发变得更加柔顺、有光泽。而且，我们特别添加了天然植物成分，让你在享受洁净的同时，也能感受到大自然的恩赐。使用我们的洗发水，你将会拥有一头健康、美丽的秀发。”

通过这样的描述，消费者可以感受到这款洗发水的多重功效和天然成分，从而更加愿意购买和使用。同样的技巧也可以应用于其他类型的产品文案中，例如，护肤品、食品、家居用品等。要练习这种文案技巧，帮助消费者想象使用场景，并描述他们在使用你的产品时的感受来完成你的文案。

六、巧妙利用品牌小故事

讲故事是一种非常有效的推广手法，因为故事可以引起人们的情感共鸣，让用户更容易地理解和接受品牌或产品。在推广文案中，如果巧妙地利用品牌小故事，可以让用户更好地了解品牌的文化背景、设计理念和产品特点，从而增加用户的好感度和忠诚度。

举个例子，一个家居用品品牌可以讲述自己的创始人是一个喜欢旅行和收集各种文化艺术品的人，他通过旅行和收集的经历，发现了很多不同文化之间的共性，并将这些共性融入自己的产品设计中。这个故事可以让用户更好地理解该品牌的设计理念和文化背景，并增加用户对该品牌产品的好感度。

通过巧妙利用品牌小故事，可以让用户更好地了解品牌和产品，增加用户对品牌的认同感和好感度，从而提高品牌的影响力和销售额。

任务训练

◆ 任务目标

了解跨境电商产品推广文案的运用方法，提高市场推广能力。

◆ 任务导入

假设你是一家跨境电商企业的市场推广专员，现在企业即将推出一款全新的电动升降办公桌。产品特点：电动升降、大桌面、健康环保和稳定耐用，更重要的是桌面上还配备有多个插座和USB接口，方便连接电脑、手机等电子设备。你需要设计一份推广文案，吸引更多的潜在客户。

◆ 任务要求

了解产品特点和目标客户群体，撰写吸引人的推广文案。

项目小结

本项目包含两个关键任务，即专题推广策划和推广文案策划。专题推广策划任务包括了利用热点事件、节日、展会等形式的专题推广；推广文案策划任务则涵盖了推广文案写作和运用。

通过本项目的学习与实践，要坚守价值观导向，将社会责任意识融入策划的每一个环节，确保推广内容不仅符合社会道德规范，还能积极传递正能量，引导公众形成健康向上的价值观。同时，也要对中华优秀传统文化进行挖掘与传承，通过策划富含文化内涵的活动，展现文化自信，让中华文化的独特魅力在国际市场推广中得到充分展现和传承。

学习成果评价

一、不定项选择题

1. 热点事件可以分为（　）。

A. 娱乐性和商业性　　B. 确定性和突发性

C. 大型和小型　　D. 国内和国外

2. 抵触理论指出，在节日场景下，有些人会表现出（　）的行为。

A. 规避节日庆祝

B. 以与主流不一致的方式表达自己的独特理解和感受

C. 仅仅按照社会习惯庆祝节日

D. 参与所有的节日庆祝活动

3. 参加展会时，以下哪些措施可以帮助企业增加展位流量？（　）

A. 提供企业手册和单页彩页等资料

B. 在展位上设置展示柜和展示样品

C．举办新产品发布会和经销商年会等配套活动

D．提供免费餐饮和住宿

E．在社交媒体上发布企业展会期间的活动计划和奖励措施

二、简答题

1．对突发性热点事件如何营销推广？

2．节日营销推广策划需要注意什么？

3．为什么要进行线下展会营销推广？

4．推广文案由哪些部分组成？

5．推广文案运用有哪些策略？

项目四 EDM策划

项目目标

● 知识目标

1. 了解EDM的基本概念和特点。

2. 掌握EDM设计的核心要素，包括邮件主题、内容布局、视觉呈现和行动号召等。

3. 了解EDM实施的流程和策略。

4. 掌握EDM成效评价的方法和指标。

5. 掌握EDM的成本构成。

● 技能目标

1. 能够独立设计和制作EDM邮件，包括撰写吸引人的邮件主题、编写有说服力的邮件内容、设计美观的邮件模板等。

2. 能够根据目标客户的特征和需求，制定有效的EDM推广策略，并选择合适的发送渠道和方式。

3. 能够运用数据分析工具，对EDM推广的成效进行定量和定性评估，并根据评估结果调整和优化推广策略。

4. 能够与团队成员协作，共同推进EDM推广项目的实施和监控，确保项目顺利进行并达到预期目标。

● 素养目标

1. 培养敏锐的市场洞察力和分析能力，能够准确捕捉客户需求和市场动态，为EDM推广提供有力的支持。

2. 培养创新意识和持续学习的精神，不断探索新的EDM推广方法和技巧，以适应不断变化的市场环境。

3. 树立以客户为中心的服务理念，始终关注客户体验和满意度，努力提升EDM推广的效果和价值。

思维导图

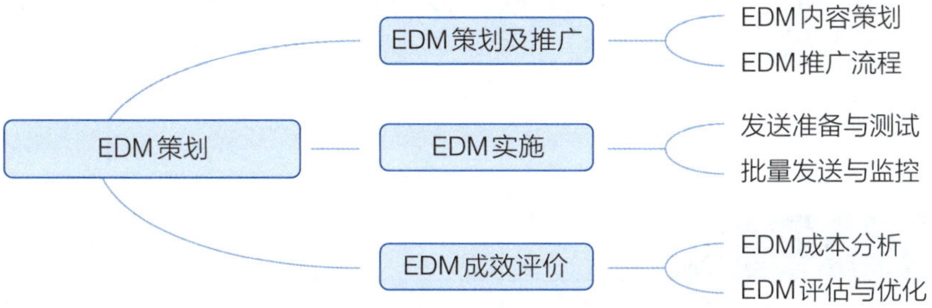

案例导入

美的海外EDM推广策略：精准定位，个性推送，强化品牌出海影响力

作为中国家电行业的领军企业，美的集团不仅在国内市场取得了卓越的成就，而且在海外市场也展现出了强大的竞争力。特别是在品牌出海的过程中，美的较早地采用了EDM策略，不仅成功地提升了品牌知名度，还显著增加了销售业绩。

EDM推广策略的核心在于精准定位目标客户，并通过个性化的邮件内容与他们建立有效的沟通。美的在海外市场实施EDM策略时，首先在其官方网站上设置了订阅表单，邀请客户填写并提交，以便收集客户的联系方式和兴趣偏好。这一步骤至关重要，因为它为后续的邮件营销提供了精准的数据支持。

一旦客户成功订阅，美的便会定期向他们发送各种形式的电子邮件。这些邮件的内容丰富多样，既有关于美的最新产品和服务的促销活动信息，也有针对特定产品的详细推荐和购买建议。通过这种方式，美的能够及时向客户传达最新的市场动态和产品信息，帮助他们更好地了解、选择和购买美的的产品或服务。

更为值得一提的是，美的还充分利用了大数据和人工智能技术，对客户的历史购买记录和兴趣进行深入分析。基于这些分析结果，美的能够向客户发送更加精准的产品推荐邮件。例如，如果客户之前购买过美的空调产品，那么美的可能会向他们推荐相关的空气净化器或加湿器产品，以满足他们在家居环境方面的更多需求。

除了产品推荐，美的还通过发送调查问卷邮件，积极收集客户的反馈和建议。这些问卷内容涵盖了客户对美的产品和服务的满意度、购买体验以及潜在的改进建议等方面。通过分析这些反馈数据，美的能够及时发现并改进产品和服务中存在的问题，从而提升客户满意度和忠诚度。

思考

❶ 美的在海外市场采用EDM策略时，如何确保邮件内容的个性化和精准性？

❷ 通过EDM策略，美的如何有效地收集并利用客户反馈来改进产品和服务？

任务一 EDM策划及推广

任务目标

1. 了解EDM的基本概念和特点。

2. 掌握EDM内容应包含的关键要素。

3. 了解不同类型的EDM推广邮件，掌握EDM推广的基本流程。

4. 能够运用创意和策略使EDM内容更具吸引力和说服力。

5. 能够根据目标受众和市场趋势选择合适的EDM推广邮件类型，并制定相应的发送策略。

子任务一 EDM内容策划

任务导入

云帆电子商务有限公司为深化海外客户关系，提升品牌影响力，计划开展一系列EDM活动。现指派海外推广专员李华全面负责规划并设计EDM内容，确保每一封邮件都能达到预期的推广效果。李华该如何操作呢？

任务分析

为完成任务，李华需要全面理解EDM的概念和特点，并深入研究EDM设计的核心内容。在策划过程中，还需要特别注意EDM设计的核心要素，如邮件主题、内容布局、视觉呈现以及行动号召等。

知识链接

近年来，跨境电商商家认为社交媒体是宣传营销信息的最佳渠道。但是，麦肯锡公司指出，电子邮件所产生的收益仍然比Facebook和X效率高40倍。因此，EDM是企业拉新获客的主要方法之一。据统计，全球每天发送的电子邮件达数百亿封，其中约一半为各种类型的商业信息。

一、EDM概述

EDM（E-mail direct marketing）是企业通过一定的软件技术，以互联网为载体，以发送电子邮件方式来实施的，与用户以及潜在用户沟通，实现企业经营战略的一种营销技术，它主要指通过邮件列表向顾客发送公司的新闻、声明、新产品信息、优惠信息等。需要注意的是，本书所指的EDM推广是指许可电子邮件营销，是在用户事先许可的前提下，通过电子邮件的方式向目标用户传递有价值信息的一种网络营销手段。

二、EDM内容的设计

创建EDM内容

一封吸引人的EDM内容需要涵盖多个关键要素，这些要素共同协作，以创造出一个引人入胜且有效的推广信息。EDM内容应包含的关键要素及其作用具体如下。

（一）标题

标题是EDM的“门面”，是吸引读者点击的第一要素。一个好的标题应该简洁明了，直接传达邮件的核心信息，同时具有一定的吸引力，激发读者的好奇心。例如，可以使用疑问句、承诺性语句或创新性的词汇来制作标题，使其脱颖而出。此外，标题还应与邮件内容紧密相关，避免误导读者。

（二）正文

正文是EDM内容的主体部分，负责传递具体的营销信息。正文内容应简洁明了，突出重点和亮点，避免冗长和复杂的句子。同时，正文应使用亲切、友好的语气，让读者感受到品牌的温度。此外，正文还可以包含一些故事性的元素，以增强与读者的情感联系。

在正文的设计上，要注意信息的层次和逻辑。首先，可以简要介绍品牌或产品，然后详细阐述邮件的主题和优惠信息，最后给出明确的行动号召。这样的结构有助于读者更好地理解邮件内容，并激发其采取行动。

（三）图片

图片是EDM内容中不可或缺的元素，其能够直观地展示产品或服务的特点和优势。图片的选择应与邮件主题和内容相符，以吸引读者的眼球。同时，图片的质量和清晰度也非常重要，以确保其在不同设备和屏幕上都能良好显示。

除了产品图片外，还可以使用一些创意性的图片或插图来增强邮件的视觉效果。此外，要注意图片的大小和位置，避免影响邮件的加载速度和排版效果。

（四）链接

链接是EDM内容中引导读者进行进一步操作的重要工具。通过在邮件中设置链接，可以引导读者访问网站、查看更多信息、进行购买等。在设置链接时，要确保链接的文本简洁明了，与链接目标相符。同时，链接的颜色和样式也应与邮件整体风格保持一致，避免过于突兀。

此外，为了提高链接的点击率，可以在链接前添加一些引导性的文字，如“了解更多”“立即购买”等。同时，要注意链接的可用性和稳定性，确保读者能够顺利访问目标页面。

（五）行动号召

每一封EDM都应包含一个明确的行动号召（call to action，CTA），告诉读者接下来应该做什么。这可以是一个简单的请求，如“了解更多详情”，也可以是一个具体的行动指令，如“立即购买”。CTA应该简洁明了，且与邮件内容紧密相关。为了增强效果，CTA可以使用醒目的字体、颜色或按钮形式来突出显示。

EDM内容的设计需要综合考虑标题、正文、图片、链接和行动号召等关键要素。这些要素共同构成了一封吸引人的电子邮件，通过有效的信息传递和视觉呈现，激发读者的兴趣和行动力，从而实现推广目标。

三、EDM设计的核心要素

EDM设计的核心要素对于电子邮件营销的成功至关重要。

（一）邮件主题

邮件主题是EDM设计中最先被用户注意到的部分，它决定了用户是否愿意打开邮件。因此，邮件主题的设计至关重要，应具备以下特点。

简洁明了：主题应简短、精炼，能够迅速传达邮件的核心内容。避免使用冗长、复杂的句子，以免让用户感到困惑或失去兴趣。

吸引力强：主题应具有吸引力，能够激发用户的好奇心或兴趣，促使他们打开邮件。可以运用一些悬念、疑问或诱人的词汇来增强吸引力。

个性化定制：根据用户的兴趣和需求，设计个性化的邮件主题。这有助于提升邮件的针对性和相关性，增加用户打开邮件的可能性。

（二）内容布局

内容布局是EDM设计中影响用户阅读体验的关键因素，应具备以下特点。

清晰的结构：邮件内容应有明确的开头、主体和结尾，以及合适的段落划分。这有助于用户快速了解邮件的主要内容，并便于他们浏览和阅读。

重点突出：使用加粗、颜色或图标等方式突出邮件中的关键信息和重要内容，以便用户能够快速抓住重点。

简洁明了：避免使用过多的文字和复杂的句子，尽量用简洁明了的语言表达邮件的核心信息。同时，注意控制邮件的长度，避免用户因阅读疲劳而忽略邮件内容。

（三）视觉呈现

视觉呈现是EDM设计中提升邮件吸引力和专业感的重要手段，应具备以下特点。

美观的模板：选择符合品牌形象和邮件主题的模板，确保邮件的整体风格统一、美观。

合适的图片和图标：使用高质量的图片和图标来增强邮件的视觉效果，同时也要注意图片的大小和加载速度，避免影响用户的阅读体验。

合理的配色和排版：运用合适的配色方案和排版技巧，使邮件内容易于阅读和理解。同时，注意保持邮件的整洁和美观，避免过多的装饰和干扰元素。

（四）行动号召

行动号召是EDM设计中引导用户进行下一步操作的关键环节，应具备以下特点。

明确的按钮和链接：在邮件中设置明显的按钮和链接，引导用户进行点击或访问相关页面。同时，确保按钮和链接的样式和颜色与邮件整体风格相协调。

简洁的指令：在行动号召部分使用简洁明了的指令，告诉用户他们应该做什么以及如何操作，避免使用复杂或模糊的指令。

强调价值和利益：强调用户进行下一步操作所能获得的价值和利益，以激发他们的积极性和参与度。例如，可以提供优惠券、限时折扣或独家内容等作为激励。

任务训练

◆ 任务目标

掌握电子邮件的撰写技巧，确保内容既具有吸引力又符合规范。

◆ 任务导入

在即将到来的情人节促销活动中，公司计划向所有电子邮件订阅者赠送价值1～5美元的电子购物券，以回馈广大用户的支持与厚爱。现需撰写一封电子邮件，向订阅者传达这一优惠信息。

◆ 任务要求

撰写一封吸引力强、符合规范且能推动情人节促销活动进行的电子邮件。

子任务二　EDM推广流程

任务导入

为执行EDM推广活动，李华需深入了解各类EDM推广邮件的特点，并精准掌握推广的关键步骤。他的目标是确保每封邮件都能精确触达目标客户，有效传递品牌信息。那么，李华应如何操作以实现这一目标呢？

任务分析

为完成任务，李华需要深刻领会EDM推广的核心思想，并熟悉各类邮件的适用场合。每种邮件都有其独特的设计要点和策略，李华需根据目标受众和市场环境进行精准选择和灵活调整。在策划EDM推广活动时，他还需关注关键步骤，确保活动能够顺利进行并取得预期效果。

知识链接

一、EDM推广邮件类型

（一）欢迎邮件

欢迎邮件是用户注册或订阅后收到的第一封邮件，旨在建立信任并介绍品牌。这类邮件通常包含对用户的感谢、品牌简介、产品概览、优惠信息以及联系方式等内容。通过欢迎邮件，企业可以迅速拉近与用户的距离，为后续营销活动打下良好基础。

（二）弃购邮件

当用户将商品加入购物车但未完成购买时，企业可以发送弃购邮件。这类邮件通常包含未购买商品的图片、价格、优惠信息以及重新购买的链接，以提醒用户完成购买。此外，还可以提供客服联系方式，解决用户在购买过程中遇到的问题。

（三）放弃浏览邮件

当用户浏览了商品但未加入购物车或购买时，企业可以发送放弃浏览邮件。这类邮件可以根据用户的浏览记录推荐相似商品，引导用户继续浏览并产生购买行为。同时，也可以提供优惠券或折扣信息，激发用户的购买欲望。

（四）缺货邮件

当用户关注的商品缺货时，企业可以发送缺货邮件。这类邮件可以告知用户商品缺货的情况，同时推荐其他类似商品或提供预售信息。这样不仅可以保持与用户的联系，还可以引导他们关注其他潜在购买选项。

（五）购买后跟进邮件

在用户完成购买后，企业可以发送购买后跟进邮件。这类邮件可以询问用户对商品的满意度，提供售后服务信息，并推荐相关商品或优惠活动。通过购买后跟进邮件，企业可以建立长期的客户关系，提高客户忠诚度和复购率。

（六）二次参与邮件

对于未参与或未完成的活动，企业可以发送二次参与邮件。这类邮件可以提醒用户再次参与活动，提供额外的奖励或优惠，激发用户的参与热情。同时，也可以收集用户的反馈意见，优化活动流程和内容。

（七）快闪销售邮件

快闪销售是一种短期、限时的促销活动。企业可以通过快闪销售邮件提前通知用户活动信息，包括活动时间、优惠力度和参与方式等。这类邮件通常具有较高的打开率和转化率，能够迅速吸引用户的关注并促进销售增长。

（八）感谢邮件

感谢邮件是对用户参与活动或购买行为表达感激之情的邮件。这类邮件可以增强用户对品牌的认同感和归属感，提高客户满意度。在感谢邮件中，企业还可以邀请用户参与未来的活动或提供反馈意见，进一步拉近与用户的关系。

（九）节日邮件

在重要节日或纪念日时，企业可以发送节日邮件。这类邮件可以传达节日祝福，展示与节日相关的产品或优惠活动，营造节日氛围并吸引用户的关注。通过节日邮件，企业可以加深与用户的情感联系，提高品牌知名度和美誉度。

（十）推荐邮件

推荐邮件是根据用户的购买历史和浏览行为，向其推荐相关产品或服务的邮件。这类邮件可以实现个性化营销，提高营销效果和用户满意度。在推荐邮件中，企业可以展示用户可能感兴趣的产品图片、价格信息和优惠活动等内容，引导用户产生购买行为。

二、EDM推广步骤

EDM策划流程

（一）建立电子邮件地址数据库

利用电子邮件进行营销推广，首先要收集大量的电子邮件地址和客户姓名。收集邮件地址和客户姓名的方法很多，比如购买第三方的营销邮件数据库。最理想的方法是客户主动提交相关信息，例如，客户注册的时候提示客户订阅，订阅邮件后给客户提供优惠信息等。

（二）提供分类订阅

EDM要想做到有效，让订阅者不反感，就要提供针对性的内容，让用户看到他们想要看到的东西。这里面最为简单有效的方法是提供分类订阅，在用户订阅和退订的时候，列出一个分类目录让用户选择，这样就可将用户邮件进行分类，按照用户的实际需求来给用户发送不同类型的电子邮件。切忌不分用户类型一味滥发邮件，那样不但达不到预期的效果，还有可能造成完全相反的效果，所发电子邮件被判定为垃圾邮件。所以，在发送电子邮件之前，一定要做好潜在的访问者分析，然后再进行发送工作。

（三）避免垃圾邮件风险

对于EDM来说，如何避免成为垃圾邮件是一个非常关键的问题。通常来说，基于用户许可、信息对用户有价值的邮件是正规的EDM。两个因素缺少一个，就可以被判定为垃圾邮件。

所谓许可式邮件营销，指的是企业事先征得了用户的许可，方才可以通过电子邮件的方式向目标用户发送产品、服务、促销等信息。因此，目标用户至少不排斥这些营销邮件，这是许可式邮件和垃圾邮件的本质区别。

（四）控制邮件发送周期

实际上，并非每位用户都意图退订企业邮件，但他们普遍对邮件体验存在两大不满：一是频率过高，造成困扰，促使部分用户选择退订；二是内容缺乏个性，与用户需求脱节，导致多数邮件被视作无关紧要的噪声。为改善此状况，针对频繁发送引发的困扰，合理减少邮件发送次数成为关键策略。此举旨在减轻用户负担，同时提升他们对未来邮件的期待，确保每次沟通都能精准对接用户需求，更具价值感。邮件发送周期的决定因素在于发送的内容，时效性短的信息要优先发送，时效性长的信息可以适当延后时间。

（五）创建邮件内容

从根本上讲，邮件内容决定了EDM的营销价值，邮件内容建设是一项长期复杂的工作。如果邮件内容质量不高，用户就会选择退订，或者根本不会阅读邮件，这种情况显然不是EDM所希望的结果。邮件内容应该对用户有价值，这是一个基本的原则。除了要避免邮件内容匮乏外，邮件还应该有一个特定的主题和方向性，每次发送的邮件之间有明显的系统性，这样用户就会对这个邮件产生较为深刻的印象，并逐步提高忠诚度。

除了内容要有价值之外，还需要有合理的格式选择和版式选择，这不仅仅是为了看起来美观，版式设计也直接影响营销效果。此外，邮件主题、邮件内容、发信人、收信人等都是EDM的基本因素，不可遗缺，这不仅仅方便了用户，也增加了自己品牌的宣传机会。

（六）提供退订

即使是用户自己加入邮件列表的内容，随着时间的推移以及用户工作环境和个人兴趣的变化，可能已经不再对邮件内容感兴趣，这时应该允许用户随时方便地退订，否则就有可能成为一种垃圾邮件。因此，在每封邮件的结尾都应该提供退订方法说明，同时简化退订手续，只要通过简单回复邮件或点击邮件中的链接就可以实现完全退订。

（七）推广效果评估

EDM的特点之一是可以对其效果进行量化的评估，通过对一些指标的检测和分析，不仅可以用来评价营销活动的效果，还可以发现营销过程中的问题，以便对活动进行一定的控制。

知识拓展

表4-1　EDM推广方案表

活动编号：TG20240915　　　制作人：×××　　　制作时间：20240915

活动要素	要素说明
活动名称	新款取暖器转化率测试活动
活动目标	量化目标：新款取暖器的转化率达到30%（活动月相比原来的20%增加10%）
活动商品	取暖器（SKU：QNQ-2022-001）
客户对象	近2个月内有深度访问并询盘，但未下单的客户
活动时间	2024年10月1日0时～2024年12月1日0时
促销工具	（1）折扣：活动商品8折，关联商品8.5折；（2）优惠券：指定物流优惠券5美元

续表

活动要素	要素说明
规则说明	每个客户首次采购活动商品时，同时享受折扣和优惠券两项促销政策，其中关联商品用以下三种方法定义，由运营部负责 （1）客户相关：根据客户购买产品，分析既往客户购买此产品之后的第二单产品系列 （2）属性相关：首单产品的属性关联产品 （3）场景相关：首单产品同一使用场景的关联产品
协助部门及任务	设计部：主图海报、详情海报等；运营部：取暖器及关联产品选品，4P推广策略调整；销售部：批量EDM，重点客户一对一跟进引导
执行人	组长：Rudy；组员：设计师Aliya；运营Burt；销售Hori
成果预测	转化率提高到28%即为合格

任务训练

◆ 任务目标

掌握获取有效邮件列表的技巧和方法，确保邮件推广活动的目标受众精准，提升邮件营销的效果。

◆ 任务导入

假设你是一家时尚电商公司的海外推广专员，公司即将开展母亲节促销活动。为了确保活动能够精准触达目标用户，你需要获取一份有效的邮件列表。这份列表将作为你执行EDM推广活动的关键基础。

◆ 任务要求

通过合法合规的方式，精准筛选并整理出目标受众的邮件列表。

任务二
EDM实施

任务目标

1. 掌握获取邮件列表的多种途径。
2. 了解邮件列表管理的基本原则和策略。
3. 掌握邮件发送前测试与准备的内容。
4. 掌握邮件发送过程中的关键监控指标。

5. 能够利用专业的邮件发送工具或平台，有效执行大规模邮件的批量发送任务，并合理设置发送时间和频率，确保邮件能够精准、高效地传达给目标受众。

6. 在执行EDM活动时，能够遵守相关法律法规和行业规范，确保邮件营销的合规性和用户隐私的保护。

子任务一 发送准备与测试

发送准备与测试

任务导入

在电子邮件正式发送前，李华需做好发送准备与测试工作，包括获取和管理邮件列表、清洗和整理邮件地址，以及进行发送前的测试与准备。那么，李华该如何操作以确保EDM活动的顺利进行呢？

任务分析

为完成任务，李华需要确保EDM发送的精准与高效。他应精细管理邮件列表，清洗无效地址，优化内容以符合品牌形象。同时，测试邮件的显示效果和发送策略，以提升用户体验。

知识链接

一、获取和管理邮件列表

有效的EDM活动首先依赖于一个高质量的用户列表。获取和管理用户列表是实施EDM的基础步骤，它直接关系到邮件的送达率和转化率。

（一）获取邮件列表（用户资源）

邮件列表中的用户数量是直接影响EDM效果的重要因素。获取邮件列表的途径多种多样，包括以下几种。

1. 网站注册会员

目标客户在企业的网站注册会员，这表明目标客户对企业本身带有一定的认可度，这样收集到的目标客户一般都乐意接收与企业有关的信息。

2. 订阅

通过目标客户在购买产品和服务时选择订阅来收集目标客户的邮件地址。目标客户既然选择了订阅，说明目标客户愿意主动接收邮件信息，这样收集到的目标客户地址是许可的邮件地址。

3. 网络活动

通过策划相关主题的网络活动，如促销活动等，引导目标客户参与注册，填写邮件地址信息。这类目标客户对活动主题相关的信息比较感兴趣，因此，对于主题活动类的邮件会比较乐意接收。

4. 交换名片

通过参加外贸展会等方式与目标客户交换名片来获得目标客户许可的邮件地址。这类目标客户大多有明确的需求，发送与他们需求相关信息的邮件将会获得他们的许可。

5. 购买邮件列表

通过第三方邮件营销服务商获取企业目标客户的邮件列表，这些数据一般比较详细，不仅包括邮件地址，还会有性别、年龄、职业、地区等有价值的信息。购买时要先明确本企业的客户画像，然后对第三方服务商提供的邮件列表进行筛选后再购买，这样群发邮件的效果比较好。

除了上述提到的常见获取邮件列表的方法外，随着社会化媒体的不断发展和理念的深入人心，熟人介绍（或称为推荐）的方式在获取新用户资源方面的效果远胜于其他形式。因此，在实施EDM策略时，应充分利用用户裂变策略，通过用户之间的口碑传播和推荐，有效拓展新用户群体，进而提升EDM活动的覆盖面和影响力。

（二）管理邮件列表

要提高邮件打开率，不仅要关注发送邮件的数量，更应该关注电子邮件列表质量。要提高质量，必须做好电子邮件列表管理。

1. 根据列表用户细分推送个性化内容

内容越个性化，收件人阅读体验越好。邮件列表越细分，点击率和阅读率越高。应该将邮件列表按收件人的不同信息分成不同的组，进而群发有针对性内容的邮件。

2. 重视活跃度高的用户

邮件列表可以分为高度活跃、活跃、相对活跃三个层次，可以让活跃度高的用户参与到企业开展的一些活动中。

3. 处理不活跃用户

利用邮件统计报告分离出没有点击阅读的收件人，有计划地执行用户激活策略。

二、邮件地址清洗与整理

邮件地址的清洗与整理是确保EDM活动能够精准触达目标受众的重要步骤。这一步骤可分解为以下操作。

（一）去除重复项

在收集到的邮件地址中，可能存在大量重复的条目。通过去除这些重复项，可以减少发送过程中的资源浪费，并避免给同一用户发送重复邮件。

（二）验证有效性

商家需要对邮件地址进行有效性验证。这包括检查地址格式是否正确、域名是否存在以及邮箱是否活跃等。通过使用专业的邮件验证工具或服务，可以过滤掉无效或“僵尸”地址，提高邮件的送达率。

（三）分类与分组

根据业务需求和营销策略，商家可以对清洗后的邮件地址进行分类与分组。例如，根据用户的购买历史、兴趣偏好或地理位置等信息，将用户划分为不同的目标群体，以便后续发送更具针对性的邮件内容。

三、发送前测试与准备

发送前的测试与准备是确保EDM活动顺利进行的关键步骤。这一过程旨在发现和解决潜在的问题，确保邮件能够正常发送并达到预期效果。

（一）内容预览与检查

在正式发送之前，商家需要对邮件内容进行预览和检查。这包括检查邮件的版式、字体、颜色等视觉元素是否一致且美观；检查链接、图片等附件是否可以正常显示和加载；确保邮件内容中没有错别字、语法错误或格式问题。

（二）发送模拟测试

为了测试邮件发送系统的稳定性和性能，商家可以进行小规模的模拟发送测试。选择一小部分邮件地址作为测试对象，模拟真实的发送过程，观察邮件是否能够成功发送并到达目标邮箱。同时，还可以检查发送过程中的日志记录，以便发现和解决潜在的技术问题。

（三）收件端测试

商家还需要在不同类型的收件端进行测试。这包括使用不同的电子邮件客户端（如Outlook、Gmail等）以及不同的移动设备（如智能手机、平板电脑等）来接收和查看邮件。通过测试不同收件端的显示效果和交互体验，可以确保邮件在各种设备上都能够正常显示并达到预期效果。

（四）反馈收集与调整

在测试过程中，商家可以邀请内部员工或小部分目标受众作为测试用户，收集他们对邮件的反馈意见。根据这些反馈意见，可以对邮件内容、版式或发送策略进行必要的调整和优化，以提升用户体验和营销效果。

任务训练

◆ 任务目标

掌握EDM发送前的准备工作和测试流程，确保邮件内容准确、发送系统稳定，提高EDM活动的成功率和用户满意度。

◆ 任务导入

假设你是一家时尚电商公司的海外推广专员，公司计划在下周进行一场促销活动，你需要通过EDM方式向目标用户发送活动邀请邮件。为了确保邮件的顺利发送和用户的良好体验，你需要提前进行充分的准备和测试工作。

◆ 任务要求

简要描述EDM活动邀请邮件发送前的准备与测试工作，并明确各环节中的注意事项。

子任务二　批量发送与监控

批量发送与监控

任务导入

在完成电子邮件发送准备与测试工作后，李华即将进入批量发送与监控阶段。这一阶段涉及邮件的批量发送与调度、发送过程的监控与记录，以及发送过程中需注意的各类事项。李华需要确保邮件能够按照预定计划顺利发送，同时实时监控发送过程，以便及时发现并处理可能出现的问题。那么，李华该如何操作呢？

任务分析

为完成任务，李华在批量发送电子邮件时，需确保精准高效，利用专业工具进行批量发送，并实时监控发送进度与效果。同时，要遵守相关法规，记录发送数据以便后续分析。遇到问题时，需及时分析并采取应对措施。

知识链接

在EDM活动中，批量发送与监控是确保活动顺利进行和效果评估的关键环节。通过合理设置发送时间和频率，利用专业的邮件发送工具或平台，商家可以有效地将邮件内容传递给目标受众，同时避免对用户造成不必要的干扰。

一、批量发送与调度

批量发送是EDM活动的重要环节，它涉及将邮件内容一次性发送给大量用户。为了实现这一目标，需要利用专业的邮件发送工具或平台。这些工具通常具备强大的发送能力和稳定的性能，能够满足大规模邮件发送的需求。

在批量发送过程中，需要特别关注发送时间和频率的设置。合理的发送时间能够确保邮件在用户活跃的时间段内到达，提高邮件的阅读率和转化率。而发送频率则需要根据用户的行为习惯和营销策略来确定，过于频繁的发送可能会引起用户的反感，导致邮件被标记为垃圾邮件或被退订。

为了优化发送效果，可以采用分时发送策略，将邮件分批次在不同时间段发送，避免一次性发送大量邮件对服务器造成压力，同时也能够减少对用户的干扰。

二、发送过程监控与记录

在批量发送过程中，实时监控和记录发送状态、发送速度等指标至关重要。通过监控发送状态，可以及时发现并解决发送过程中出现的问题，确保邮件能够成功送达目标用户。而发送速度则反映了邮件发送系统的性能和处理能力，过慢的发送速度可能会影响整个营销活动的进度。

除了基本的发送状态和速度监控外，还需要关注其他关键指标的记录，如发送成功率、退信率、打开率、点击率等。这些指标能够全面反映邮件发送的效果和用户的行为特征，为后续的优化工作提供有力的数据支持。

在监控过程中，可以利用邮件发送工具或平台提供的统计报告和日志功能实时查看和分析发送数据。同时，也可以结合第三方数据分析工具，对邮件发送效果进行更深入的挖掘和分析。

通过批量发送与监控这一子任务的执行，可以确保EDM活动顺利进行，并实现对发送过程和效果的全面掌控。这不仅有助于提升营销活动的效率和质量，还能够为企业的品牌建设和业务发展提供有力的支持。

三、发送注意事项

EDM推广案例

EDM推广因为成本低、方便快捷、无地区限制、传播速度快等优势，成为商家进行网络营销必不可少的方式。但垃圾邮件日益泛滥，严重影响了正常EDM的效果。为了EDM推广得到最佳效果，需要注意以下事项。

（一）发件人签名太随意

用户在浏览邮件的时候，会清楚地看到发件人的姓名，想要做好EDM推广就必须大方亮出自己的身份，这样才会给用户留下好的印象。因此，优化发件人签名，确保其清晰、规范且符合品牌形象，是提升EDM推广效果的关键一环。

（二）邮件主题不明确

发件人名称后面紧跟的就是邮件的主题，主题的质量也关乎EDM的效果。在编写邮件主题时，一定要注意言简意赅，具有吸引力，让用户看到这个标题就产生点击阅读的兴趣。例如，在向客户发送新店开张通知邮件时，主题中直接挑明发送邮件的目的，告知客户“我们的在线商店已经开业，欢迎来访问（Our online store is now open，come visit us）”。

（三）邮件质量不高

当用户看过你的用户名、邮件的主题，点开邮件查看时，却发现邮件内容质量很差，其营销效果恐怕是负面的。邮件的质量是EDM推广效果的重要保障，可以在邮件中用图文混排的形式来增强视觉效果，在邮件中添加一些链接，引导用户到官方网站中查看更多的信息。

（四）邮件发送频繁

EDM推广作为一种低成本的推广方式，商家当然希望多多益善。但邮件不像电视广告一样，经过多次传达就可以增强宣传效果，邮件发送频繁反而会让用户不悦，即使邮件的内容很精致。特别是收件人不是目标客户时，更会让收件人反感。

（五）邮件内容为附件

很多商家在EDM推广时喜欢使用附件，为的是将更加全面的信息展示给用户。但从用户角度来说，下载附件毕竟是一件很麻烦的事情，而且很容易联系到邮件病毒，故很多用户收到不熟悉的带有附件的邮件时会选择直接删除邮件。而且，带有附件的邮件很容易被邮箱拦截，直接归档到垃圾邮件中。这些都对营销很不利。

任务训练

◆ 任务目标

掌握EDM批量发送与监控的基本流程、关键技巧以及应对可能出现的问题。

◆ 任务导入

假设你是一家时尚电商公司的海外推广专员，负责即将进行的一次大型促销活动。公司决定通过EDM向目标客户群发送促销信息，以达到提升销售的目的。你需要制订EDM批量发送计划，并实时监控发送效果，确保邮件能够成功触达目标受众，并收集数据为后续优化提供依据。

◆ 任务要求

制订并执行EDM批量发送计划，实时监控发送效果，收集数据并总结反馈，以优化后续推广活动。

任务三 EDM成效评价

任务目标

1. 了解EDM推广成本构成的三个主要方面。

2. 掌握EDM推广成效评估指标的计算方法。

3. 掌握EDM优化策略。

4. 能够评估EDM推广人员的技能需求，制订合理的人员招聘和培训计划，以提高工作效率和质量。

5. 能够根据数据分析结果，制定并实施EDM策略优化方案，包括调整目标用户群体、优化发送时间和频率等。

子任务一 EDM成本分析

EDM成本分析

任务导入

为确保EDM活动成本效益最大化，李华需进行成本分析，包括邮件服务成本、人工成本以及其他费用。他需精准核算各项费用，以优化预算分配。李华该如何操作呢？

任务分析

为完成任务，李华需要全面分析EDM成本，涵盖邮件服务、人工以及其他费用，通过精确核算，能优化预算分配，提升活动性价比。

知识链接

EDM推广因成本低廉而被广泛应用，但是其作为经常性的、长期性的一种营销方式，企业在使用时，还是应该核算EDM推广的成本，并和收益进行对比，做到心中有数。EDM推广成本主要考虑三个方面：邮件服务成本、人工成本和其他成本。

一、邮件服务成本

邮件服务成本主要包括域名费、邮箱服务费和邮件费。在当前的互联网环境下，域名费已经变得非常低，几乎可以忽略不计。同时，对于大多数企业来说，只需要基础功能的企业邮箱服务也已经基本实现免费，使用付费邮箱的人群已经越来越少。邮件费则是根据发送的邮件数量来计件收费的，多数邮箱服务商会提供一定的免费发信限额，超出部分则按件收费。

（一）域名费用

域名费用包括注册费用和管理费用两部分。注册“com”或“net”域名的费用通常为50～100元，这个价格的差异主要取决于客户的资质。而注册“cn”域名的费用则为1～100元，这主要受到国家互联网信息中心的定价影响，同时注册商也可能根据不同客户给予不同的价格。一般情况下，域名没有额外的管理费用，但每年需要缴纳一定的年费。“com”与“net”域名的年费通常与注册费相当，而“cn”域名的管理年费则相对复杂，根据注册时间的不同，费用也会有所区别。

（二）邮件费用

对于邮件费用，不同的邮箱服务商有不同的收费标准。以阿里巴巴国际站为例，其规定在阿里云群发邮件每日前200封是免费的，超出部分则按每1000封收费2元。此外，阿里云还设定了初始发送限额，即每日最多可发送2000封邮件。这样的收费模式使得企业可以根据自身的需求来合理规划邮件发送量，从而控制成本。

邮件服务成本虽然涉及多个方面，但在当前的互联网环境下，企业可以通过选择适合的邮箱服务商、合理利用免费发信限额以及优化邮件发送策略等方式来有效降低这些成本。同时，企业也应关注行业动态和技术发展，以便及时调整和优化邮件营销策略。

二、人工成本

人工成本是企业在运营过程中不可或缺的一部分，尤其在EDM领域，人工成本的投入更是至关重要。

（一）人员工资和相关福利

EDM推广人员是EDM活动的核心执行者，他们负责策划邮件内容、设计邮件模板、制定发送策略、分析邮件效果等一系列工作。他们的工资水平通常根据他们的专业技能、工作经验和职位等级来确定。除了基本工资，企业还需要支付各种社保、公积金等费用，这些也是人工成本的重要组成部分。

（二）人员培训和发展成本

为了提升EDM推广效果，企业可能需要投入资金进行员工培训和发展。这包括新员工的入职培训、老员工的技能提升培训以及定期的团队建设活动等。通过培训，员工可以更好地理解EDM的核心理念和操作方法，提升工作效率和质量。同时，团队建设活动也有助于增强团队凝聚力和向心力，为EDM活动的顺利进行提供有力保障。

（三）间接费用

间接费用如办公场地的租金、办公设备的折旧等。虽然这些费用并不直接支付给EDM推广人员，但它们是企业为了支持EDM活动而必须承担的成本。这些间接费用的高低取决于企业的规模和办公环境等因素。

在控制人工成本方面，企业可以采取一些策略。例如，通过优化工作流程、提高员工的工作效率来降低人工成本；或者通过招聘实习生、兼职人员等方式来分担部分工作，从而减轻全职员工的压力。同时，企业还可以考虑使用自动化工具和软件来辅助EDM推广工作，以减少对人力的依赖。

三、其他成本

（一）邮件内容创作成本

高质量的邮件内容需要专业的文案和创意素材。企业可能需要聘请专业的文案人员或设计师来创建吸引人的邮件内容。此外，为了增强邮件的视觉效果和用户体验，企业还可能投入资金用于购买图像、模板等素材。

（二）EDM平台费用

一些企业会选择使用专业的EDM平台来发送和管理邮件。这些平台通常提供一系列功能，如邮件模板、数据分析、用户管理等。使用这些平台可能需要支付一定的费用，具体取决于所选的服务级别和功能。

任务训练

◆ 任务目标

掌握EDM推广成本的构成，学会分析和控制EDM推广成本。

◆ 任务导入

假设你是一家时尚电商公司的海外推广专员，公司计划开展一项大规模的EDM推广活动，以吸引新客户并促进销售。你需要制作一份详细的EDM推广成本预算，并考虑如何控制成本以提高推广效果。

◆ 任务要求

撰写一份EDM推广成本预算报告，包括成本预算表、成本控制策略、成本效益分析等内容。

子任务二 EDM评估与优化

EDM评估与优化

任务导入

在EDM活动结束后，李华需要进行EDM成效评估与反馈优化。他需要分析各项评估指标，收集用户反馈，以优化未来的EDM策略。李华该如何操作呢？

任务分析

为完成任务，李华需要对EDM活动成效进行深入评估，分析邮件送达率、开信率等关键指标，并收集用户反馈。基于这些数据，优化邮件内容和发送策略，以提升EDM活动的整体效果。

知识链接

EDM的特点之一是可以对其效果进行量化评估，通过对一些指标的检测和分析，不仅可以用来评价推广活动的效果，还可以发现推广过程中的问题，以便对推广活动进行优化。

一、EDM成效评估指标

衡量EDM推广效果的数据指标主要有：邮件送达率、退信率、开信率、点击率、转化率等。

（一）邮件送达率

邮件送达率是评价EDM推广效果的基础性指标。由于垃圾邮件的存在，导致服务器对邮件过滤越来越严格，有些正常的邮件也会被视为垃圾邮件过滤掉。

$$邮件送达率=（邮件送达总数 \div 邮件发送总数）\times 100\%$$

假设某业务员发送1000封邮件，其中有150封被过滤掉，那么送达的邮件就是850封，邮件送达率就是85%。

需要说明的是，邮件送达率不等于邮件开信率，邮件虽然送达用户邮箱，但是有可能直接进入垃圾文件夹，或者用户可能只看到标题就删除了，因此，现实中的送达率是一个必须考虑，但是实际意义不大的数字。

（二）邮件退信率

订阅用户点击邮件中的退订链接后，其E-mail地址将被从数据库中剔除，E-mail后台会做相应记录。

邮件退信率=（邮件退信总数 ÷ 邮件发送总数）×100%

假设某业务员发送1000封邮件，其中有180封被退订，那么邮件退信率就是18%。

邮件退信率与邮件送达率都属于获取和保持用户资源的评价指标，它们的关系如下：

邮件退信率+邮件送达率=100%。

（三）开信率

邮件的开信率是衡量邮件营销效果的真实指标。

邮件开信率=（邮件阅读数量 ÷ 邮件送达数量）×100%

其中，邮件阅读数量由邮件服务系统中嵌入的点击统计系统提供，只要用户点击该邮件，系统就会自动记录点击行为并进行统计。

假设一共寄出10万封邮件，其中5万封曾被打开，则开信率是50%。如果邮件订户是目标用户，应能得到不错的开信率；反之，若开信率过低，则应检查邮件是否送错对象或者是否应该改善邮件标题的写法。主题词是否有吸引力、是否有垃圾邮件嫌疑、邮件是否有针对性等，都会影响邮件开信率的高低。

邮件开信率是对发件者了解和信任的一项评估指标，在邮件的标题中使用公司名称或品牌名称有助于获得收件人的信任。

（四）点击率

在邮件中嵌入公司营销站点或营销页面地址链接，因电子邮件的阅读而引导点击进入公司营销站点或营销页面的比例，称为点击率。这是有效评估电子邮件对公司营销站点或营销页面访问量贡献率的重要指标。

点击率=（引导点进次数 ÷ 邮件开信总数）×100%

其中，引导点进次数由网站流量统计系统提供，同时，点击率直接受邮件送达率和邮件开信率的影响。

（五）转化率

转化率指收件人在读完邮件的广告后，愿意接受或购买广告主所推销的服务或产品的数量占发出的总邮件数的比率。这项指标比点击率更直观地显示出广告是否成功刺激到受众并激发其行为。

转化率=（因EDM推广增加的用户数 ÷ 邮件开信总数）×100%

知识拓展

某商家业务员在进行EDM推广时，发送1000封邮件，有600人收到企业邮件，其中400人看了邮件，之后有120人点击了其中的广告链接，并且最终有80人购买了该邮件推销的产品。

请分别计算EDM推广的邮件送达率、开信率、点击率和转化率。

解：

（1）邮件送达率＝（邮件送达总数÷邮件发送总数）×100%

＝（600÷1000）×100%＝60%

（2）邮件开信率＝（邮件阅读数量÷邮件送达数量）×100%

＝（400÷600）×100%＝67%

（3）点击率＝（引导点击次数÷邮件开信总数）×100%

＝（120÷400）×100%＝30%

（4）转化率＝（因EDM推广增加的用户数÷邮件开信总数）×100%

＝（80÷400）×100%＝20%

分析：

（1）不能仅以某一项指标来评估EDM推广的效果。如有50人收到企业邮件，其中25人看了邮件后点击了其中的广告，那么点击率便是50%。虽然点击率比较高，可是也只是吸引了25人。相反，如果有5000人收到邮件，哪怕只有10%的点击率，也有500人点击广告。同样也不能仅以开信率评定广告效果，因为即使开信率高，但是如果点击率或者转化率很低，那么能够成功吸引的顾客数量仍很少。

（2）根据不同的EDM推广目标选择相应的评价指标。如果以增加网站浏览人数或销量为主要目的，采用点击率和转化率更能直接反映广告的效果。因为点击率和转化率强调的是如何改变顾客的行为，也就是吸引顾客登录广告主的网站或者产生购买行为。如果是以建立品牌知名度或凝聚力为主要目的，不宜采用点击率作为评价指标。

二、反馈与优化

在完成了EDM活动之后，反馈与优化环节对于提升营销效果至关重要。通过对活动成果的细致分析，商家可以获取宝贵的用户反馈，并据此对策略、内容、发送方式等各个方面进行优化，以提高未来的营销效果。

（一）策略优化

基于用户反馈和数据分析结果，商家需要对EDM策略进行优化。这可能包括调整目标用户群体、优化邮件发送时间和频率、完善邮件内容策划等方面。

例如，如果发现某些用户群体对邮件内容不感兴趣，商家可以考虑调整目标用户定位，更精准地锁定潜在受众。如果邮件发送时间或频率引起用户反感，可以调整发送策略。

（二）内容优化

内容是EDM活动的核心，因此内容优化是提升营销效果的关键。根据用户反馈和数据分析结果，可以对邮件标题、正文内容、图片和链接等进行优化。

邮件标题应简洁明了，能够准确传达邮件主题并吸引用户的点击。正文内容应简洁易懂，突出产品或服务的卖点，同时保持与用户的沟通风格一致。图片和链接应与内容相关，能够增强用户的阅读体验。

（三）发送方式优化

发送方式也是影响EDM效果的重要因素。商家可以考虑优化邮件的发送渠道、发送格式以及个性化设置等。

在发送渠道方面，商家可以根据用户的活跃平台和习惯选择合适的邮件服务提供商。发送格式上，可以尝试HTML格式或纯文本格式，以测试哪种格式更能吸引用户的注意力。此外，通过个性化设置，如根据用户的购买历史或浏览行为发送定制化的邮件内容，可以提高邮件的针对性和转化率。

（四）持续优化与跟踪

在完成了上述优化措施后，商家仍需要持续关注EDM推广效果，并根据新的用户反馈和数据分析结果不断调整和优化策略。

通过设定明确的KPI指标，如打开率、点击率、转化率等，商家可以定期评估EDM活动的效果，并据此调整优化策略。同时，建立用户反馈的定期收集和分析机制，确保能够及时了解并解决用户的问题和需求。

任务训练

◆ 任务目标

了解并掌握当前EDM推广活动的运行状况、效果及成本情况，为EDM优化活动提供有力支撑。

◆ 任务导入

假设你是一家时尚电商公司的海外推广专员，负责管理和优化公司的EDM推广活动。近期，你发现EDM推广的效果不尽如人意，客户反馈不佳，且成本较高。为了改善这一状况，公司决定对EDM推广活动进行全面评估，并寻求优化方案。

◆ 任务要求

评估当前EDM推广活动的各项数据，分析存在的问题，并提出有针对性的优化建议，确保EDM推广活动的效率和效果得到提升。

项目小结

本项目围绕EDM策划及推广、实施与成效评价三大核心任务展开。在EDM策划阶段，精心策划内容，确保信息精准且吸引人，同时构建高效的推广流程，为后续推广工作奠定基石；进入EDM实施阶段，精心准备并测试邮件发送的各个环节，确保邮件准确送达目标受众；随后批量发送并实时监控，保障发送顺畅。最后，在成效评价阶段，深入分析EDM的成本结构，建立评估指标，并对EDM活动进行优化，以实现推广效果的持续提升。

通过本项目的学习和实践，树立以客户为中心的服务理念，能够深入理解客户需求、关注客户体验和满意度，不断提升EDM推广的效果。同时，坚守职业道德和社会责任，确保信息传递的真实性和准确性，以及尊重客户的隐私和权益，成为既具备专业技能又富有道德观念的国际市场推广人才。

学习成果评价

一、不定项选择题

1. EDM相比传统邮件营销的优势有（　　）。

A. 传播范围更广　　B. 费用更低

C. 互动性更强　　D. 传递速度更慢

E. 营销效果更容易评估

2. 企业在发送推荐邮件时，通常会考虑（　　）因素。

A. 用户的购买历史　　B. 用户的浏览行为

C. 用户的年龄和性别　　D. 商品的库存情况

E. 竞争对手的促销活动

3. 在EDM活动中，获取邮件列表的主要目的是（　　）。

A. 提高网站流量　　B. 增加邮件发送数量

C. 提高邮件的送达率和转化率　　D. 增加用户注册量

4. 当进行EDM推广时，以下（　　）的邮件内容形式通常更受欢迎。

A. 纯文本内容　　B. 全是附件内容

C. 图文混排，包含少量链接　　D. 仅包含大量链接

5. 关于邮件服务成本，以下（　　）是正确的。

A. 域名费已经变得非常高

B. 邮箱服务费通常都很昂贵

C. 邮件费是按照发送的邮件数量来计件收费的

D. 邮件服务商不提供任何免费发信限额

二、简答题

1. EDM设计的内容有哪些？

2. 简述EDM推广的步骤。

3. 如何获取邮件列表？

4. EDM成本有哪些？

5. EDM成效评估指标有哪些？

模块二

海外社交媒体运营

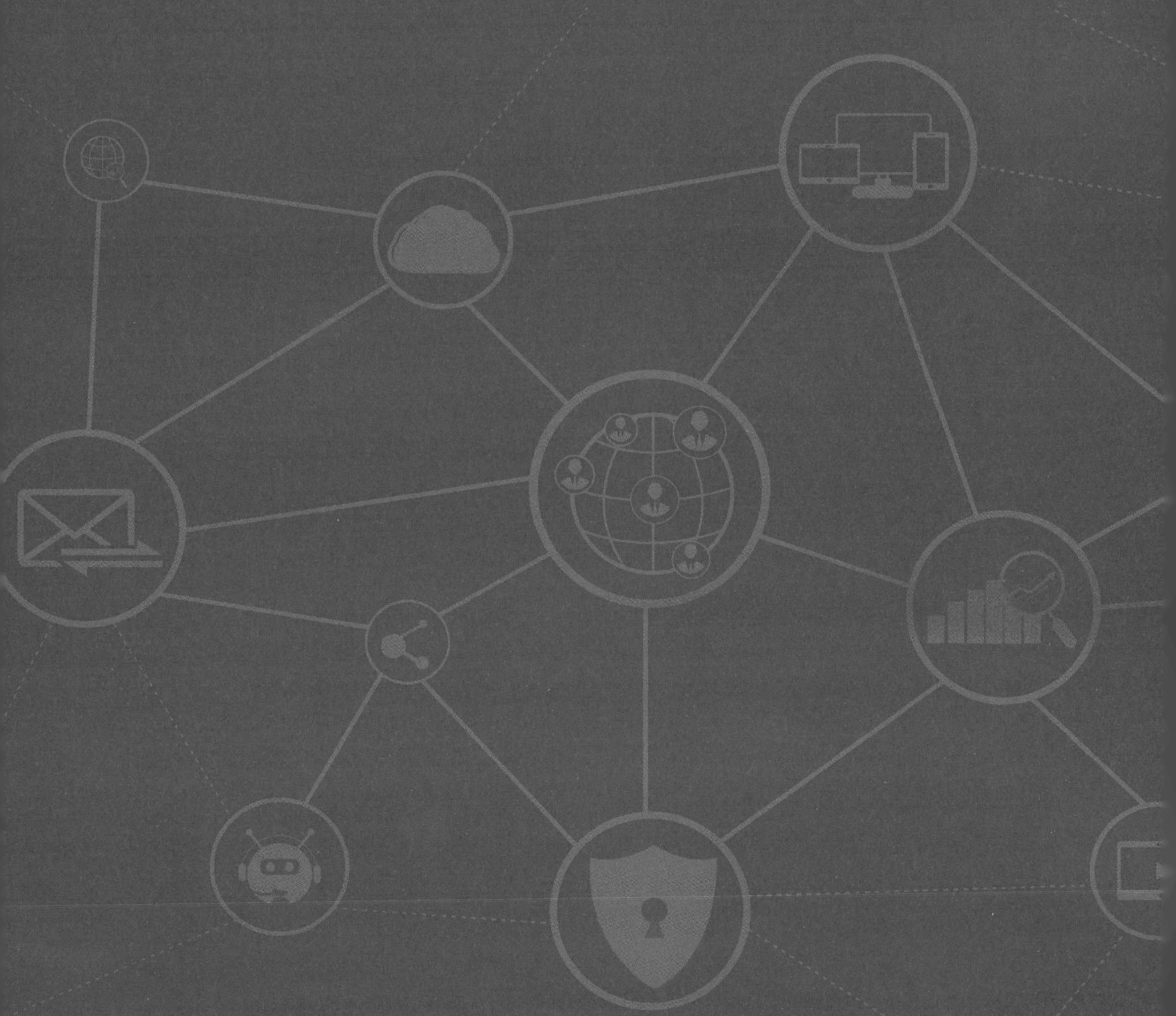

项目五 海外社交媒体运营

项目目标

● 知识目标

1. 了解海外社交媒体平台的特点、功能和用户群体。

2. 掌握海外社交媒体平台规则。

3. 掌握海外社交媒体内容制作，如文案、图片、视频等，以便吸引和保持用户关注。

● 技能目标

1. 能够建立并维护品牌社交媒体形象。

2. 能够策划推广活动，与粉丝建立良好互动，提升用户黏性，增加媒体矩阵粉丝数并提高留存率。

3. 能够根据目标受众和平台特点，撰写和设计有吸引力的跨文化内容，包括文案、图片、视频等。

4. 能够管理海外社交媒体账号，包括发布内容、回复评论、监测趋势、调整策略等。

5. 能够运用数据分析工具，监测和评估社交媒体活动的效果，根据数据优化内容和策略。

● 素养目标

1. 尊重和理解不同文化，推动文化交流与融合。

2. 树立中国文化的自信心和自豪感，增强国家形象的国际传播能力。

3. 了解并遵循不同国家和地区的法律法规。

思维导图

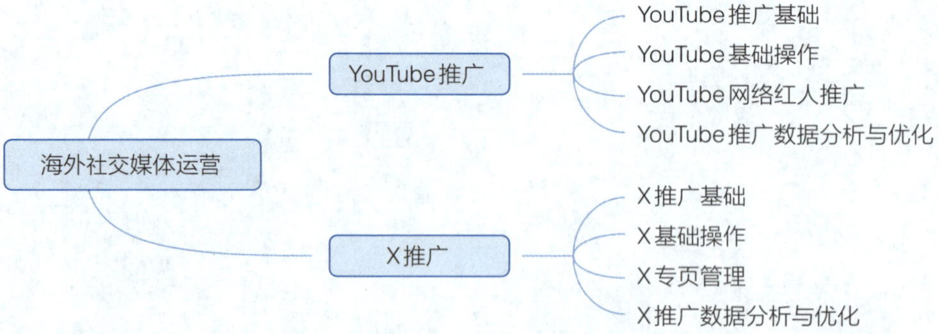

案例导入

茅台海外营销活动“This is Moutai”火爆外网

博大精深的中国文化，赋予了茅台独特的品牌内涵，也为茅台走向国际舞台提供了更多的底气和想象空间。凝练国际化语言、因地制宜推进茅台品牌的海外营销工作，将茅台之美和中国文化之美传遍世界，是茅台海外营销工作的重中之重。

为进一步探索营销“美”时代新的落地形式，2022年4月，茅台海外依托Facebook、X、Instagram、YouTube等社交媒体平台，打造了一场覆盖全球的营销活动——This is Moutai。活动围绕“中国印象、中国美食、饮酒文化、白酒之秘、这就是茅台”五大主题，从中国城市和中国传统文化等宏观层面入手，引导用户建立对茅台之美的初步印象，进而聚焦到对中国饮食文化和茅台文化的解读，强化海外用户对茅台之美的认知，引领全球友人以茅台为窗口，感知中国文化的魅力。

本次活动的社交媒体曝光量超过2116万次，粉丝互动数量超过50万，活动相关视频的播放量近26万次，达到了很好的宣传效果。

一、中国印象+中国美食，生动、鲜活地展现中国文化之美

活动伊始，茅台依托海外各社交媒体平台，发起了“粉丝眼中的中国”的征集活动，鼓励粉丝与茅台主页进行互动，以图文的形式分享粉丝眼中的中国，很大程度上激发了粉丝参与活动的热情和积极性。

在征集活动结束后，茅台就征集的问题给出了官方的“答案”。答案以国潮插画的形式呈现。通过极具东方美学与中国风韵的视觉展示形式，全方位展现了中国的自然人文风貌、历史文化、饮食习俗，让粉丝感受到一个鲜活、生动的中国。

二、饮酒文化+白酒之秘，探寻茅台的文化根源

中国的酒文化源远流长，它渗透在历史、文学、艺术，以及古往今来人们的日常生活之中，是中国文化的重要组成部分。

在随后的活动主题中，茅台从“文”和“器”的角度出发，通过创意海报的形式，向海外大众介绍中国的诗歌文化和历史悠久的酒器。“一叶而知秋”，让海外粉丝可以从细微之处感受中国传统文化的魅力。

形式多样的营销内容、具有东方韵味的画风，进一步激发了海外友人对中国文化的探索欲和求知欲，众多海外粉丝纷纷留言并转发了茅台的活动帖文，在社交媒体上与茅台展开亲密互动，进一步提高了本次活动的影响力。

三、这就是茅台，在“美时代”酿造高品质生活

茅台的高端品质源于大自然的无私馈赠，也得益于茅台人世代传承的酿制工艺与匠心精神。随着第五大主题活动“这就是茅台”的开展，茅台鲜活的品牌形象、深刻的文化内涵也更加清晰地呈现在了海外粉丝的面前。

在活动的最后，茅台官方对“This is Moutai”进行了总结。“茅台是饮品，是礼品，也是藏品”，进一步强化了茅台作为高端产品的“社交酒”和“文化酒”的定位。

茅台品牌的文化内涵，需要“国际化”和“本土化”的双重表达。在扬帆出海的进程中，茅台始终坚持以文化赋能产品的方式，彰显茅台的文化个性与品牌魅力，通过更多贴合海外大众审美的内容、更加生动有效的形式进行茅台文化内涵的解读。

思考

1. 茅台通过什么途径提升品牌在海外市场的影响力？
2. 在社交媒体平台上，茅台如何增强品牌与海外用户的情感连接？

任务一

YouTube推广

任务目标

1．了解YouTube平台的推广形式和广告类型。

2．理解YouTube推广的目标受众定位方法和关键指标，如观看次数、观看时长、点击率等。

3．掌握YouTube广告管理工具的操作流程，能够创建、编辑和管理广告系列和广告组。

4．能够根据推广目标和受众特征，设计有效的YouTube广告系列和广告创意，以吸引目标受众关注和互动。

5．具备收集、整理和分析YouTube广告数据的能力，能够准确评估广告效果并提

出优化建议。

6．具备良好的团队合作和沟通能力，能够与团队成员协作，共同制定和执行YouTube推广策略。

子任务一　YouTube推广基础

YouTube
推广基础

任务导入

云帆电子商务有限公司为扩大业务版图，决定进军YouTube这一全球知名的视频分享平台，通过视频内容展示产品特色，吸引潜在客户。为此，公司特别指派了充满活力的海外推广专员李华负责深入研究YouTube推广的基础知识和操作技巧，为即将展开的推广活动奠定坚实基础。李华该如何操作呢?

任务分析

作为海外推广专员，李华肩负着迅速掌握YouTube推广基础知识的重任，并需将所学应用于实际推广活动中。在这一过程中，他需深入探究YouTube推广的独特特点，理解并掌握其多样化的推广形式，同时熟悉各种广告类型的运用策略。

知识链接

一、YouTube推广特点

YouTube，国内俗称“油管”。自2005年创立以来迅速在年轻人中走红，并发展成为全球领先的在线视频平台。如今，YouTube上有超过亿部的视频节目。

YouTube的内容丰富多样，不仅涵盖汉语、英语，还包括葡萄牙语、西班牙语、法语等全世界各种语言的视频内容。这些视频不仅数量庞大，而且专业度和垂直度都很高。YouTube主要分为短视频（shorts）、长视频（video）和直播（live）三个功能，满足了用户对于不同类型视频内容的需求。

二、YouTube推广形式

调查显示，国外客户一般会先在Google上检索商品，接着到YouTube上深入了解商品，所以说YouTube是一个特别适合商品推广的平台，视频方式更便捷地呈现商品的外形、功能等。

（一）自拍视频

自拍视频在YouTube上具有重要的推广作用。一方面，商家可以通过创建自己的YouTube频道，将热门产品制作成视频并发布，以方便客户查看。另一方面，将这些视频上传到YouTube平台后，客户可以通过关键字搜索或相关视频推荐功能找到商家的视频，从而将YouTube上的流量引导到对应的商品链接。

（二）买家推广

如果商品店铺已经有一定的成交量，商家可以在买家收到产品后，通过联系买家，询问他们对产品的评价，并邀请他们帮忙制作一个YouTube视频评论。为了表示感谢，商家可以向买家提供一些优惠券或其他形式的奖励。

（三）网络红人推广

网络红人推广是商家利用在目标市场具有影响力的知名人士来推广其品牌的过程。这些知名人士通常是在社交媒体平台上活跃的网络红人，也被称为“社交媒体网络红人”。YouTube的网络红人推广主要通过视频内容进行，他们通过自身的影响力和内容吸引用户观看，并在视频中引导用户点击下载或购买消费。

三、YouTube的广告类型

YouTube的广告形式主要包括以下几种：页首广告、发现广告、展示广告、覆盖式广告等。了解清楚YouTube的各种广告形式对于创作符合相应推广目标的视频至关重要。

（一）页首广告

打开YouTube，最引人注目的就是页首广告（masthead ads），它通常位于YouTube首页的顶部，如图5-1所示。这是一种大型横幅广告，能够在用户打开YouTube网站或应用时立即展示给他们。页首广告通常以视频形式展示，允许企业展示他们的品牌故事或推广活动。页首广告在页面上的显眼位置和独特形式，使其具有极高的曝光度和影响力，能够吸引大量用户的注意力，并推动品牌曝光和宣传。

与传统的YouTube广告不同，页首广告不能通过Google广告平台自主投放，而是需要通过与Google官方广告部门联系购买。收费标准通常是每天固定费用（fixed cost per day，CPD）或按照每千次展示收费（cost per mille，CPM）。这种广告类型更适合预算充足的大型企业或品牌。

图5-1　页首广告

（二）发现广告

发现广告（discovery ads）是一种用户输入关键字后，出现在搜索结果中带有“Ad”（广告）角标的视频广告，如图5–2所示。

图5–2　发现广告

发现广告旨在通过在YouTube的“推荐视频”栏目中展示个性化、相关的广告内容来吸引用户的注意力。这些广告通常以图片和简短文本的形式呈现，与用户正在浏览的视频内容相关联。

与其他YouTube广告形式不同，发现广告的展示位置在用户浏览视频时的推荐栏目中，而不是视频播放的中途或开始前。这种广告形式以自然、非干扰性的方式出现在用户的视野中，使得用户更有可能与广告进行互动。这种广告按点击量收费，只有用户点击广告后才收费，展示是不收费的。

（三）展示广告

展示广告（display ads）通过在YouTube网站和移动应用程序上的各种位置展示图片、动画或富媒体广告来吸引用户的注意力。这些广告通常以横幅、矩形、方形或插图等形式呈现，可以在视频播放页面、搜索结果页面、频道页面和其他YouTube页面的侧边栏或底部等位置展示，如图5–3所示。

图5–3　展示广告

与其他YouTube广告形式不同，展示广告不会在视频播放的中途或开始前出现，而是在用户浏览和搜索YouTube网站时以横幅或侧边栏的形式展示。这种广告形式通常以视觉形式呈现，通过图片和简短文本吸引用户的眼球，并鼓励用户进行点击和互动。

（四）覆盖式广告

覆盖式广告（overlay ads）以浮动式的覆盖层形式显示在正在观看的视频上方，如图5-4所示。这些广告通常在视频播放的早期阶段或中途出现，并且以图片或简短的动画形式呈现，可以包括文字、图像和链接等内容。

图5-4　覆盖式广告

覆盖式广告是以非侵入性的方式显示在视频内容的上方。用户可以选择点击广告以获取更多信息，也可以通过关闭按钮关闭广告而继续观看视频。

由于覆盖式广告的形式简单明了且不会干扰用户观看视频，因此它是一种有效的广告形式，能够在用户观看视频时吸引他们的注意力，并提高广告的点击率和转化率。需要注意的是，覆盖式广告只会出现在用户的桌面YouTube界面里，而不能出现在手机YouTube界面里。

（五）可跳过的插播式视频广告

可跳过的插播式视频广告（skippable video ads）在用户观看视频时会中断视频内容，并以视频形式展示广告内容，如图5-5所示。这些广告通常会在视频开始后的一段时间内出现，但用户可以选择在一定的时间后跳过广告，继续观看原始视频内容。

图5-5　可跳过的插播式视频广告

可跳过的插播式视频广告通常以15秒或30秒的长度呈现，允许企业在有限的时间内向用户展示品牌信息、产品特点和服务优势。这种广告形式的出现可以吸引用户的注意力，提高品牌曝光度，并为企业带来更多的潜在客户。尽管用户可以选择跳过这种广告，但它仍然是一种非常有效的广告形式，可以在用户观看视频时吸引他们的注意力，并提高广告的点击率和转化率。

（六）不可跳过的插播式视频广告

不可跳过的插播式视频广告（non–skippable video ads）在用户观看视频内容时出现，如图5–6所示。与可跳过的插播式视频广告不同，不可跳过的插播式视频广告不允许用户在一段时间后跳过广告，而是要求用户观看完整广告内容，然后才能继续观看原始视频。

图5–6　不可跳过的插播式视频广告

这种广告形式通常以15秒或更长的长度呈现，并且在用户观看视频的开始或中间出现。广告内容可以包括品牌介绍、产品展示、服务宣传等，并且可以与用户正在观看的视频内容相关联。不可跳过的插播式视频广告能够在用户观看视频时直接吸引他们的注意力，提高品牌曝光度。

（七）导视广告

导视广告（bumper ads）是一种短时长的视频广告形式，通常为6秒长。与可跳过的插播式视频广告和不可跳过的插播式视频广告不同，导视广告不允许用户跳过，而是在视频内容的开头、中间或结尾自动播放，如图5–7所示。

由于时长较短，导视广告通常专注于传达简洁的信息或表达品牌的核心理念。它们旨在快速吸引用户的注意力，传递清晰的品牌信息，并提高品牌知名度。尽管时长有限，但这种广告形式仍然能够产生强大的影响力，因为它们在用户观看视频的关键时刻出现，能够有效地吸引用户的眼球并留下深刻的印象。

导视广告是一种非常适合品牌意识和曝光的广告形式，能够在短时间内有效地传达广告主的信息。由于其简短、精准的特点，导视广告常常与其他YouTube广告形式结合使用，以提高整体广告效果和转化率。

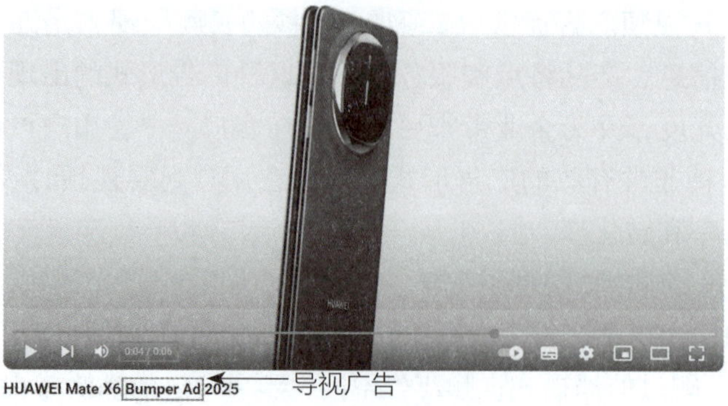

图 5-7　导视广告

任务训练

◆ 任务目标

掌握YouTube推广的基础知识，为YouTube推广工作做好准备。

◆ 任务导入

假设你是一家知名时尚手表品牌的海外推广专员。该手表品牌以精湛的工艺、时尚的设计和高品质的材料闻名于世，并在海外市场拥有一定的市场份额。为了进一步提升品牌在海外市场的知名度和销售量，品牌决定在YouTube上进行推广活动。作为海外推广专员，你的任务是根据该手表品牌的特点和目标受众，确定适合该品牌的YouTube推广策略和广告类型。

◆ 任务要求

独立思考，提出具体的YouTube推广策略和广告建议。

子任务二 YouTube基础操作

YouTube
基础操作

任务导入

为了充分利用YouTube的广泛影响力和用户基础，公司计划通过发布富有创意的视频内容来展示产品特色，从而吸引更多的潜在客户。为了完成这一重要任务，公司特别指派了海外推广专员李华来负责这项工作。李华需要迅速掌握YouTube推广的基础操作，以便为公司的推广活动打下坚实的基础。李华该如何操作呢？

任务分析

创建YouTube账号和频道无疑是李华的首要任务，这两项操作的顺利完成对于后续的YouTube推广活动具有至关重要的意义。首先，一个合法有效的YouTube账号是进入这个平台的基础，它不仅是上传视频、发布内容的前提，更是与观众互动、积累粉丝的起点。其次，频道的创建则是对账号功能的进一步拓展。一个精心设计的频道不仅能够展示公司的品牌形象和产品特色，还能够吸引潜在客户的关注。

知识链接

YouTube是一个视频分享平台，允许用户上传、观看和分享视频内容。在开始拍摄视频之前，用户需要在平台上创建自己的YouTube账号和频道。

一、创建YouTube账号

YouTube是Google旗下的子公司，在创建一个YouTube账号时，会同时创建一个Gmail邮箱，它会以“用户名@gmail.com”的域名形式出现。

创建步骤如下。

（1）打开YouTube官网。单击主页右上角的“登录”按钮，YouTube登录界面，如图5-8所示。

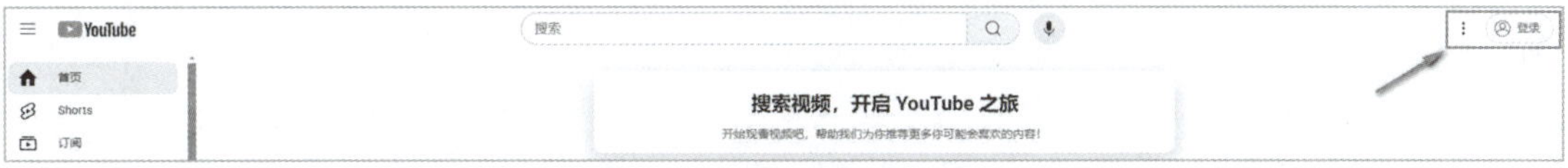

图 5-8　YouTube 登录界面

（2）单击登录页面上登录表格下方的“创建账号”按钮，有两个选择，“为我自己创建”和“用于商家管理”，如图5-9所示。

这里首先要搞清楚个人账号和品牌账号的区别。个人账号就是用个人的Google账号登录的YouTube账号；而品牌账号是用Google账号登录，选择“用于商家管理”，这时候创建的就是品牌账号。

（3）创建Google账号，填写所需的信息。填写用户名、电子邮箱地址等信息，然后单击“下一步”，如图5-10所示。

（4）如果系统提示输入有效的手机号码，那么需要提供一个手机号码来用于确认用户不是机器。为了消灭虚假账号和由机器人控制管理的账号，Google有时会要求用户进行新账号身份确认，如图5-11所示。

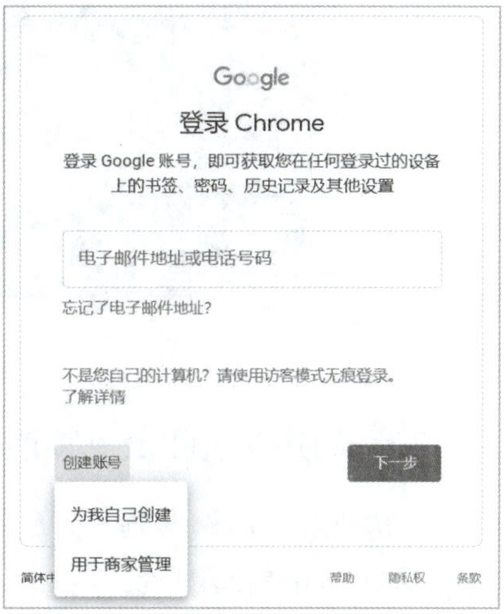

图 5-9　“为我自己创建”和“用于商家管理”

（5）装饰、打理自己的YouTube界面。在用户资料页面，可以添加一张照片作为背景图，尽量让整个页面能够彰显自己的风格，如图5-12所示。

图 5-10　创建 Google 账号

图 5-11　新账号身份确认

图 5-12　添加背景图

二、创建YouTube频道

上传视频、收藏视频、点赞等操作，都需要通过频道来实现。YouTube提供了两种不同类型的频道供用户选择：个人频道和品牌频道。这两种频道类型各具特色，满足不同用户的需求。

（一）YouTube频道类型

1. 个人频道

个人频道是用个人账号创建的，它代表了用户在YouTube上的个人形象，并作为用户账号的主页存在。个人频道主要适用于个人用户，他们可以通过自己的Google账号来管理视频内容，但无法与其他人共同管理。这种频道类型适合那些希望在YouTube上分享个人生活、兴趣爱好或创意内容的用户。

2. 品牌频道

在实际的商业活动中，商家往往需要更加灵活和高效的管理方式。这时，品牌频道就成为理想的选择。品牌频道适用于需要多人管理或与其他企业合作的商业账号。通过创建品牌频道，商家的YouTube账号将升级为品牌账号，允许添加其他Google账号作为管理员，共同管理这个频道。这意味着，多个管理员可以通过各自的Google账号上传视频到品牌频道中，实现团队协作和资源共享。

在创建品牌频道时，商家需要选择使用企业名称或其他合适的名称作为频道的标识。这个名称实际上就是品牌账号的名称，它将代表商家在YouTube上的品牌形象。通过精心打造品牌频道，商家可以展示其专业形象、产品特色以及企业文化，吸引更多的潜在客户并提升品牌影响力。

（二）创建YouTube频道

第一步，访问YouTube官网，单击右上角“登录”（sign in），输入账号名与密码。

第二步，登录后，单击人像图标，会出现一个下拉菜单，单击“您的频道”（YOUR CHANNEL），弹出的窗口自动使用账号名字作为频道用户名称，单击“创建频道”（CREATE CHANNEL），即完成频道的创建，如图5–13所示。

图 5–13　创建频道

第三步，YouTube频道栏目基础设置。单击“自定义频道”（CUSTOMIZE CHANNEL）来编辑频道，如图5–14所示。然后设置频道布局、频道品牌及频道基本信息等。

图 5–14　自定义频道

1. 布局

YouTube频道布局界面，如图5–15所示。

（1）主推视频。针对已订阅用户和未订阅用户上传不同视频，也可上传同一视频。

（2）精选版块。将已发布视频进行分类后添加到对应版块，便于用户观看。

图 5–15　YouTube 频道布局界面

2. 品牌

频道品牌界面包括照片、横幅图片、视频水印的设置，如图5–16所示。

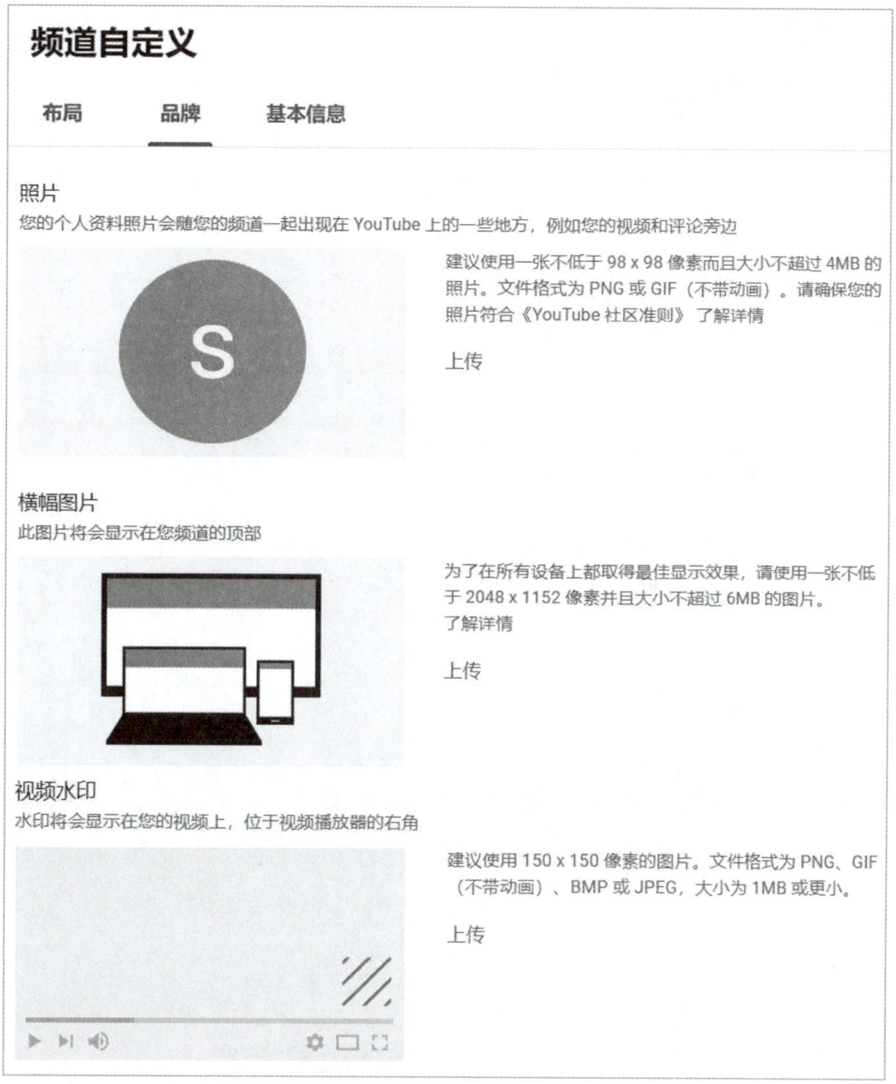

图 5–16　频道品牌界面

很多创作者容易忽略的一点是添加视频水印——上传水印图片后，水印会显示在视频播放界面的右下角。当用户的鼠标悬停于上时，会显示订阅此创作者的按钮，用户不用暂停视频、下拉界面再去寻找订阅键。这个功能大大提高了订阅率。

3. 基本信息

设置基本信息，包括频道名称、标识名、说明、频道网址、链接和联系信息。频道基本信息界面，如图 5–17 所示。

（1）说明。用一段话介绍企业的频道并展示在首页简介中。

（2）添加链接。添加想要与用户分享的链接。通常是创作者的其他社交平台账号、个人网站等。

设置好上述基础信息后，基本完成了频道的创建。至此，可以开始上传视频了。

图 5–17　频道基本信息界面

三、上传自制视频

YouTube营销案例

一旦视频制作完成，可以按照以下步骤将其上传到YouTube频道中。

步骤1：登录YouTube后，在右上方选择摄像头图标按钮→单击“上传视频”，或者直接单击下方的“上传视频”，如图5–18所示。

步骤2：进入“上传视频”页面，如图5–19所示。选择文件，开始上传视频。

步骤3：填写视频相关信息，如图5–20所示。这个过程涉及对视频详细信息、元素、发布前的检查、公开范围的确定。完成以上步骤后，就可以正式发布视频了。发布后，还可以将视频链接分享至其他社交媒体平台，以扩大视频的曝光度和观众覆盖范围。

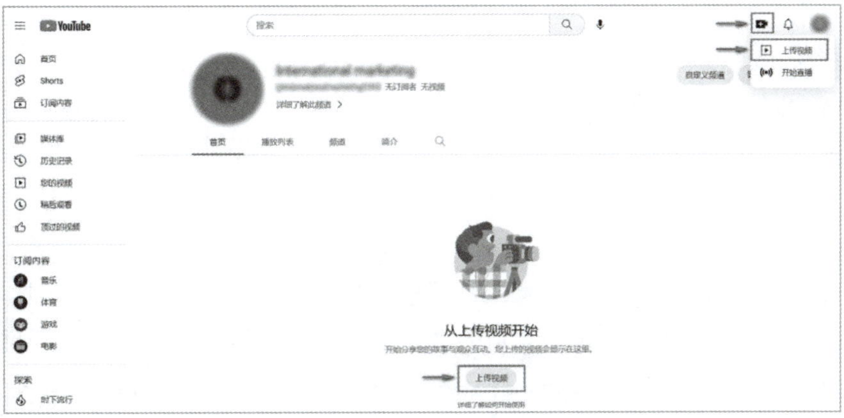

图 5-18　点击“上传视频”页面

图 5-19　上传视频页面

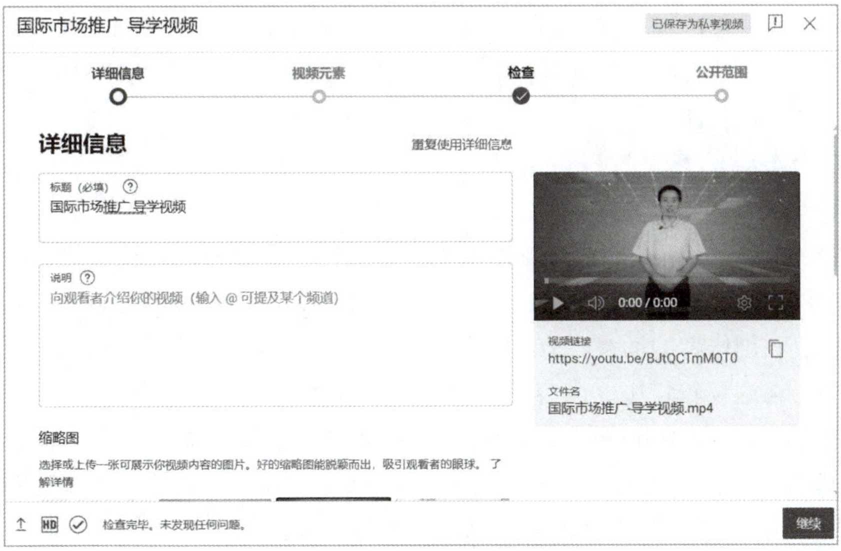

图 5-20　填写视频相关信息

任务训练

◆ 任务目标

掌握YouTube基础操作，包括创建YouTube账号、设置YouTube频道以及上传视频等核心技能。

◆ 任务导入

作为时尚品牌公司的海外推广专员，你需要在YouTube平台上完成以下任务：①创建一个全新的YouTube账号，并确保账号信息完整、准确；②使用该账号创建一个与时尚品牌相符的YouTube频道，包括频道名称、头像、描述等信息的设计；③挑选一款时尚品牌的新品，制作并上传一段介绍视频至YouTube频道。视频内容需包括产品特点、使用方法、搭配建议等，并确保画质清晰、音质良好。

◆ 任务要求

在实训过程中，需遵守YouTube平台的使用规则和政策，不得发布违规内容。

子任务三 YouTube网络红人推广

YouTube
网络红人
推广

任务导入

近日，公司决定启动一项YouTube网络红人推广计划。该计划旨在通过让网络红人发布富有创意的视频内容，展示产品的独特魅力，从而增强品牌影响力并促进销售增长。为此，公司指派海外推广专员李华负责此项工作。李华该如何操作呢？

任务分析

实施网络红人推广计划，李华需要深入寻找与公司品牌、产品契合的网络红人，并与他们建立合作关系，共同策划制作高质量的推广视频。与此同时，李华还需要负责收集并分析视频数据，评估推广效果，并关注与网络红人合作的其他事项。

知识链接

YouTube拥有庞大的用户群体和活跃的社区氛围，该平台不仅用户黏性极高，受众覆盖面亦广泛，通过精心运营账号，商家可以轻松触及海量精准潜在客户。然而，随着越来越多企业和创作者的涌入，YouTube上的短视频如雨后春笋般涌现，素材内容的竞争愈发激烈。在这场较量中，内容的质量与创意成为商家吸引用户、脱颖而出的关键。在这样的背景下，YouTube网络红人或KOL的重要性愈发凸显。他们凭借自身的影响力和粉丝基础，能够为商家带来可观的品牌曝光量和用户转化量。通过与网络红人或KOL合作，商家不仅可以快速拓展目标受众群体，还能借助其独特的视角和创意，提升品牌形象和知名度。

一、寻找网络红人

（一）直接在YouTube站内搜索

在YouTube站内的搜索框中输入关键词进行搜索，假设商家是与手机产品相关的，在搜索框中输入“smartphone review”，搜索过后，会展示出很多做“smartphone review”的网络红人，选定一位，单击其频道的“更多”按钮，如图5–21所示。简介可以让商家更好地了解此网络红人的测评范围，可以看到其邮箱。如果在YouTube看不到其邮箱，可以去看看他其他的社交媒体，比如TikTok、Instagram、X等。

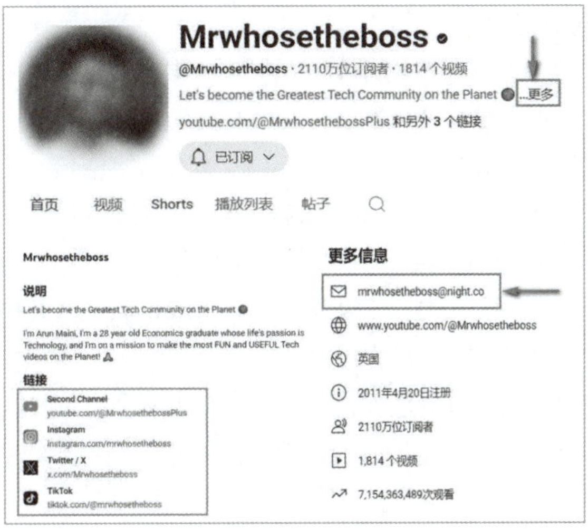

图 5–21　网络红人 YouTube 简介

在YouTube站内搜索时建议使用“过滤”功能，主要的过滤功能有五个，即“上传日期”“类型”“时长”“功能”“排序依据”，如图5–22所示。常用的功能是“排序依据”，其中的“相关程度”以及“观看次数”最为常用，这样就可以更快地找到有意向的网络红人。

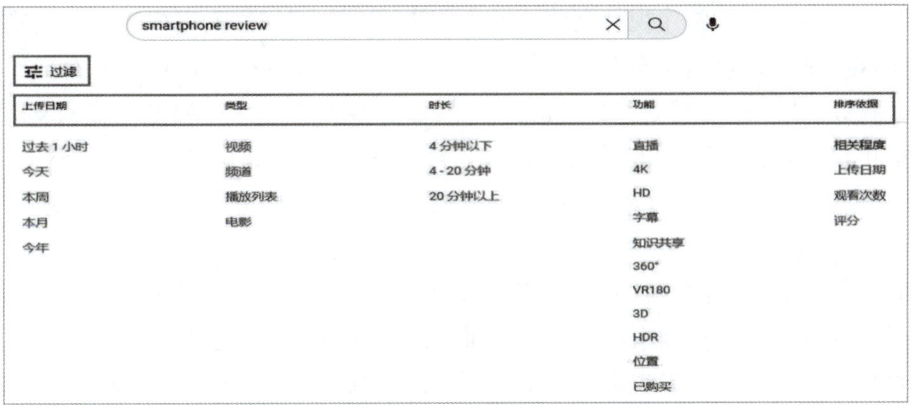

图 5–22　YouTube 站内搜索“过滤”功能

商家也可以单击自己的YouTube账号，选择“语言”和“位置”，切换为自己所要找网络红人的国家地区，这样就可以更方便地查找。

（二）使用第三方工具搜索

中国卖家在寻找知名国外网络红人或KOL时，可以借助第三方工具搜索，如BuzzStream、Influicity、Klear、Upfluence等。这些工具能够提供详细的网络红人数据、粉丝画像以及合作方式，帮助卖家快速筛选合适的网络红人，从而使卖家能更有效地进行海外网络红人营销，提升品牌知名度和销售业绩。

二、与网络红人合作推广

红人营销案例

（一）筛选目标网络红人

找到网络红人后，应仔细查看网络红人的整体数据，比如粉丝量、总观看量、活跃度等，对网络红人进行初步了解和分析。

（二）邀请网络红人合作

当在网上发现与想要推广的产品相符的网络红人时，可以单击该网络红人的频道名，进入其频道主页。在频道主页中，可以找到他们的联系信息，如邮箱、Facebook、X、Google+链接等。通过这些联系方式，可以与网络红人取得联系，并邀请他们合作推广产品。

（三）确认合作

不同网络红人的合作方式和费用要求可能会有所不同。一些网络红人可能会免费制作视频，而顶级的网络红人通常会收取合作费用。因此，在合作之前一定要与网络红人明确商讨合作费用，并达成一致意见。

一旦合作细节敲定，可以考虑预付定金来确认合作意向。预付定金的金额通常是双方商议确定的一部分合作费用，这也有助于确保合作的严肃性和可靠性。这样的预付款可以让网络红人开始着手准备合作内容，同时也为双方提供了合作的保证。同时，合作前也应该明确合作的具体内容、时间、视频要求等细节，以确保双方都能明确合作的目标和期望。这样有助于避免后续的误解和纠纷，推动合作顺利进行。

（四）制作视频

在与网络红人合作制作视频之前，商家可以通过与网络红人进行沟通，明确表达自己的期望和要求。这包括商家希望视频呈现的效果、所要传达的信息等方面。

除了视频效果外，商家还可以考虑为网络红人的粉丝提供一些特别的福利或折扣。这样的举措不仅可以吸引更多观众关注视频内容，还可以增加观众对品牌的好感度。例如，商家可以提供专属折扣码或优惠链接，让网络红人的粉丝在购买商家产品时享受优惠待遇。

（五）评估视频效果

视频上线后，应向网络红人表示感谢和赞赏，这样做有利于后期合作。一旦形成了合作关系，商家可以直接联系网络红人，推广新产品或进行其他合作。双方都期望视频能获得良好的观看量。如果视频的流量达到预期，那就无须额外跟进，但如果流量不够理想，双方可以协商如何改进。

在投放过程中，商家应随时了解YouTube视频广告的效果，并考虑导出数据以生成YouTube数据报告。这些报告可以细化到热门标签、互动率、视频价格、视频排名、热门视频关键词等方面，帮助商家更好地了解视频的表现情况，为未来设计推广活动提供参考。

三、与网络红人合作的其他事项

（一）YouTube视频排名的影响因素

1. 视频观看量和观看时长

YouTube会考虑视频的观看量和观看时长，这是衡量视频受欢迎程度的重要指标。观看量越高，观看时长越长，视频在排名中的位置可能会更高。

2. 视频的互动

互动包括喜欢、评论、分享和订阅等行为。YouTube会考虑视频的互动程度，因为这些互动能够反映观众对视频的参与程度和满意度。

3. 视频关键词和标签

视频的标题、描述和标签对于YouTube搜索引擎的排名影响很大。适当选择相关性强的关键词和标签，可以让视频在相关搜索中更容易被发现。

4. 视频质量和内容

YouTube会评估视频的质量和内容是否符合观众的喜好和期待。内容丰富、有趣、吸引人的视频可能会获得更高的排名。

5. 视频发布频率和稳定性

YouTube也会考虑频道的活跃度和稳定性。定期发布高质量的视频，保持频道的活跃度可以提高视频的排名。

6. 视频的点击率和点击次数

视频的点击率和点击次数也会对排名产生影响。吸引人的标题和缩略图可以增加点击率，而高点击率则有助于提升视频的排名。

（二）与网络红人合作的要点

1. 重视网络红人调性和产品匹配度

在寻找网络红人合作时，除了关注其粉丝数量和视频播放量，更要重视网络红人个人的风格与所宣传产品的匹配度。综合分析网络红人受众和产品受众是否吻合，以及网络红人的宣传方式是否符合产品特性，才能确保合作达到最佳效果，吸引目标受众的关注并提升销售。

2. 追踪视频推广效果

虽然观看人数是评估视频受欢迎程度的基本指标，但更重要的是衡量视频为企业带来的实际交易量。商家可以通过设置折扣或提供优惠码等方式，来追踪有多少人是通过观看视频而购买了产品。通过后台数据分析，可以清楚地了解视频对销售的实际影响。这种方法不仅能够直接衡量视频的实际销售效果，也能更准确地评估视频推广的价值和回报。

3. 创建一个“吸睛”标题

确定视频标题时，与网络红人共同商讨至关重要。网络红人对自己受众群体的喜好和关注点了解更深入，因此他们能够为视频选定更吸引人的标题风格。通过与网络红人合作商讨标题，可以确保标题能够吸引目标受众的注意力，从而增加视频的曝光率和点击量，让视频既能被用户搜到，又能吸引用户点击观看。

任务训练

◆ 任务目标

了解YouTube上的网络红人及其影响力，掌握寻找合适网络红人的技巧和方法。

◆ 任务导入

假设你所在的公司是一家知名的品牌女装公司，主打产品为中高端女装，以简约、优雅的设计风格著称，注重细节和面料选择，旨在为现代女性提供舒适与时尚并存的穿搭体验。目前，公司正计划通过YouTube网络红人进行品牌推广，以进一步开拓海外市场。你需要完成以下任务：①搜索与品牌形象相符的YouTube网络红人，特别关注那些经常分享女装穿搭、时尚生活方式等内容的博主；②分析网络红人的粉丝画像，确保其主要受众群体与品牌目标消费者相契合；③评估网络红人的视频内容质量和影响力，选择那些能够准确传达品牌理念和产品特点的合作对象。

◆ 任务要求

注重团队协作和沟通能力的培养，积极参与团队讨论和分享会。

子任务四 YouTube推广数据分析与优化

YouTube推广数据分析与优化

任务导入

仅仅将视频上传至YouTube并不意味着推广的成功。为了充分利用YouTube平台庞大的流量资源和精准的用户定位功能，作为海外推广专员的李华深知数据分析在制定推广策略时的重要性。经过前期精心的视频制作与上传工作，现在李华需要对YouTube的推广数据进行深入且细致的分析，以发现潜在的问题和机遇，进而制定更为精准且高效的推广策略。那么，李华应该如何操作呢？

任务分析

李华的任务是收集并整理YouTube推广的相关数据，进行深入的分析，并基于这些分析结果来优化推广策略，以提高视频的曝光率、点击率和转化率，最终提升品牌的知名度和销售业绩。

知识链接

YouTube凭借其强大的数据统计功能，提供不同维度的数据解读，为商家数据优化和频道运营提供极大的帮助。

一、YouTube数据分析

登录YouTube账号后，单击右上角的个人资料图标，然后单击“YouTube工作室”，屏幕左边显示“我的频道”仪表板，点击仪表板上“数据分析”菜单，即出现如图5–23所示的数据分析面板。

图 5–23　数据分析面板

（一）频道分析

频道分析是一种通过概述、内容、受众和研究四个部分来深入了解YouTube频道表现和受众特征的工具。

1．概述

概述部分提供了频道的总体指标和趋势。这包括观看次数、订阅者数量、平均观看时长等关键指标。商家可以在此处了解频道的整体表现如何，并跟踪其增长或下降趋势。

2．内容

内容部分提供了关于频道上传的视频的详细信息。这包括视频的观看次数、喜欢和不喜欢的比例、评论数量等。商家可以通过这些数据了解哪些视频在受众中更受欢迎，以及哪些类型的内容可能需要调整或改进。

3．受众

受众部分提供了有关频道观众的详细信息。这包括受众的年龄、性别、地理位置、观看设备等。商家可以通过这些数据了解自己的受众群体是谁，从而更好地针对他们的需求和兴趣进行内容创作和营销。

4. 研究

在某些情况下，YouTube可能提供与频道相关的研究数据，如市场调查结果、行业趋势等。商家可以利用这些数据来深入了解市场和行业动态，从而更好地制定战略和决策。

单击右上角的“高级模式”（图5–23），展开每个视频的更详细的数据分析和数据指标。选择要在“高级模式”中跟踪的数据，单击右上角的下载箭头，然后选择“Google表格（新标签页）”或“逗号分隔值（.csv）”以生成报告并下载，如图5–24所示。在“高级模式”中，单击右上角的“比较对象”，查看全部、视频、群组与前一时间段、去年同期相比的数据表现。

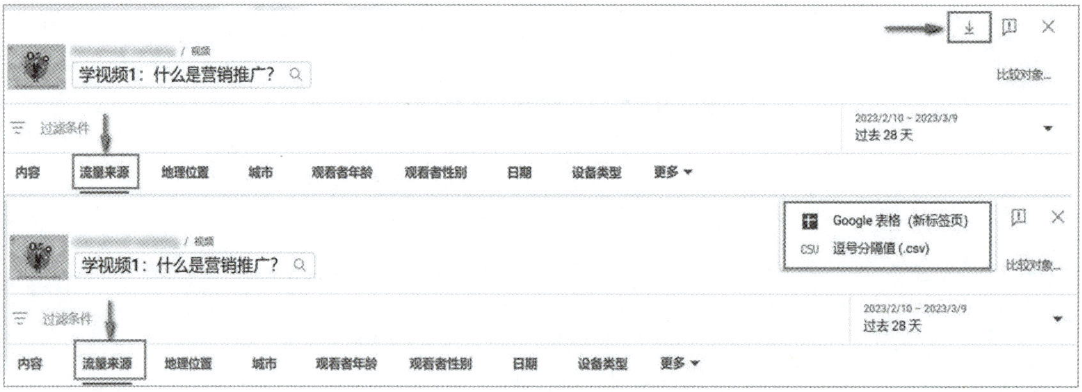

图 5–24　高级模式报告下载

流量来源指的是观众访问和观看视频的不同渠道或来源，包括搜索引擎、推荐系统、外部链接、频道订阅和直接流量。了解这些来源可以帮助视频创作者优化内容分发策略，重点关注高效的推广渠道，并根据观众行为调整内容和营销策略，以增加视频的曝光以及观众互动。

受众特征指的是视频观看者的一系列人口统计数据和行为特征。这些指标主要有观看者的地理位置、城市、年龄、性别等。通过了解受众特征，商家可以更好地了解自己的目标受众群体，并据此调整内容、制定营销策略和提升观众互动。

设备类型指的是视频观看者使用的不同设备，包括桌面设备（如台式电脑、笔记本电脑）、移动设备（如智能手机、平板电脑）和智能电视。了解观看者使用的设备类型有助于商家优化视频格式和内容，以确保在各种设备上都能提供良好的观看体验，例如，通过适配移动设备制作垂直视频或者提供高分辨率视频以满足桌面设备和智能电视的观看需求。

（二）实时数据

在视频发布初期，需要密切关注频道的实时报告，并了解频道或特定某一视频在过去48小时和过去60分钟的预估观看量。视频实时数据，如图5–25所示，以此来了解和分析视频营销效果、推广渠道等。

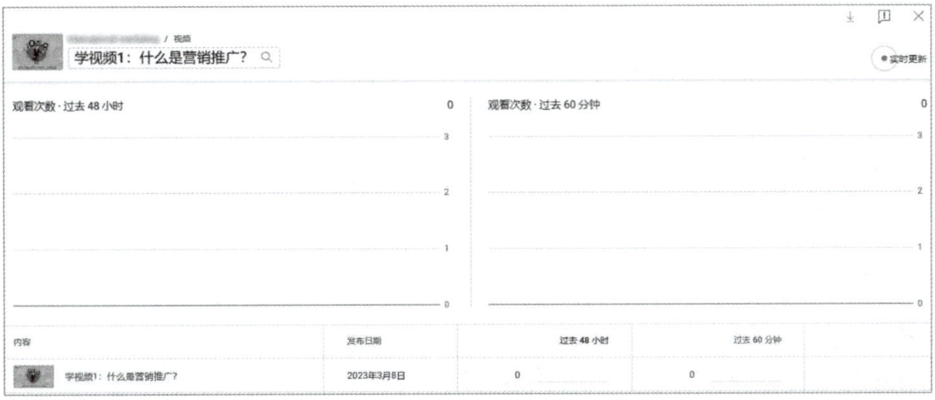

图 5-25　视频实时数据

二、视频分析

（一）概览

概览面板提供了关于视频观看情况的汇总信息和关键指标，帮助商家评估其视频的表现和吸引力。这些指标通常包括观看次数、观看时长（小时）、订阅人数等，以及一些关于观众黏度的信息，如图 5-26 所示。通过分析这些数据，商家可以了解哪些视频受到观众喜爱，观众在哪些方面对视频感兴趣，从而优化内容和制定策略以提高观众参与度和满意度。

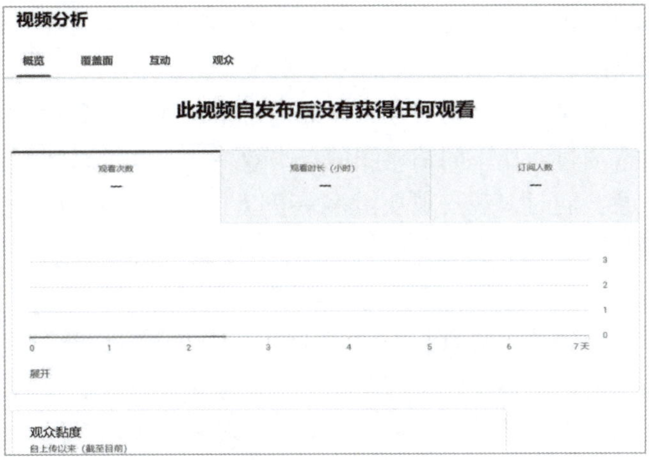

图 5-26　概览面板

（二）覆盖面

覆盖面面板提供了视频在平台上的曝光范围和受众群体，包括展示次数、展示点击率、观看次数和唯一身份观看者人数等多个关键指标。展示次数反映了视频被推荐或出现在用户面前的频率，展示点击率则显示了观众对视频的点击兴趣程度，观看次数是视频被点击并开始播放的总次数，而唯一身份观看者人数表示观看视频的唯一用户数量。

（三）互动

互动面板提供了关于观看者对视频的互动情况的数据和指标，以帮助商家了解观看者的反馈和参与程度。这类指标主要有观看次数、观看时长（小时）、平均观看时长、赞和不喜欢的比率与分享数。

（四）观众

观众面板提供了关于视频观众特征和行为的数据，包括回访观看者人数、新观看者人数、唯一身份观看者人数、订阅人数、年龄和性别分布、订阅者观看时长、热门地理位置以及观众使用最多的字幕语言。这些数据可以帮助商家深入了解自己的受众群体，从而能够更好地定位目标受众、优化内容策略，并提高观众参与度和满意度。

三、基于数据的内容和运营优化

通过对关键指标和数据的分析，可以采取以下六个优化措施。

（一）内容优化

商家在创作视频时，应密切关注观看次数、观看时长、点赞、评论及分享等关键指标，以洞察观众的兴趣和需求。通过深入分析这些数据，商家可以精准调整视频的主题、风格和内容，确保视频与观众喜好紧密相连，从而增强视频的吸引力。

（二）标题和描述优化

商家应着重观察视频在搜索结果页的点击率、观众留存率以及搜索关键词数据等指标。通过分析这些数据，商家可以了解当前标题和描述的吸引力及关键词覆盖情况，进而针对性地调整标题的措辞和描述的内容，使其更具吸引力和关键词针对性。

（三）缩略图优化

商家在选取缩略图时，应密切关注视频的缩略图点击率、观众留存率以及不同缩略图风格的反馈数据。通过对比不同缩略图的点击效果，商家可以判断哪些类型的缩略图更能吸引观众的注意。同时，观察观众留存率可以了解缩略图与视频内容的契合度，确保缩略图能够准确传达视频的主题和风格。

（四）互动促进

商家应重点观察视频的点赞数、评论数和分享次数等关键数据指标。这些指标能够直观反映观众对视频的喜爱程度和参与意愿。通过深入分析这些数据，商家可以了解哪些内容或元素更能引发观众的互动兴趣，进而有针对性地优化视频内容，提高观众的互动积极性。同时，商家还可以利用这些互动数据来评估不同互动促进策略的效果，如举办互动活动、回应观众评论等，从而不断优化互动策略，提升视频的社交传播效果。

（五）定期发布

商家应密切关注频道的订阅量、观众活跃度以及视频发布后的观看量、留存率和互动数据。通过分析这些指标，商家可以了解观众对频道的关注程度和期待的内容类型，从而合理安排视频的发布频率和主题。同时，观察发布后数据的波动情况，有助于商家评估发布策略的有效性，并根据观众反馈进行灵活调整。

（六）合作与推广

商家在寻求合作与推广机会时，应关注合作对象的粉丝量、观众活跃度、视频观看量以及合作后的视频播放量、点赞数、评论数和分享次数等关键数据指标。通过分析这些数据，商家可以评估合作对象的受众基础与影响力，进而选择更具潜力的合作伙伴。同时，观察合作后的数据变化，能够直观反映合作效果，帮助商家判断合作策略的有效性。

任务训练

◆ 任务目标

掌握如何收集、整理和分析YouTube推广数据，提升数据驱动的决策能力和问题解决能力。

◆ 任务导入

作为一家时尚品牌公司的海外推广专员，你负责公司在YouTube上的品牌推广工作。为了提升推广效果，需要对过去的推广数据进行深入分析，并基于这些分析结果制定更为精准和高效的推广策略。你需要完成以下任务：①收集过去一段时间内在YouTube上的推广数据，包括但不限于视频观看量、点赞数、评论数、分享次数、订阅者增长等关键指标；②分析数据的趋势和模式，识别出哪些内容类型、推广方式或受众定位策略更为有效。

◆ 任务要求

在分析过程中，注重理论与实践的结合，善于运用所学知识解决实际问题。

任务二
X推广

任务目标

1. 了解X的独特性质，以及其对品牌推广的价值。
2. 了解X推广的常用策略和方法，如内容创作、粉丝互动、数据分析等。
3. 能够独立创建并发布高质量的推文，包括文字、图片和视频等多种形式的内容。
4. 熟练运用话题标签和关键词，提高推文的曝光度和用户参与度。
5. 能够利用数据分析工具，分析粉丝活跃度和推文效果，优化推广策略。
6. 培养敏锐的市场洞察力和创新思维，不断发掘X推广的新方法和策略。

子任务一 X推广基础

X推广基础

任务导入

为拓宽市场，云帆电子商务有限公司决定加大X推广力度。公司指派市场推广专员李华负责学习并掌握X推广的基础知识，为接下来的推广活动做准备。李华深知，只有深入了解X推广的核心原理和操作技巧，才能确保推广活动的顺利进行。李华该如何操作呢?

任务分析

李华需要深入了解X作为全球知名社交平台的特色与功能，探究其如何助力品牌在国际市场上扩大影响力。同时，他需要研究X推广策略，包括新账号运营、品牌展示、发文内容、发文时间等技巧，以提升品牌曝光度和用户参与度。

知识链接

一、X简介

（一）X历史与现状

X的前身是Twitter，Twitter成立于2006年，最初以限制140个字符的短消息为特色，旨在让用户实时分享自己的思想和状态。随着时间的推移，Twitter逐渐演变成了全球范围内的社交媒体平台，用户可以发推文、关注他人、转发内容、参与话题讨论，并成为新闻发布、实时信息传播和舆论引导的重要工具。至今，X已成为拥有数亿用户的热门社交平台之一，对政治、新闻、娱乐和商业等领域产生了深远影响。

2023年Twitter告别原有的名称和小蓝鸟形象，将名字和头像改为了“X”，平台颜色也正式更新为黑色。X官方账号及标志如图5-27所示。

图 5-27 X 官方账号及标志

（二）X的产品服务

X是一个提供全球实时事件和热点话题讨论的平台，这个平台以其独特的方式，全方位地展示了各种故事的每一面，从突发事件、娱乐新闻、体育消息、政治新闻到日常资讯、实时评论和对话，无所不包。

在X上，用户可以轻松地加入开放的实时对话，或者观看各种活动的直播，这使得信息的传播和获取变得极为迅速和便捷。此外，X还允许用户指定他们想跟随的具体用户，从而在一个页面上读取这些用户发布的信息，这种个性化的服务使得用户能够更方便地获取他们感兴趣的内容。

不仅如此，X还成为新闻机构、政府机构、名人和品牌等发布信息和与观众互动的主要渠道。这些机构和个人可以通过X向大众发布最新的消息和动态，同时也能接收到来自观众的实时反馈和评论，从而进行更深入的互动和交流。

二、X在国际市场推广中的应用

X在深耕品牌影响力方面具有显著优势，通过内容营销、热门话题连接、网络红人合作以及品牌直播服务等多维度策略，品牌可以与消费者进行更加有效的互动，提升客户满意度，并塑造独特的品牌形象。

（一）连接热门话题，让品牌更具影响力

X上汇聚了大量的热门话题，为品牌提供了追踪、洞察受众关注点和兴趣点的宝贵渠道。品牌可以积极参与这些话题的讨论，借助用户产生的话题标签，将品牌信息与热门话题相结合，使品牌更具影响力。

（二）海量优质网络红人及原创者资源，提升品牌知名度

X可以帮助卖家选择与符合产品特色的网络红人、创客、艺术家等合作，共同制定广告创意和营销策略，并通过他们的影响力，将品牌信息传递给更广泛的受众。这种合作方式不仅能够增加品牌的曝光度，还能够精准触达目标用户，提高传播效率和人群触达率。

（三）优质品牌直播服务，打造品牌影响力

X作为全球资讯的实时交流平台，汇聚了新闻、科技、体育、娱乐、电影、音乐等多元化内容，其公开性、实时性使得海外用户倾向于将其作为了解全球动态的首选平台。因此，越来越多的中国品牌意识到，将新产品与新消息的发布与X紧密结合，能够更有效地扩大品牌影响力，触及目标用户。

三、X推广策略

（一）新账号运营

对于X新手而言，学习和借鉴他人的成功推广方法至关重要。华为官方X账号，如图5-28所示。在启动X推广活动前，建议投入时间研究表现优异的X账号，特别是商业用户的页面，以深入了解其策略与技巧。通过模仿并结合自身特色，打造独特的推文内容，是建立品牌声音的关键。当推文能够引发转发、回复和点赞等互动时，便意味着与粉丝

图 5-28　华为官方 X 账号

建立了良好的互动关系。随后，可逐步引入与自身网站相关的内容，并附上链接，引导粉丝点击并跳转到网站进行产品购买。通过这样的步骤，新手能够更有效地利用X平台进行推广，实现品牌增长与业务转化。

（二）品牌展示

在推特上，用户名作为品牌的直接标识，建议使用品牌名，以最大化推广效果。同时，在推文内容中，应频繁且自然地融入品牌名称，确保品牌名称得到更多的曝光，进而提升品牌知名度和用户记忆度。

（三）发文内容

将链接巧妙地融入图片之中，不仅能有效减轻因链接频繁出现而可能引发的用户反感，还能极大地增强用户主动点击的意愿。同时，视频营销的力量不容忽视，它已成为提升用户参与度的重要手段。特别是那些融入了视频的内容，能够显著激发用户的兴趣和参与热情。

鉴于绝大多数发布在X平台上的视频都在移动设备上观看，因此，优化视频在移动端的展示效果变得尤为关键。

（四）发文时间

在X推广中，用户活跃度存在明显的时间规律。一周中的周五、周六和周日，以及一天中的特定时段，用户更为活跃，参与推文的意愿更高。因此，确定这些活跃时间段，并在此期间发布推文，能够显著提升推文的曝光度和用户参与度，进而增加点击次数。然而，不同账号的粉丝活跃度各有差异，因此建议通过数据分析精确掌握粉丝的在线时间，以便在关键时间段发布推文，实现更高效的推广效果。

（五）推文内容个性化

使用X营销的关键是展现个性。在发布的内容中应体现所营销推广品牌的个性化特点，如使用特别的颜色自定义帖子和链接，为个人资料图片和封面图片拍摄专业照片，或者使用带有书法风格的徽标使自己的页面脱颖而出。

（六）获取更多关注的标签

为在X上增加关注度，一定要善用“#”标签，如图5-29所示。通过在单词或短语前添加“#”，即可创建话题标签。推文中使用话题标签，将链接至该标签下的所有推文页面，有助于增强与粉丝的互动和联系。

图5-29　推文标签

任务训练

◆ 任务目标

培养学生的创意思维，使其能够创作出有趣、有吸引力的X推广内容。

◆ 任务导入

假设你是一家时尚品牌的市场推广专员，在X上策划和发布至少5条具有品牌特色的内容，以新款运动鞋为焦点，吸引年轻时尚爱好者的关注。可以使用幽默、情感、故事等创意元素，增强内容的吸引力和互动性。

◆ 任务要求

推广内容需紧密围绕新款运动鞋展开，突出产品特点和品牌特色。创意元素运用得当，能够吸引年轻时尚受众的注意并引发共鸣。

子任务二　X基础操作

X基础操作

任务导入

李华深知要想在X上取得良好的效果，掌握其基础操作是至关重要的。他该如何操作呢？

任务分析

本任务的核心在于深入了解和掌握X的基础操作，涵盖创建X商业账号、内容的创建与发布以及发帖、转帖等关键环节。通过熟练掌握这些操作，能够更有效地利用X平台，实现商业目标。

知识链接

一、创建X商业账号

第1步，访问X官网或下载X App。在官网首页选择“注册”选项，然后在创建账号页面输入名字、手机号码或电子邮件地址以及出生日期。完成这些信息填写后，点击“下一步”按钮，如图5-30所示。对于商业账号的注册，建议使用企业名称，但如果企业名称较长，可以考虑使用缩写或品牌名称。建议使用邮箱注册，等注册好了再绑定手机号码即可。

图5-30　创建X账号页面

第2步，安全验证。X需要验证你的账号，确保你是一个真人。查看邮箱接收的验证码并填写，之后点击“下一个”，如图5-31所示。

第3步，设置X账号密码，确保为8个字符或更多。设置好后，点击“登记”按钮，如图5-32所示。

第4步，选择个人资料图片。如果个人头像照片尚未准备好，可以暂时跳过，如图5-33所示。

第5步，设置用户名。用户名即是用户的昵称，是在平台上展示给其他人的。如果用户名尚未准备好，也可以暂时跳过，如图5-34所示。

图 5-31　安全验证页面

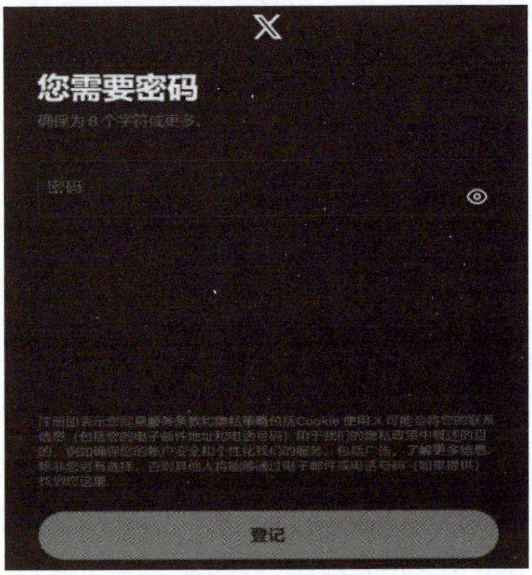

图 5-32　设置密码页面

图 5-33　选择个人资料图片页面

图 5-34　设置用户名页面

第6步，打开通知。可以充分利用X即时跟进新鲜事，可以选择允许通知，也可暂时跳过，如图5–35所示。

第7步，兴趣设置。至少选择3种感兴趣的话题，如图5–36所示。

第8步，关注至少一个账号后，X账号基本上就可以使用了，X新账号的网页端如图5–37所示。

第9步，编辑账号资料。通过初步注册后，X会引导完成一些操作，如增加账号头像、填写自我描述、关联通讯录、填写兴趣、关注建议等。建议在注册时完成填写，因为资料完善度和真实度越高，越有利于后期账号的运营。

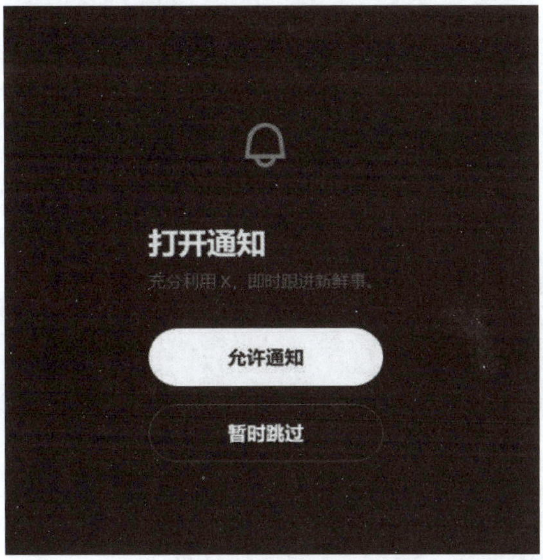

图5–35　打开通知页面

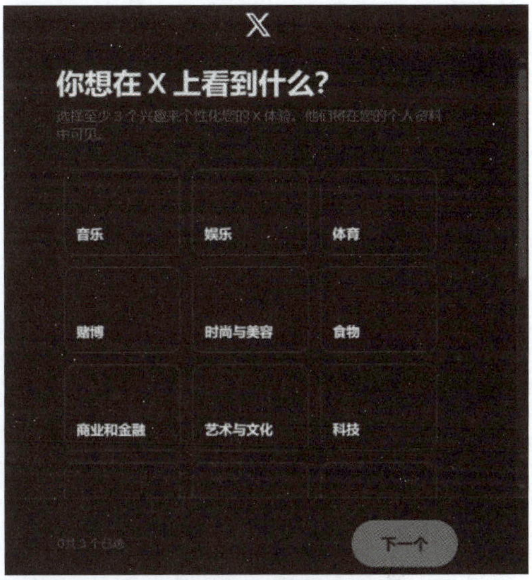

图5–36　兴趣设置页面

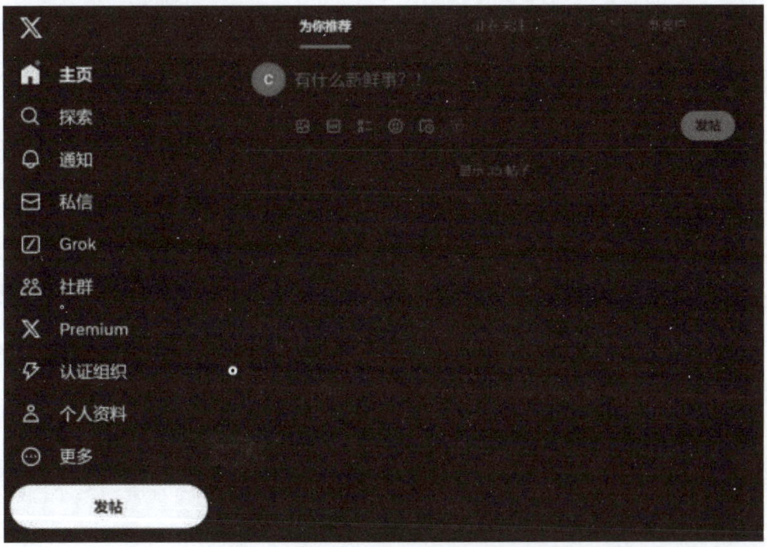

图5–37　X新账号的网页端界面

一个专业的资料页面能够给新关注者留下深刻的第一印象，同时有效地传达品牌信息。品牌应当充分利用个人资料中的各个部分，以增强品牌影响力并有效地与受众沟通。例如，OPPO的企业品牌页面就成功地展示了其Find X8 Series手机特性，如图5-38所示。

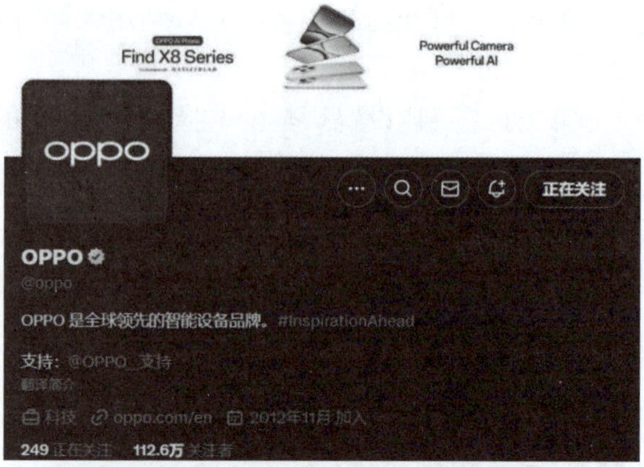

图 5-38　OPPO 企业的 X 官方账号

个人账号的资料要体现品牌的营销功能。首先是账号名，这是用户在X上找到企业账号的方式。头像照片也是如此，因为账号资料照片显示在所发送的每条推文的旁边，因此头像照片最好是品牌的标志或体现品牌特性。另外，标题图片的设置也非常重要，可频繁地对其进行更新。标题图片会显示在个人资料页面上，它可以反映当前的活动，提供信息，或者提供对企业文化的见解。例如，大疆创新的标题图片突出显示了2024年11月推出的迷你无线麦克风，如图5-39所示。

图 5-39　大疆创新的标题图片

同时，在个人账号资料中可加入企业网站链接，以便关注者可以轻松地点击进入企业网站，也可以随着营销需求的变化改变网站的链接。

提供位置可以使个人资料对访客而言更具个性和更加真实。这对于拥有实体店面的小型企业尤其重要，可以使客户在线下也能找到门店。如果是一家跨国企业，那么可写上自己的总部位于哪个城市。

二、X内容创建与发布

（一）移动端内容创建与发布

在X App中创建内容非常简单，进入编辑页面，输入需要推广的内容，然后点击“发帖”按钮即可。

（二）网页端内容创建与发布

登录X网站，在账号主页最左侧显示了各项功能，点击左下角“发帖”按钮进入内容的编辑和发送，如图5-40所示。推文的形式可以是GIF图片、投票、表情符号和位置信息等。

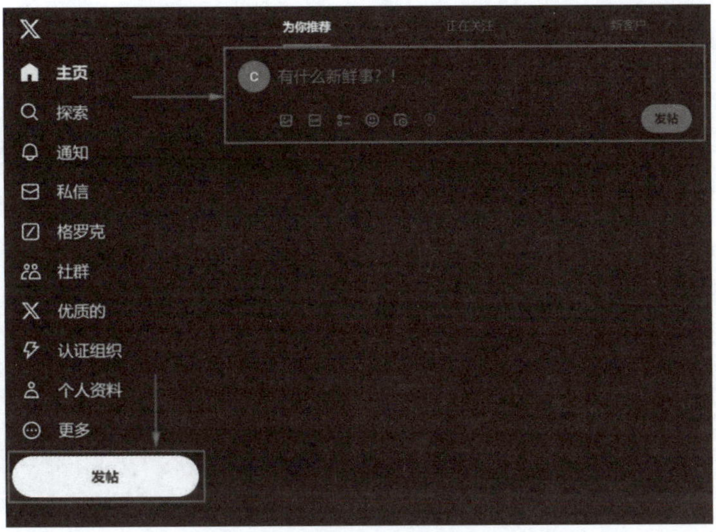

图 5–40　网页端“发帖”界面

三、X 发帖技巧

（一）加入表情符号

当编辑推文时，不妨添加一些表情符号，让文字更生动有趣。这不仅能更直接地表达情感，也增添了亲切感，让粉丝更愿意互动和分享。

（二）采用对话的形式

X 不只是发布实时信息的地方，对品牌而言，更是与粉丝对话的平台。通过亲切的语气和互动，拉近品牌与粉丝之间的距离，建立更紧密的联系。

（三）创建投票互动

在发布推文时，还可以选择创建投票功能，让粉丝们轻松点击手指，表达他们对品牌的看法。这种互动不仅增加了粉丝参与感，也让品牌更了解粉丝的需求和喜好。

（四）多使用图片、视频

使用吸睛的图片、GIF 动图和视频能够突显品牌个性，并提升推文效果。X 内部数据显示，每天超过 20 亿次的视频观看量，显示了这种多媒体形式在用户中的受欢迎程度。利用这些形式吸引目光，是提高品牌曝光和互动的有效途径

（五）善用话题标签

话题标签是扩大覆盖人群范围、加入相关对话的重要工具。在使用话题标签时，应专注于与我们业务相关的关键词，并确保每条推文中只使用 1～2 个话题标签。这样做有助于提高推文在相关话题下的曝光度，吸引更多目标受众的注意。

（六）适量添加网页链接

推文可以添加网页链接，用户可以直接点击链接跳转到指定网页。这些链接可以指向品牌官网、购物网站等，促进购买、转化等后续行动。这种直接的互动方式可以增加用户的便利性，促进品牌与用户之间的互动和交流。

四、X转帖

X的转帖功能，允许用户分享其他用户发布的内容到自己的账号上，从而将原始内容传播给更多人。这一功能有两种形式：转帖和引用，如图5-41所示。

图 5-41　“转帖”功能图标

转帖：转帖是最常见的形式，用户可以通过点击推文下方的“转帖”按钮将原始推文转发到自己的账号上。这样，转帖的内容将以原始作者的身份显示在用户的账号上，并且带有一个标识，表明这是一个转帖。

引用：引用是转帖的一种变体，用户在转发推文时可以选择添加评论或注释，从而对原始推文进行评论或提供额外的信息。用户可以编辑原始推文，并在其上方添加自己的评论，以表达自己的观点或提供背景信息。这样，转帖的内容将显示原始推文以及用户添加的评论，帮助其他用户更好地理解转帖的背景和意义。

任务训练

◆ 任务目标

学会注册并设置X账号。

◆ 任务导入

假设你是一个时尚品牌的海外推广专员，请为公司注册X账号，填写注册信息，包括用户名、邮箱或手机号、密码等，并完成账号的创建。随后，设置企业资料，包括头像、简介、位置等，以及绑定手机或其他安全设置。

◆ 任务要求

账号创建要求：①账号名称应简洁明了，易于记忆；②头像和简介应与品牌形象相符，突出品牌特色；③关注列表和话题标签应精准定位目标受众。

子任务三　X专页管理

X专页管理

任务导入

X专页作为展示品牌形象、发布最新动态、与粉丝互动的重要窗口，其管理显得尤为关键。公司计划提升X专页的管理水平，通过科学的方法和策略，增强专页的活跃度和影响力，进而提升品牌形象和知名度。李华该如何操作呢？

任务分析

在进行X专页管理时，主要包括三个核心任务：获得X粉丝、增加帖子互动以及创建X列表。通过有效执行这些任务，可以提高X专页的影响力、知名度和互动性，从而实现更好的品牌推广和营销效果。

知识链接

一、获得X粉丝

要让X的强大功能产生积极的推广影响，包括产生销售线索、提高品牌知名度以及与客户和用户建立联系，关键在于吸引并积累足够的X关注者，即粉丝。以下是一些方法和策略，有助于增加X的关注者，并推动X账号和品牌的发展。

首先，确保发布的内容既有趣又有价值。有趣的内容能够吸引用户的注意力，而有价值的内容则能让用户觉得关注账号是有意义的。这样的内容将更有可能被转发和分享，从而扩大账号的影响力。

其次，采取积极的关注策略。你可以主动关注与自己品牌或业务相关的其他用户，这样他们就有可能回关你，从而增加粉丝数量。同时，也可以参与热门话题的讨论，提高账号曝光度。

此外，推广X账号也是至关重要的。如果你在其他社交平台上也有账号，不妨在这些平台上分享X账号信息，让更多的人知道并关注。同时，在个人简介、网站、新闻稿等地方添加X链接和徽标，也是提高账号知名度的有效方式。

另外，优化个人资料和推文也是吸引粉丝的关键。在个人资料中使用搜索引擎优化关键字，提高账号在搜索结果中的排名。而在推文中合理使用标签，则能让更多的人看到你的内容。

除了以上方法，你还可以通过举办比赛或活动来激励人们关注自己的X账号。例如，可以设置关注并转发推文即可参与抽奖的规则，这样既能吸引新的关注者，也能提高现有粉丝的活跃度。

二、增加帖子互动

（一）使用热门标签

在撰写推文时，可以添加相关的热门标签，以便让更多的人发现你的内容。这些标签通常以“#”开头，后面跟着关键词或短语，例如“#fashion”（时尚）、“#technology”（科技）等。热门标签通常会在一段时间内出现在X的趋势中，吸引大量的关注和讨论。

要在X上有效使用热门标签，关键在于时刻关注当前的热门话题，并确保你的推文内容与之相关联。参与讨论、回复其他用户、转发相关内容，并使用合适的热门标签，这样可以增加你的曝光度，吸引更多用户关注你的账号。同时，要注意遵守标签使用规范，确保标签与内容相关，以获得最佳效果。

（二）X本地查询标签法

在X上使用特定的标签（或称为hashtag）来搜索与特定地理位置相关的内容。这种标签法允许用户针对特定地区或地点进行搜索，以查找该地区的相关推文和话题。例如，如果想了解某个城市的当地新闻或活动，可以在X上使用该城市的名称作为标签，如“#NewYork”或“#London”。本地查询标签法对于了解特定地区的时事热点、社区活动、当地行业动态等非常有用。

（三）热门主题标签的第三方工具查询法

要查询X热门主题标签的第三方工具，可以使用以下一些常见的工具。

Trendsmap：Trendsmap是一个在线工具，它提供了全球范围内的实时热门话题标签地图。用户可以在地图上浏览不同地区的热门标签，了解全球各地正在讨论的话题。

XPro：XPro是X官方推出的一款多平台客户端工具，其中包含了热门话题标签的实时趋势功能。用户可以在XPro中添加热门标签列，随时关注特定话题的热度和趋势。

Hashtagify：Hashtagify是一个在线工具，用于分析和搜索X上的热门话题标签。用户可以在Hashtagify中输入关键词，然后获取与该关键词相关的热门标签列表和趋势数据。

RiteTag：RiteTag是一个社交媒体工具，可以帮助用户找到适合在X上使用的热门话题标签。它提供了实时的标签推荐和分析功能，帮助用户选择最具影响力和流行度的标签。

通过使用这些第三方工具，用户可以更轻松地找到并了解X上的热门主题标签，从而更好地参与和了解当前的社交媒体话题。

三、创建X列表

X列表是一种将特定用户组织起来的功能。用户可以创建自己的列表，将感兴趣的用户按照特定的主题或类别进行分类。这样一来，可以更轻松地跟踪特定领域的用户，了解他们的动态，而无须关注他们所有的推文。

创建列表后，用户可以将其他用户添加到列表中，也可以查看其他用户创建的公开列表并关注其中的用户。列表可以公开或私密，公开列表可以供其他用户查看和订阅，而私密列表则仅用户本人可见。

（一）在X上创建列表

登录X账号后，转到个人资料页面，找到并单击“列表”选项。在列表页面中，单击右上角的“创建新列表”按钮，如图5-42所示。弹出创建新列表窗口后，需要输入列表的全名。请注意，列表名称不能超过25个字符，并且不能以数字开头。接着，填写列表的描述，以帮助其他人了解这个列表的主题或内容。最后，需要选择列表的隐私设置。可以选择将列表设置为公开或私密，以决定其他用户是否能够查看和订阅你的列表。添加列表后，X会提示搜索用户或访问正在关注的账号的页面进行列表用户的添加，如图5-43所示。完成以上步骤后，单击“完成”按钮即可成功创建新的列表。有许多

图 5-42　创建新列表

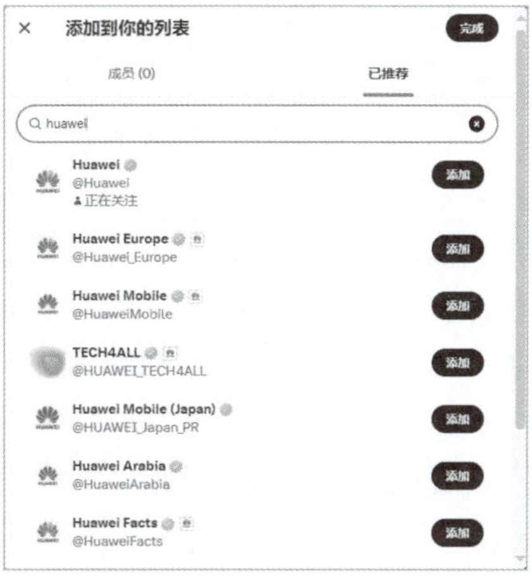

图 5-43　列表用户的添加

第三方工具也可以帮助商家管理X列表，如XPro、Hootsuite、Buffer等。

（二）利用X列表寻找潜在客户

利用X列表是一种寻找潜在客户的有效方法。商家可以创建行业相关、地理位置、关键词、竞争对手和行业事件等不同类型的列表，并跟踪其中的用户动态。通过这些列表，商家可以了解客户群体的兴趣、需求和行为，从而更精准地定位潜在客户，并建立联系以促成业务增长。

（三）查找有影响力账号的列表

在X上，查找本行业有影响力的成员并关注其建立的列表，是发现商机和洞察行业趋势的关键步骤。首先，访问知名品牌的资料页面，单击三个点图标，选择“查看列表”，即可浏览其创建的列表和订阅的列表，如图5-44所示。然后，选择感兴趣的列表并单击“订阅”按钮，以便及时获取其更新内容。通过分析这些列表，企业可以洞察行业动态、发现潜在合作伙伴，从而把握商机并推动业务发展。

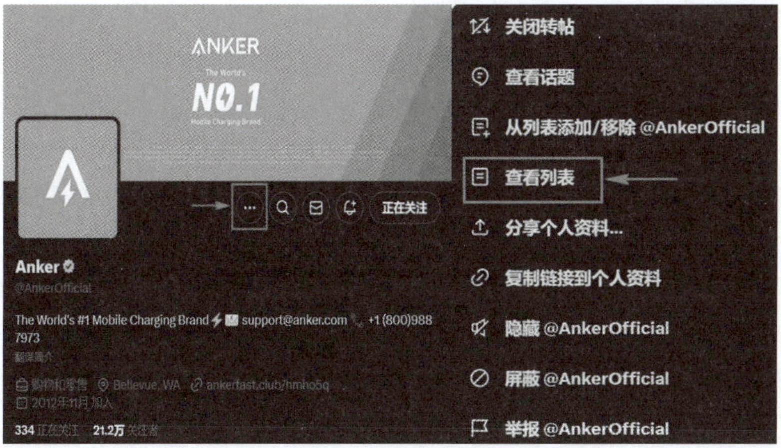

图 5-44　查看有影响力账号的列表

任务训练

◆ 任务目标

掌握X专页管理的基本方法和技巧。

◆ 任务导入

假设公司安排你负责管理其X专页，任务包括制定吸引新粉丝的策略，并与关注者积极互动以提高帖子互动率。同时，还需要根据品牌需求创建并管理不同类型的X列表，以便更有效地跟踪和管理目标用户。

◆ 任务要求

提交实训报告或总结，不少于1500字。

子任务四 X推广数据分析与优化

X推广数据分析与优化

任务导入

成功的X推广并不仅仅是发布吸引人的推文那么简单，它需要对数据进行深入分析，并根据分析结果优化推广策略。李华需要通过分析数据优化推广效果。李华该如何操作呢?

任务分析

通过X分析工具或第三方工具收集关键指标数据，例如，推文表现和受众特征。通过对比和挖掘数据，识别影响推广效果的关键因素。基于数据分析结果，制定针对性的优化策略，以提升推广效果。

知识链接

在X账号中发布推文后，即可获得有关推文和关注者的完整的X分析。通过准确的X分析，商家可以深入了解它的受众人口数量、地理位置和广告活动，以及跟踪和分析推文在一段时间内用户的参与度。

一、X分析工具

要查找X的数据分析，可以使用X自带的分析工具——X分析仪表板。这个仪表板提供了丰富的统计数据，帮助用户分析X活动的效果，提高内容的可见性和互动性。

根据X改版后的政策，需要注册X Premium支付一定费用方可解锁账号分析，查看个人资料、了解受众等。在X分析仪表板上，可以查看过去28天的账号活动概要，包括“主页”“推文”“视频”“事件管理器”标签的数据分析。这些数据可以帮助商家了解推文表现，包括展示次数、展示量、互动量和互动率。

（一）主页标签每月数据分析

主页标签允许用户深入了解其X账号在特定月份的表现和趋势，如图5–45所示。这一功能通过一系列指标和统计数据，为用户提供了一个全面的视角，以便评估其X推广策略的有效性。

图5–45　主页数据分析

将数据汇集在一个页面上有助于分析趋势，随时查看账号的实时动态，分析是何种策略发挥了作用。

（二）推文标签数据分析

在推文标签中，可以实时掌握推文的展示量、互动量和互动率，如图5–46所示。这些指标可以更好地分析优秀推文，并用以确定不同类型的推文是否会带来不同的反馈。

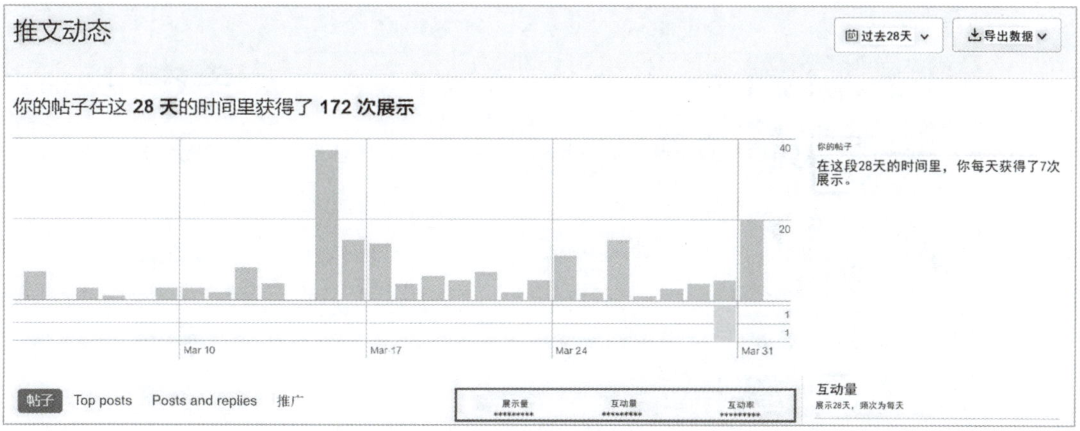

图5–46　推文标签数据分析

（三）视频标签数据分析

在视频数据页面，能查看视频的观看次数、视频观看量、完成率等，如图5–47所

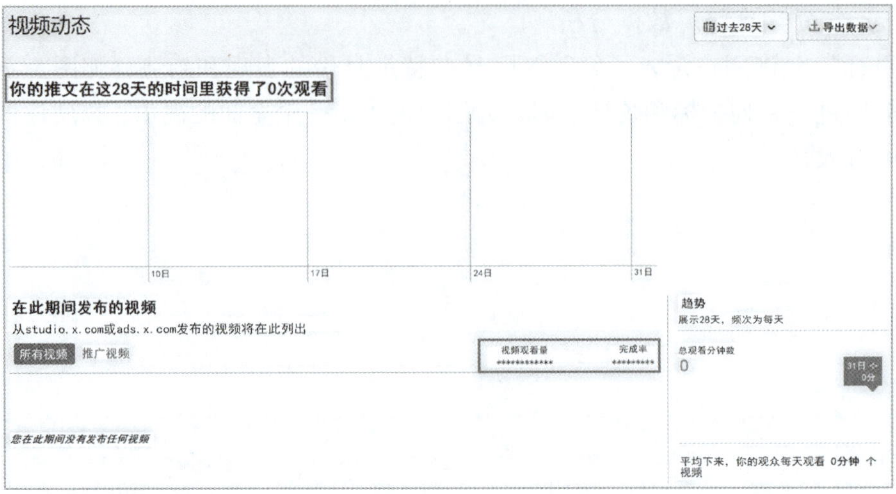

图 5-47　视频标签数据分析

示。同样，也可以查看使用广告付费视频的表现情况，即使用X广告增加视频的展示量和互动量的表现。

（四）事件管理器

事件管理器旨在帮助用户更有效地管理、规划和跟踪与其品牌或业务相关的重要事件和活动。通过使用事件管理器，用户可以更系统地组织和规划活动，从而更好地与关注者互动，提高品牌曝光度，并增强营销效果。

二、第三方管理工具

Twitonomy是一个功能强大的X分析工具，提供了深入的X账号分析和监测功能。Twitonomy具体功能，如图5-48所示。

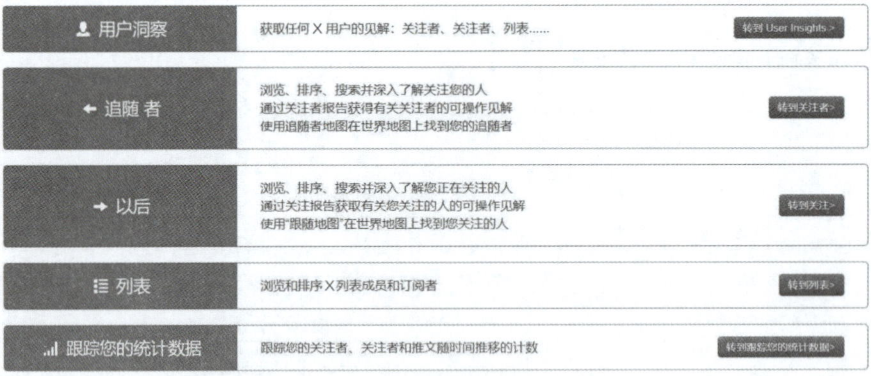

图 5-48　Twitonomy 具体功能

值得一提的是，Twitonomy还提供了详细的报告和图表，用户可以从桌面和移动端访问这些报告，并以PDF或Excel文件的形式下载，以供日后使用。这些报告为用户提供了直观的数据展示，使他们能够更清晰地了解X账号的表现，从而优化内容和策略，提高参与度。

三、X推广优化

通过X数据分析对推广进行优化是一个系统且精细的过程，具体可以从以下几个方面对X推广进行优化。

（一）深入理解账号表现

利用X Analytics等工具分析账号的整体表现。这包括关注者数量、活跃度、推文表现等。通过这些数据，可以了解账号的运行状况，找出潜在的问题。

（二）优化推文策略

通过详细分析推文数据，找出哪些类型的推文（如内容、发布时间、话题标签等）表现最好，然后增加这类推文的发布频率。同时，对于表现不佳的推文，要反思并调整策略。

（三）精确定位目标受众

利用X的受众分析工具，深入研究关注者的特征，精准地定位目标受众，制定更符合受众需求的推广内容。

（四）关注行业趋势和热门话题

通过主题词提取和关键词分析，了解X上正在讨论的热门话题和事件趋势。这有助于把握市场动态，制定与时俱进的推广策略。

（五）学习并借鉴成功案例

关注同行业的优秀X账号，学习他们的推广策略和技巧。通过对比分析，找出可以借鉴和学习的地方。

（六）持续优化和调整

推广优化是一个持续的过程。需要定期回顾和分析数据，根据结果调整策略。同时，也要关注新的推广工具和技术，以便及时应用到推广活动中。

此外，还可以考虑利用X的广告投放功能，通过精准定位和出价策略，提高推广效果。同时，结合其他社交媒体平台，形成多渠道推广的合力，这也是一个有效的策略。

任务训练

◆ 任务目标

掌握X推广数据分析的基本方法和工具，能够根据数据分析结果，优化X推广策略。

◆ 任务导入

假设你是一家时尚品牌的海外推广专员，负责在X上进行品牌推广，需要通过数据分析，找出当前推广策略中存在的问题，并提出优化方案。你的具体任务：①利用第三方工具收集品牌的推广数据，包括推文互动、受众分析及表现趋势；②识别哪些推文内容、发布时间或话题标签效果不佳，识别哪些受众为目标群体。

◆ 任务要求

班级分组，提交一份实训报告或总结，不少于1500字。

项目小结

本项目分为两个核心任务，即YouTube推广和X推广。每个任务均涵盖推广基础知识的学习、基础操作技能的掌握以及推广数据的深入分析与优化。通过这两个任务，全面了解并掌握在各大社交媒体平台上进行有效推广的策略和技巧，进而提升品牌曝光度和用户参与度。

在海外社交媒体平台推广时必须坚守真实传播的原则，确保所发布的内容准确无误、不误导用户，并尊重用户的隐私和权益。通过本项目的学习和实践，能够关注用户体验和满意度，为用户提供有价值、有吸引力的内容，以满足用户的需求和期望。

学习成果评价

一、不定项选择题

1．YouTube上的视频主要分为（　　）。

A．短视频、中视频、长视频　　B．短视频、长视频、直播

C．长视频、直播、VR视频　　D．短视频、动画、直播

2．YouTube上的（　　）通常位于首页顶部，具有极高的曝光度。

A．发现广告　　B．页首广告

C．覆盖式广告　　D．导视广告

3．当商家想要通过YouTube进行商品推广时，（　　）可能不是最有效的。

A．创建并发布自拍视频展示商品　　B．仅依赖YouTube平台的自然流量

C．联系买家制作产品评论视频　　D．利用网络红人进行产品推广

4．在YouTube上，视频排名受哪些因素影响最大？（　　）

A．视频观看量和观看时长　　B．视频发布者的社交媒体粉丝数

C．视频的关键词和标签　　D．视频的点赞数

E．视频的发布频率和稳定性

5．X在品牌市场推广中的优势主要体现在（　　）。

A．连接热门话题，增加品牌影响力

B．庞大的用户基础，便于扩大品牌曝光

C．提供优质网络红人资源，精准触达目标用户

D．实时性强的新闻资讯平台，适合发布新品信息

E．强大的数据分析工具，帮助品牌深入了解用户

二、简答题

1. YouTube的推广形式有哪些？

2. YouTube的广告类型有哪些？

3. 如何确定一个YouTube网络红人的粉丝质量，以避免仅基于粉丝数量而做出判断？

4. 在X平台的发帖技巧有哪些？

5. 在数据分析中，哪些关键指标（如点击率、转化率、参与度等）最能反映推广活动的成功程度？为什么？

模块三

搜索引擎优化

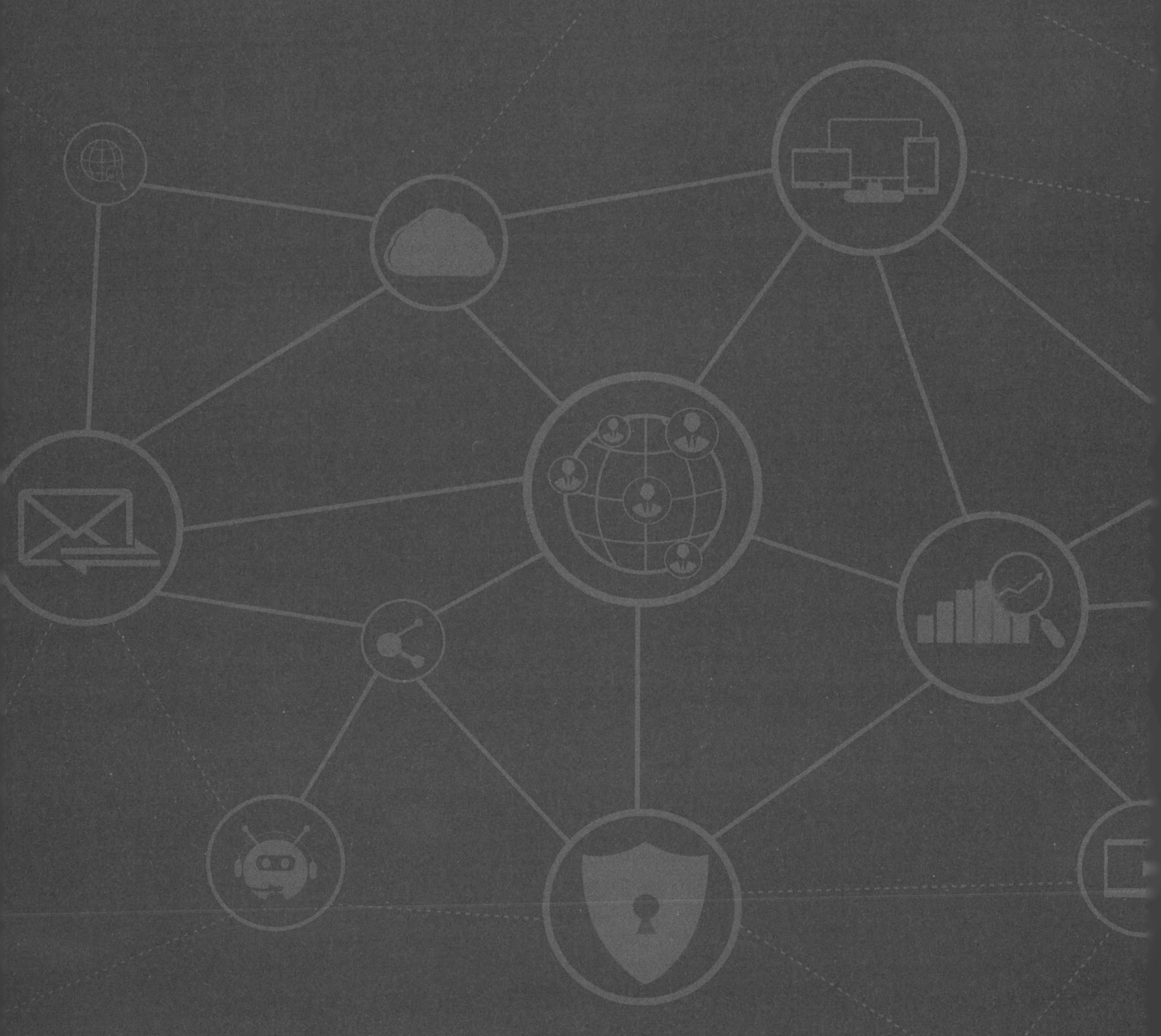

项目六 搜索引擎推广

项目目标

知识目标

1. 了解国际主流搜索引擎的特点和优缺点。
2. 了解搜索引擎营销的基本概念和流程，如关键词选择、网站优化等。
3. 了解搜索引擎优化（search engine optimization，SEO）的基本概念和工作原理。
4. 掌握站内SEO的优化方法和技巧，如标题优化、内容优化等。
5. 掌握站外SEO的优化方法和技巧，如外链建设、社交媒体优化等。
6. 掌握SEO推广的方法和技巧。

技能目标

1. 能够通过SEO开展品牌宣传。
2. 能够利用数据监测工具，分析SEO相关数据。

素养目标

1. 具备市场敏感度和创新思维，能够灵活运用搜索引擎营销工具，提升品牌或产品的曝光度和销售量。

2. 具备自我学习和不断更新的意识，能够及时了解SEO的最新动态和技术，提高自身的SEO技能。

3. 具备团队协作和沟通能力，能够与团队成员配合，共同完成SEO推广和优化。

思维导图

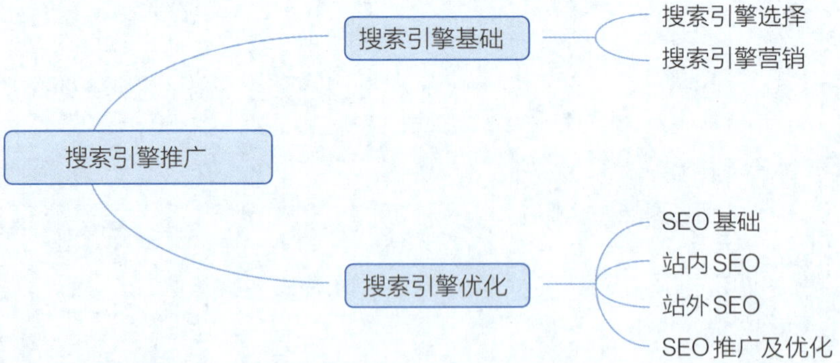

案例导入

Shein（希音）：跨境快时尚电商的SEO与流量策略

Shein是中国跨境快时尚先锋，以快时尚女装为主营业务，并向多品类（男装、童装、家居等）扩张，致力为全球消费者提供高性价比的时尚产品。公司在中国的南京、广州、深圳、常熟和美国、比利时、迪拜等地设有多个分支机构，主要进入的市场有北美、欧洲、中东等，业务覆盖全球150多个国家和地区。

Shein拥有强大的网站和App，Shein网站美国站点首页，如图6-1所示。虽然它也需要从一些一、二级入口购买流量，如苹果、Google、Facebook等，但它的自然流量和App下载量已经足够为其提供独立支撑。

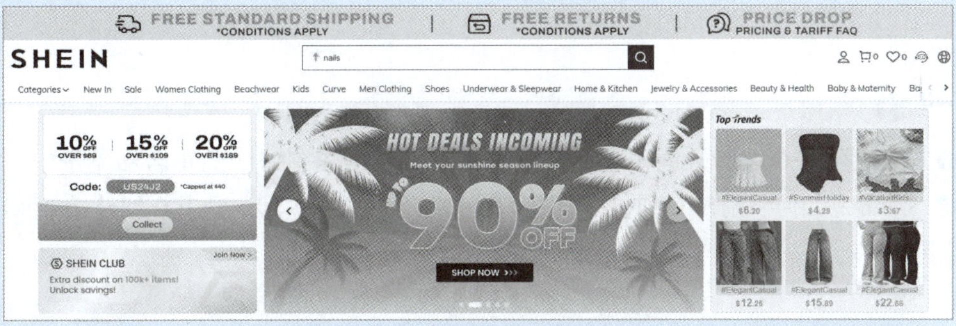

图6-1　Shein网站美国站点首页

根据Similarweb 2023年2月至4月的数据，Shein网站流量中，搜索流量占比最大，达到44.74%。其中，自然搜索的流量占比达到18.97%，这是免费的流量来源，如图6-2所示。自然搜索是指来自搜索引擎的非付费搜索结果，是搜索引擎认为与用户的搜索查询最相关的结果。这意味着，用户通过在Google等搜索引擎中搜索

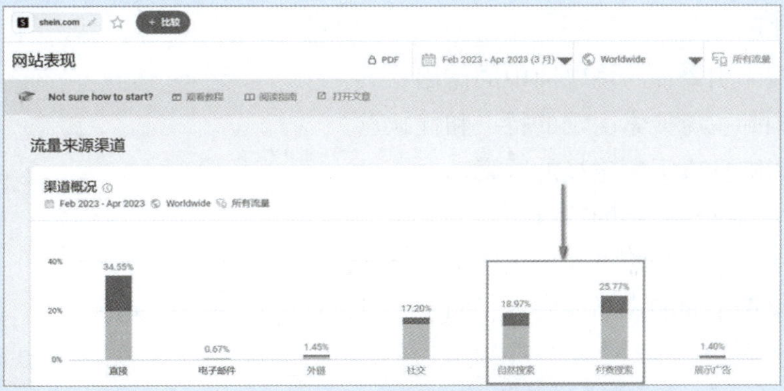

图6-2　Shein流量来源渠道

Shein品牌词来直接访问网站，而这部分的流量是免费的。Shein自身手握大量的自然流量，无须重复付费便可获取。其次，Shein自2012年开始，就从Facebook、Instagram、Google等第三方流量平台购买大量流量，练就了一手投放、筛选、过滤站外流量的能力。

付费搜索广告占比25.77%，这是通过在搜索引擎上投放品牌域名关键词广告带来的流量。这部分广告的ROI一般很高。具体而言，Shein会在搜索引擎上投放与品牌相关的关键词广告，让潜在用户在搜索时看到广告，并通过点击广告进入Shein的网站或App，从而增加流量和转化率。同时，Shein也需要进行SEO，以提高自然搜索排名，从而获得更多免费的自然搜索流量。除此之外，Shein还需要进行品牌营销和社交媒体运营等活动，以增加品牌知名度和用户忠诚度，从而使得Shein在搜索引擎上的表现更加优秀。

思考

1. Shein在SEO方面采取了哪些策略来提高其在搜索引擎中的排名和流量？
2. Shein是如何利用SEO和付费搜索广告相结合的方式，最大化其在线营销效果的？

任务一 搜索引擎基础

任务目标

1. 了解搜索引擎在跨境电商中的作用。
2. 了解国际主流搜索引擎的特点和优缺点。
3. 了解影响搜索引擎选择的因素。
4. 掌握搜索引擎营销的特点。
5. 能够根据不同的需求和场景，选择合适的搜索引擎。
6. 能够根据不同的产品或服务，制定合适的搜索引擎营销策略。

子任务一　搜索引擎选择

搜索引擎选择

任务导入

为了提高云帆电子商务有限公司的网站流量和转化率，海外推广专员李华需要选择最合适的搜索引擎进行优化和投放。李华应该怎么操作呢？

任务分析

在选择搜索引擎之前，需要了解搜索引擎的概念和在跨境电商中扮演的重要角色。在国际市场上，Google、Bing、Yahoo! 等搜索引擎是较常用的。因此，选择适合自己跨境电商业务的搜索引擎非常重要，这可以帮助企业在目标市场上获得更好的搜索排名和更多的流量，从而提高销售和品牌曝光。

知识链接

一、搜索引擎概述

搜索引擎是指根据一定的策略，运用特定的计算机程序从互联网上搜集信息，在对信息进行组织和处理后，为用户提供检索服务，将用户检索的相关信息展示给用户的系统。

搜索引擎在跨境电商中发挥着较为重要的作用，主要有以下几种。

1. 开发客户

搜索引擎是收录全球信息和各种客户资源的平台，通过关键词能检索到相当多的行业内潜在客户，覆盖面更广。另外，搜索引擎上收录的客户网站尤其排名靠前的客户网站都是有多年行业历史，有品牌和口碑的高质量客户。这类客户对于产品质量的要求虽高，但是对于供应商的忠诚度也相对更高。开发维护这类高质量客户是跨境电商卖家的重要目标之一。

2. 推广、引流和转化

站外引流作为一种提升销量的方式，被众多的跨境电商卖家运用到日常运营之中。而在站外引流的众多渠道中，搜索引擎广告因其低成本、覆盖精准等优势，成为跨境电商卖家较为热衷的营销渠道之一。

二、国外常用搜索引擎

根据较为权威的statcounter发布的搜索引擎市场份额统计，2024年8月主要的搜索引擎所占市场份额，如图6–3所示。

国际主流搜索引擎主要有：Google、Bing、Yahoo!、Yandex和DuckDuckGo。

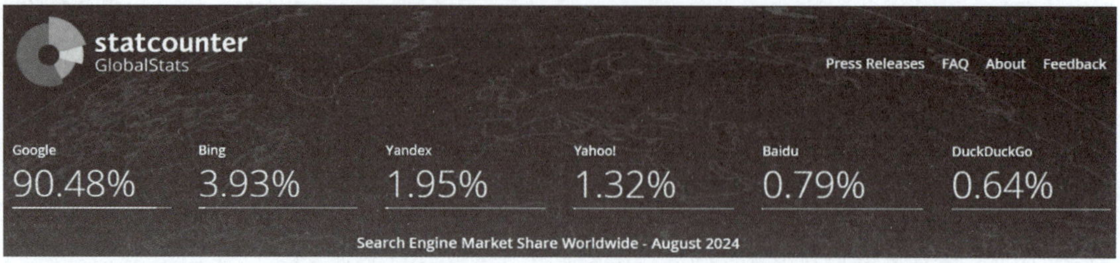

图 6-3 statcounter 发布 2024 年 8 月主要的搜索引擎所占市场份额

（一）Google

Google公司成立于1998年9月4日，被公认为全球最大的搜索引擎公司。根据图6-3所示的统计数据可以看到，Google在全球搜索引擎的市场份额排名中排在第一位，占全球搜索引擎市场份额的90.48%。

Google是一家位于美国的跨国科技企业，业务包括互联网搜索、云计算、广告技术等，同时开发并提供大量基于互联网的产品与服务，其主要利润来自关键词广告等服务。作为全球搜索业务领先的Google，覆盖全球超过80%的互联网用户。Google Ads覆盖200多个国家和地区，支持40多种语言；包含Search Ads、Display Network、Gmail Ads、YouTube等广告类型，是跨境商家海外推广重点考虑的平台。

（二）Bing

Bing是微软开发的搜索引擎，作为全球领先的搜索引擎之一，也是北美地区数一数二的搜索引擎。Bing搜索的最大特点在于，与传统搜索引擎只是单独列出一个搜索列表不同，微软还会对返回的结果加以分类；Bing搜索引擎不会被屏蔽。

（三）Yandex

Yandex是俄罗斯较重要的网络服务门户之一，也是俄罗斯网络用户最多的网站。目前，Yandex提供的服务包括搜索、最新新闻、地图和百科、电子信箱、电子商务、互联网广告及其他服务。

（四）Yahoo!

Yahoo!是全球认知度较高及较有价值的互联网品牌之一。有英、中、日、韩、法、德等10余种语言版本。Yahoo!是全球最早一批的互联网网站，业务遍及全球25个国家和地区，Yahoo!原生广告（Native Ads）是将广告植入Yahoo!新闻资讯中，让用户以为是新闻内容，而非广告的一种广告形式。这种广告的点击率高，用户广告体验好，因此转化效果也好。

（五）DuckDuckGo

DuckDuckGo是一款互联网搜索引擎，其注重用户隐私保护，避免个性化检索所致的过滤气泡。它与其他搜索引擎不同的地方在于其不会分析自己的用户，对所有使用同一组关键词的用户显示同样的结果。它也强调返回最佳结果，而不是最多网站链接。它会在搜索结果中引入其他独立来源的内容，总数多于400个。

三、搜索引擎的选择

国际市场推广活动中，搜索引擎已经成为一种不可或缺的推广工具。但是，在全球各地有很多不同的搜索引擎，应该如何选择呢？

（一）特点和优势

在选择海外搜索引擎时，需要了解它们的特点和优势。搜索引擎通常分为通用搜索引擎和本地搜索引擎两种。通用搜索引擎可以在全球范围内搜索相关产品和服务，特别是在企业网站的SEO活动中，可以提高曝光度。在选择搜索引擎时，需要考虑它在不同国家或地区的市场占有率和特点，以及不同搜索引擎的用户群体。因此，选择海外搜索引擎需要根据自身的营销需求和目标受众进行综合考虑。

以Bing为例，它是由微软支持的搜索引擎，覆盖全球36个国家和地区，拥有超过6亿搜索用户，在美国市场份额达到33%。Bing可以触达其他搜索引擎无法覆盖的人群。此外，Bing的用户群体具有一些特征，例如，学历较高、年龄集中在20～45岁、收入较高、购买力强。这些特征指向了消费行为中一个重要方面：有决策权。因此，企业可以结合这些特征和维度，更有针对性地进行广告投放。

（二）覆盖率

覆盖率是指搜索引擎能够覆盖的用户数量和地域范围。不同的搜索引擎在不同的国家或地区的市场份额和影响力不同，这与其在该地区的推广和用户体验有关。一些搜索引擎可能在某些国家和地区占据主导地位，而在其他国家和地区则处于劣势地位。

此外，搜索引擎收集搜索数据的方式和技术也可能不同。例如，有些搜索引擎可能使用语音识别技术来识别用户的搜索意图，而另一些则可能主要使用文本搜索。这些差异可能影响搜索结果的准确性和速度，从而对用户的搜索体验产生影响。

因此，在选择搜索引擎时，需要考虑搜索引擎在所需覆盖地区的市场占有率和影响力，以及其收集搜索数据的方式和技术。这样才能更好地满足企业营销的需求和目标受众的需求。

（三）用户差异

不同搜索引擎的用户群体在年龄、性别、地域等方面可能存在差异，这些差异会影响用户的搜索习惯和偏好，从而影响推广效果。例如，在一些国家和地区，Google搜索引擎的用户群体可能更年轻、更多元和更国际化。如果企业希望扩大海外市场，使用Google搜索引擎可能更为适宜。

此外，不同性别的用户在搜索引擎使用方面也可能存在差异。例如，一些研究表明，女性用户可能更善于使用社交媒体和购物网站进行在线购物，而男性用户则可能更多地使用搜索引擎进行研究和比较产品。因此，对于一些针对女性用户的商品或服务，选择使用社交媒体或购物网站的广告投放可能更为有效；对于一些针对男性用户的商品或服务，选择使用搜索引擎的广告投放可能更具针对性。

因此，企业在选择搜索引擎时，需要根据自身的商品类别和目标用户的年龄、性别、地域等因素做出正确的选择，从而更好地满足目标用户的搜索习惯和需求，提高宣传推广活动的效果。

任务训练

◆ 任务目标

了解如何选择合适的搜索引擎来提高产品在国际市场的曝光度和影响力。

◆ 任务导入

假设你是一家电子产品制造商的海外推广专员，计划通过海外搜索引擎进行推广。你的目标市场是北美和欧洲市场，主要推广的产品包括手机、平板电脑和笔记本电脑。

◆ 任务要求

根据产品的目标市场，搜集并分析各国家或地区的搜索引擎市场占有率和特点。

子任务二 搜索引擎营销

搜索引擎营销

任务导入

鉴于全球范围内的大量用户通过搜索引擎寻找所需产品和服务，搜索引擎营销已成为一个非常重要的推广渠道。因此，李华向云帆电子商务有限公司提出，应加大对搜索引擎营销的投入力度，以更有效地拓展市场并提升品牌知名度。针对搜索引擎营销，李华该如何操作呢？

任务分析

搜索引擎营销包含两个重要方面：搜索引擎优化（SEO）和搜索引擎广告（SEA）。两者的联系在于，都可以通过对关键词进行研究和分析，提高网站的曝光度和流量。而它们的区别在于，SEO注重通过优化手段提高网站在自然搜索结果中的排名，而SEA则是通过购买广告位的方式实现推广。

知识链接

一、搜索引擎营销概述

（一）搜索引擎营销

搜索引擎营销（search engine marketing，SEM），是指基于搜索引擎，使商家的产品或者服务信息能尽可能多地呈现在搜索结果中，使潜在消费者发现并引导其至相应目标网站，从而为商家带来一定商业利益的推广行为。

SEM是一种非常有效的推广网站的方式，因为它能够将广告展示给潜在客户，并引导他们进入网站。然而，SEM也需要适当的预算和正确的策略来实现最佳效果。

（二）SEO与SEA

SEM包括两个主要组成部分：搜索引擎优化（search engine optimization，SEO）和搜索引擎广告（search engine advertising，SEA），它们的优劣势如表6-1所示。

表6-1　搜索引擎优化与搜索引擎广告的优劣势

搜索引擎营销	优势	劣势
搜索引擎优化（SEO）	一次性进行大量关键词的优化	见效慢
	长期成本低	控制力度小
	自然搜索结果的信任度更高	工作量大
搜索引擎广告（SEA）	见效快	广告投入不得间断
	效果反馈快速	维护成本高
	调整灵活度高	—

SEO是一种优化网站以在搜索引擎结果页面中获得更高排名的技术和策略。SEO的目标是使网站在搜索引擎中的排名尽可能靠前，以吸引更多的流量和潜在客户。SEO通常包括关键词研究、网站内容优化、建立外部链接等技术和策略。

SEA是一种在搜索引擎结果页面中展示广告的方式，通常以每次点击（pay per click，PPC）为基础付费。可以使用广告拍卖系统在特定的搜索关键词上竞标，以便在搜索结果页面中展示其广告。搜索引擎会根据广告的质量和出价来确定广告在搜索结果页面上的排名。

二、搜索引擎营销特点

搜索引擎营销的特点有以下三个方面。

（一）广泛性和即时性

搜索引擎是互联网用户获取信息的主要渠道之一，其广泛性使得SEM能够覆盖大量潜在用户。此外，搜索引擎是用户获取信息的即时渠道之一，用户能够在需要的时候随时查询相关信息。因此，SEM可以在用户需求产生的瞬间向其展示相关广告，及时满足用户需求。

（二）用户需求的精准匹配

搜索引擎营销可以通过关键词、地域、时间、设备等多种因素，精确地定位用户的需求和兴趣，从而提供最相关的广告信息。这样，不仅可以节省广告成本，还可以提高用户的满意度和忠诚度。例如，当用户在搜索引擎中输入与某个产品或服务相关的关键词时，SEM可以将相关的广告展示给用户，提高广告的点击率和转化率。

（三）营销行为的高灵活度

搜索引擎营销可以根据市场变化和竞争情况，随时调整广告策略和预算，以适应不同的目标和场景。搜索引擎营销还可以通过数据分析和优化，不断地测试和改进广告效果，从而实现最大化的投资回报。

三、搜索引擎营销的基本过程

国际搜索引擎营销的基本过程是一个复杂而精细的战略实施流程，旨在通过搜索引擎平台实现企业在全球范围内的品牌宣传和业务增长。这个过程涵盖了从网站准备、关键词研究、广告投放、效果评估到策略调整的各个环节，以确保企业在国际市场上取得良好的搜索引擎营销效果。

（一）网站构建与优化

明确网站的主题和定位，规划好网站的信息架构，确保内容结构清晰、易于理解。同时，创建高质量、有价值的内容，以吸引和留住访问者。此外，还需关注搜索引擎友好性，优化网站结构、导航和链接，确保搜索引擎爬虫能够轻松索引网站内容。

（二）关键词研究与策略制定

深入分析国际市场的搜索趋势、竞争态势和用户需求，选择与产品或服务相关的关键词，并制定相应的关键词策略。这包括确定主关键词和辅助关键词的布局，以及针对不同国家和地区的差异进行本地化关键词优化。

（三）广告投放与管理

选择合适的搜索引擎广告平台，并制作吸引人的广告。企业需根据关键词的竞争程度和预期转化率，设定合理的出价和预算，以确保广告在全球范围内的有效投放。在广告投放过程中，企业需实时监控广告效果，包括点击率、转化率等指标，并根据数据反馈调整广告策略，优化投放效果。

搜索引擎营销案例

（四）效果评估与调整

利用网站分析工具收集数据，分析网站的流量来源、用户行为、转化率等，以评估搜索引擎营销的效果。同时，计算搜索引擎营销的投资回报率（return on investment，ROI），以确定营销策略的盈利性。根据数据分析和ROI计算的结果，企业对关键词策略、广告投放策略、网站内容等进行调整和优化，以提高营销效果。

在整个国际搜索引擎营销过程中，企业需要保持对搜索引擎算法和市场的敏感度，及时应对变化，调整策略。同时，与专业的搜索引擎营销团队或机构合作，可以更有效地提升营销效果，实现业务目标。

任务训练

◆ 任务目标

掌握搜索引擎营销的基本知识和技能，了解SEO和SEA推广策略。

◆ 任务导入

为云帆电子商务有限公司撰写一份搜索引擎营销策划方案，涵盖如下要素：①推广目标；②目标受众；③方案内容；④执行计划；⑤预算。

◆ 任务要求

认真思考，团队协作，以小组为单位，撰写实训报告，不少于1500字。

任务二
搜索引擎优化

任务目标

1．了解SEO的基本概念、原理和作用。

2．掌握关键词研究的方法和技巧，能够分析和选择适合的关键词。

3．了解网站结构优化的原则和方法，包括统一资源定位符（uniform resource locator，URL）结构、内部链接和网站地图等。

4．理解内容优化的重要性，掌握如何编写高质量、符合搜索引擎和用户需求的网页内容。

5．能够进行关键词密度分析，合理布局关键词，提高网页在搜索引擎中的排名。

6．熟练掌握网站分析工具的使用，能够对网站流量、用户行为等数据进行有效分析。

7．能够优化网站代码和结构，提高网站加载速度和用户体验。

8．熟练掌握外部链接建设技巧，提高网站的权威性和排名。

子任务一　SEO基础

SEO基础

任务导入

作为海外推广专员，李华深知SEO在跨境电商中的价值，他明白选择合适的搜索引擎并进行精准优化，能够助力公司在激烈的国际市场竞争中占据有利地位。那么，面对众多搜索引擎和复杂的SEO技术，李华该如何操作呢？

任务分析

为完成任务，李华需要深入理解SEO的概念及其对业务的重要性，深入探究搜索引擎的工作原理。同时，他还需要熟练掌握并灵活运用专业的SEO工具。通过这些举措，才能精准地优化云帆电子商务有限公司的网站，有效提升其在目标市场上的搜索排名和流量，进而实现销售和品牌曝光度的显著提高。

知识链接

一、SEO及其影响

SEO是一种利用搜索引擎的规则提高网站在搜索结果中的排名的方式。SEO的目的是让网站获得更多的流量，提高品牌知名度和转化率，从而增加业务收入。

SEO的影响主要体现在以下几个方面。

（1）SEO可以提高网站的用户体验。通过优化网站的结构、内容、速度、导航等方面，让用户更容易找到所需的信息，提高用户的满意度和忠诚度。

（2）SEO可以提高网站的权威性。通过获取高质量的外部链接、社交媒体分享、在线评价等，可以增强网站在搜索引擎和用户眼中的信誉和专业性。

（3）SEO可以提高网站的竞争力。通过分析关键词、竞争对手、行业趋势等，可以制定合理的SEO策略，突出网站的优势和特色，抢占市场份额。

（4）SEO可以降低网站的推广成本。相比于付费广告、EDM等其他方式，SEO是一种长期有效且相对低成本的推广手段，可以为网站带来持续稳定的有机流量。

SEO是一种重要且必不可少的推广方式，对于提升网站的表现和业绩有着巨大的影响。

二、SEO工作原理

SEO的核心原理是通过优化网站的内容和结构来使网站更易于被搜索引擎所收录和读取。SEO包含研究搜索引擎是如何抓取互联网中的网页和文件的，还需要了解搜索引擎的排名规则，然后有针对性地对网站进行优化，从而使其有更多的内容被搜索引擎收录，并在不同的关键词中获得更高的排名，进而提高网站访问量。

（一）SEO抓取原理

搜索引擎会利用自己的爬虫程序（也称为蜘蛛、机器人）对互联网上的网页进行抓取，获取网页的内容和链接。爬虫程序会从一个网站的首页开始，按照网站结构遍历整个网站，并通过链接跳转到其他网站继续抓取。在抓取的过程中，搜索引擎会记录每个网页的 URL、标题、关键词、描述等元数据，同时会抓取网页中的文本、图片、视频等内容。

（二）SEO过滤原理

搜索引擎会通过算法对抓取到的网页进行过滤，筛选出质量较高、符合用户搜索意图的网页。过滤算法通常会考虑以下几个方面。

（1）网站质量。搜索引擎会考虑网站的域名权威度、页面质量、内容质量、用户体验等因素，以评估网站的质量。

（2）关键词匹配度。搜索引擎会根据用户输入的关键词匹配网页的标题、正文、标签等元素，以确定网页是否与搜索意图相关。

（3）内容原创度。搜索引擎会评估网页中的文本、图片、视频等内容的原创性，以避免展示相同或相似的内容。

（4）用户行为。搜索引擎会收集用户对搜索结果的点击、停留时间等行为数据，以优化搜索结果的展示。

（三）SEO收录原理

搜索引擎抓取到的网页并不是全部都会收录在搜索引擎数据库中，而是会根据一些规则进行筛选和收录。一般来说，搜索引擎会收录那些质量高、内容丰富、原创性强的网页。同时，搜索引擎也会根据网站的权威性、信誉度等因素进行评估和筛选。

（四）SEO排名原理

网页在被搜索引擎收录后，搜索引擎会根据各自的算法来判断该页面与用户搜索的关键词的相关性、权威性以及用户行为点击。用户搜索行为发生后，搜索引擎程序便开始工作，从索引数据库中找出所有包含搜索词的网页，并且根据排名算法计算出哪些网页应该排在前面，然后按照一定格式返回到“搜索”页面。

三、SEO工具

在大数据盛行的今天，不能凭借主观意向对网站进行优化，而是要借助各种SEO工具，在数据分析的基础上进行网站优化。这些工具可以查询网站的基本信息、流量、权重和排名等数据。

（一）Google搜索控制台（Google Search Console）

Google Search Console是Google提供的免费工具，旨在帮助网站管理员了解其网站在Google搜索引擎上的表现，并提供一些有用的SEO指导和优化建议。

1．注册Google Search Console账号并验证网站

前往 Google Search Console 的注册页面https://search.google.com/search-console/welcome。

首次登录Google Search Console账号后的第一步是验证网站的所有权。通常采用网站前缀的方式，然后输入完整的网站链接进行验证。Google Search Console会提供一个HTML文件，网站技术人员将这个文件下载后放置在网站的根目录下，然后点击“验证”按钮即可完成网站验证。

2．Google Search Console常用报告及其功能

（1）效果报告。它显示网站在Google搜索结果中的表现，包括有多少次搜索中出现了网站、网站获得了多少次点击、排名如何等。

（2）网站地图。网站管理员可以使用这个功能来提交XML网站地图，这可以帮助Google更好地了解网站的内容和结构。

（3）覆盖率报告。它显示哪些页面被Google索引，哪些页面没有被索引，以及哪些页面被排除在搜索结果之外。

（4）链接数量报告。可以查看网站的链接情况，包括内部链接和外部链接，从而了解网站链接的质量和数量。

（二）Google广告关键词规划师（Google Ads Keyword Planner）

Google Ads Keyword Planner主要用于帮助企业寻找相关的关键词，并了解这些关键词的搜索量和趋势，以便更好地针对目标市场制定广告策略。

在使用Google Ads Keyword Planner时，用户可以输入与其业务相关的关键词，并获取与这些关键词相关的其他建议关键词和广告组合。这些建议关键词是基于Google搜索引擎上实际搜索的数据而生成的，因此非常有参考价值。用户可以使用这些关键词来制定广告系列，并为不同的关键词设置不同的出价和广告组合。

除了寻找新的关键词和广告组合之外，用户还可以使用Google Ads Keyword Planner查看关键词的搜索量和趋势。这些信息可以帮助用户了解他们的目标市场正在搜索哪些关键词，以及这些关键词的搜索量趋于增加或减少。

此外，Google Ads Keyword Planner还提供了与关键词相关的竞争情况和建议出价。用户可以查看某个关键词的竞争情况，了解与其竞争的其他企业的情况，并获取建议的出价。这些信息可以帮助用户制定更具竞争力的广告策略。

（三）SEMrush

SEMrush是一个全球领先的SEO和SEM工具，可以帮助用户了解其自身网站及竞争对手的关键词排名、流量、广告策略、链接情况等信息。其主要功能包括以下几个方面。

关键词研究：SEMrush可以帮助用户找到与其业务相关的关键词，并提供有关这些关键词的搜索量、竞争情况和趋势等信息。

竞争情报：SEMrush可以分析竞争对手的网站，并提供有关其关键词排名、广告策略、链接情况等信息，帮助用户了解竞争对手的优势和劣势，以便更好地制定自己的营销策略。

网站审核：SEMrush可以对用户的网站进行全面的SEO审核，并提供有关技术、内容和链接等方面的建议，以帮助用户优化网站，提高其在搜索引擎中的排名。

广告研究：SEMrush可以帮助用户分析在特定关键词上的广告竞争情况，并提供有关广告投放策略和效果的数据，以帮助用户更好地制定广告策略。

社交媒体分析：SEMrush可以帮助用户分析其在社交媒体上的表现，包括与竞争对手的比较，以帮助用户更好地制定社交媒体营销策略。

任务训练

◆ 任务目标

深入了解SEO的核心作用，掌握其工作原理。

◆ 任务导入

SEO并非一蹴而就的工作，它需要持续地投入和优化。企业网站要想在搜索引擎中获得更好的排名和曝光度，就必须不断地对网站内容、结构、链接等方面进行优化和调整。请查阅资料，分析为什么要对网站进行持续的SEO。

◆ 任务要求

认真思考，积极归纳和总结，撰写分析报告。

子任务二　站内SEO

站内SEO

任务导入

为了提高网站的流量和转化率，李华肩负起了优化站内SEO的重要任务。李华该如何操作呢？

任务分析

站内SEO，需要通过技术优化提升网站性能与结构，以及通过内容优化增强网站内容质量与相关性，从而实现在搜索引擎中的更高排名，吸引更多潜在客户，提升网站流量和转化率。

知识链接

站内SEO是指通过对网站内部的结构、内容、代码、链接等元素进行合理的调整和优化，使网站更符合搜索引擎的抓取和排名规则，从而提高网站在搜索引擎中的自然排名，增加网站的流量和转化率，实现网站的营销目标。

一、站内SEO目的

站内SEO的目的是提升用户体验和搜索引擎排名，从而达到以下效果。

（一）提升用户体验

通过优化网页的代码、内容和URL，可以让用户更容易地找到自己想要的信息，同时提高网页的加载速度、可读性和美观性，增加用户的满意度和留存率。

（二）加快网站收录

通过优化网页的代码、内容和URL，可以让搜索引擎更容易地识别和理解网站的主题和内容，同时减少爬虫的抓取难度和时间，增加网站的收录数量和质量。

（三）提高网站权重

通过优化网页的代码、内容和URL，可以让搜索引擎更倾向于认为网站是权威和专业的，同时减少网站的负面因素和风险，增加网站的信誉和评分。

（四）提升页面排名

通过优化网页的代码、内容和URL，可以让搜索引擎更容易地匹配用户的搜索查询，同时提高网页与查询的相关性和质量，增加网页在搜索结果中的排名和点击率 。

二、站内SEO技术优化

站内SEO技术优化主要包括以下几个方面。

（一）内部链接优化

内部链接优化是指优化网站内部各个页面之间的链接结构和导航策略。

内部链接优化的方法有以下几种。

（1）合理地设置网站的导航栏、“面包屑”导航、底部导航等，让用户和“蜘蛛”能够清楚地了解网站的结构和层级。

（2）在文章内容中使用锚文本链接，将关键词链接到相关的页面，增加关键词的密度和权重，同时也方便用户阅读。

（3）在文章末尾添加相关文章推荐，调用具有相同标签或分类的文章，增加用户的阅读兴趣和页面的权重传递。

（4）在侧边栏添加热门标签、热门文章、最新文章等模块，增加页面的链接入口，吸引用户和“蜘蛛”的注意力。

（5）注意内链的自然性和多样性，不要过度使用相同的锚文本或链接到相同的页面，避免给搜索引擎造成作弊的嫌疑。

（二）网站地图

网站地图是一个网页，它包含了一个网站所有需要被搜索引擎抓取的页面的链接。网站地图的作用是帮助搜索引擎更快、更全面地索引网站的内容，提高网站的可见性和排名。网站地图还可以提供给用户一个方便的导航，让用户更容易地找到自己感兴趣的页面。

网站地图有两种形式，一种是可扩展标记语言（extensible markup language，XML）格式的，专门为搜索引擎设计；另一种是超文本标记语言（hyper-text markup language，HTML）格式的，主要为用户设计。XML格式的网站地图可以通过一些工具或插件自动生成，然后提交给搜索引擎。HTML格式的网站地图可以手动编写或使用一些模板生成，然后放置在网站的某个位置，通常是页脚或侧边栏。

（三）清理死链

死链（dead link）指的是网页中的一个链接，当用户单击它时，会导致错误页面或者“404错误”，因为它指向的网页不存在或已被删除。这些链接也被称为“坏链接”。

死链对于网站的用户体验和搜索引擎优化都有负面影响，因此清理死链是非常重要的。有些死链可以通过修改错误和设置“301跳转”来恢复访问，但有些死链无法恢复访问。针对这些无法恢复访问的死链，还需要进行专门处理。

（四）404页面

404页面是一个网页，它显示在用户请求的页面不存在时。这通常发生在用户输入错误的URL、网站管理员更改了页面的链接、或者页面被删除的情况下。

要处理404页面，可以为网站设置自定义的404页面，以提供更好的用户体验。自定义404页面应该包含友好的提示信息和链接，帮助用户导航到其他相关的页面，或者提供其他有用的信息，例如，网站的搜索功能。

（五）图片及图片ALT信息

ALT为alternative text的缩写，义为替代文本或替代说明。图片ALT信息是图片的文字描述，它可以帮助搜索引擎理解图片的内容，从而提高图片在搜索结果中的排名。如果在图片ALT信息中插入相关的关键词，可以增加网站的关键词密度，提高网站的整体排名。

优质的图片能够第一时间吸引用户的眼球，增加网站的访问流量。图片是网站的视觉元素，它可以传递信息，激发情感，创造氛围。如果网站上使用了高清、美观、有意义的图片，可以提高用户的兴趣和满意度，促使用户停留在网站上，浏览更多的内容。

做好图片优化可以有效加快文件的加载速度。图片是网站文件中占用空间最大的部分，如果图片过大或者过多，会影响网站的加载速度，降低用户的体验。为了提高网站的性能，需要对图片进行压缩、裁剪、格式转换等优化操作，减少图片的大小和数量。

在搜索结果中显示一张图片，可以更加有效地吸引用户进行点击。搜索引擎会根据用户的查询意图，显示不同类型的搜索结果，其中包括图片搜索结果。如果网站上有符合用户需求的图片，并且有合适的ALT信息，那么这张图片就有可能出现在搜索结果中，并且占据较大的空间。这样可以增加用户对网站的注意度和好奇心，提高点击率和转化率。

（六）网站代码优化

网站代码优化是指在SEO中对网站的代码进行优化，以便搜索引擎能够更加容易地理解和收录网站上的内容。代码优化并不是一件很难的事情，只要你能够遵循一些基本的原则，就能够达到良好的优化效果。以下是一些常见的网站代码优化的方式。

（1）使用外部javascript脚本文件。javascript脚本文件是用来实现网页的动态效果和交互功能的，但是如果将javascript代码直接写在HTML文件中，会增加网页的大小和加载时间，影响网页的打开速度和用户体验。因此，建议将javascript代码放在外部文件中，并在HTML文件中用<script>标签引用，这样可以减少网页的请求次数和传输数据量，提高网页的加载速度。

（2）使用外部层叠样式表（cascading style sheets，CSS）样式文件。CSS样式文件是用来定义网页的布局和样式的，同样，如果将CSS代码直接写在HTML文件中，也会增加网页的大小和加载时间，影响网页的打开速度和用户体验。因此，建议将CSS代码放在外部文件中，并在HTML文件中用<link>标签引用，这样可以减少网页的请求次数和传输数据量，提高网页的加载速度。

（3）减少或删除注释。注释是用来说明代码功能或作用的文字，对于开发者来说，注释是非常有用的，可以帮助理解和维护代码。但是对于搜索引擎和用户来说，注释是没有意义的，只会增加代码的长度和复杂度，影响代码的执行效率和可读性。因此，建议在发布网站之前，减少或删除不必要的注释。

（4）尽量满足万维网联盟（world wide web consortium，W3C）标准。W3C标准是由万维网联盟制定的一系列规范，旨在保证网页的兼容性、可访问性、可维护性等。遵循W3C标准可以使网站更加规范化、结构化、语义化，有利于搜索引擎对网站内容的理解和索引。

（5）启用GNUzip压缩。GNUzip压缩是一种压缩技术，可以将网页内容压缩成更小的文件，从而减少网络传输时间和带宽消耗。启用GNUzip压缩可以使网页加载速度提高30%以上。

（七）网页体验优化

网页体验优化是指通过各种技术和方法来提升网站的用户体验，主要包括以下方面。

（1）核心网页指标：核心网页指标是指页面加载速度、响应时间、交互性能等基本的指标。这些指标对于用户体验至关重要，因为如果页面加载过慢或者响应时间过长，用户很可能会流失。

（2）适合移动设备：移动设备已经成为用户访问网站的主要方式之一，因此网站需要优化以适应不同的移动设备。这包括响应式设计、自适应设计、缩放比例、字体大小等方面的优化。

（3）安全浏览：保证网站的安全性是用户体验的一个重要方面。网站需要采取一些措施来保护用户的个人信息和隐私，包括加密传输、防止恶意软件、使用安全的密码等。

（4）超文本传输安全协议（hypertext transfer protocol secure，HTTPS）：HTTPS是一种安全的传输协议，通过加密传输保证数据的安全性。使用HTTPS可以提高网站的安全性和信任度，同时也有利于搜索引擎优化。

（5）无干扰插页式广告：插页式广告是指在页面上插入广告，会干扰用户的浏览体验。为了提高用户体验，网站需要减少或避免使用干扰性的插页式广告。同时，也需要注意不要使用过多的广告，以避免影响页面加载速度和用户体验。

（八）移动设备优化

移动设备优化（mobile optimization）是指通过对移动设备的适应来提高网站的用户体验和性能。随着越来越多的用户使用移动设备访问网站，移动设备优化已成为网站设计和开发的必要环节。

移动设备优化的主要目的是让网站在移动设备上的访问更加顺畅，更加符合用户的需求和行为习惯。移动设备优化可以采用多种方法，具体如下。

（1）自适应设计（responsive design）：自适应设计是一种设计方法，可以根据不同的设备屏幕大小和分辨率来调整网站的布局和元素大小。这种设计方法可以确保网站在任何设备上都能够呈现出最佳的视觉效果和用户体验。

（2）动态提供内容（dynamic content delivery）：动态提供内容是指根据用户设备和网络状况，动态地调整网站的内容和资源，以提供最佳的用户体验和性能。例如，通过使用内容分发网络（content delivery network，CDN）来优化网站的加载速度，或者通过在移动设备上隐藏不必要的元素来提高加载速度，优化用户体验。

（3）单独的网址（separate URL）：在移动设备优化中，还可以通过创建单独的移动设备网址来提高用户体验和搜索引擎优化效果。这些网址可以根据设备类型和操作系统进行调整，并针对移动设备进行优化。

三、站内SEO内容优化

（一）网页标题

网页标题是搜索引擎优化中一个非常重要的因素，因为搜索引擎通常会根据网页标题来确定网页的主题和相关性，并在搜索结果中显示网页的标题。

在设置网页标题时，需要注意以下事项。

（1）主题要明确。网页标题应该清晰、简洁地表达网页的主题或主旨，这有助于用户了解网页内容，也有助于搜索引擎确定网页的主题。

（2）字数不宜过多。网页标题应该尽量控制在70个半角字符以内，因为在搜索引擎的搜索结果中标题最多只会显示30个全角字符，多余的内容会被隐藏。

（3）不同网页的标题不能重复。每个网页的标题应该独特，不应该与其他网页的标题重复。这有助于搜索引擎正确地识别和区分各个网页，也方便用户进行浏览和搜索。

（二）网页描述

网页描述是指在网页代码中添加的一个元素，即meta description，它提供了网页内容的简短概述。搜索引擎通常会在搜索结果页面中显示网页描述，以帮助用户了解网页的内容和相关性。在SEO中，网页描述是一个重要的因素，因为它可以影响用户是否点击进入网页。

设置网页描述时需要注意以下几个事项。

（1）语句要通顺连贯。网页描述应该是一段通顺连贯的语句，简洁明了地概括网页的主题，以吸引用户的注意力。如果描述不通顺或不连贯，可能会使用户感到困惑或不感兴趣，从而减少点击率。

（2）应融入必要的关键字。在网页描述中融入必要的关键字有助于搜索引擎更好地了解网页的主题和相关性，并在搜索结果中显示。但要注意不要滥用关键字，避免过度优化。

（3）字数要合理。网页描述的字数应该合理，通常建议在150个字符以内，这样可以在搜索结果中显示完整的描述，同时也不会让用户感到信息过载。如果描述过长，搜索引擎可能会截断显示，影响用户的阅读体验。

（4）为每个网页设置不同的描述。每个网页的描述应该是独特的，这有助于搜索引擎更好地区分和识别各个网页，并提高网页在搜索结果中的排名。如果每个网页都有相同的描述，搜索引擎可能会认为这些网页内容相似或重复，从而降低它们在搜索结果中的排名。

（三）关键字

网页关键词是指在网页代码中添加的一个元素，即meta keywords，用于描述网页的关键词或短语。

网页关键词在现代SEO中已经不再是一个主要的因素，但是，它仍然可以作为一种补充优化手段，帮助搜索引擎更好地了解网页的主题和相关性。

（四）图片的ALT属性

图片的ALT属性是HTML代码中的一个属性，它用于描述图像的内容，以便于屏幕阅读器和搜索引擎能够理解图像内容。由于搜索引擎无法像人类一样识别和理解图像，因此使用ALT属性能够帮助搜索引擎更好地理解网页内容，提高网页的SEO效果。

以下是一些使用ALT属性的最佳实践。

（1）描述图片内容：使用简短、准确的词语描述图像的内容。描述应该尽可能准确地反映图片的主题。

（2）避免使用关键词堆砌：尽管ALT属性可以帮助网页SEO，但是过度使用关键词来填充ALT属性是不好的做法。这不仅会降低用户体验，而且可能被搜索引擎认为是垃圾信息，从而降低网站的排名。

（3）在有意义的位置使用：ALT属性应该在正确的位置使用。如果图像是网页的重要组成部分，那么ALT属性应该在image标签中使用。如果图像是网页中的装饰性元素，那么可以将ALT属性留空或使用空格。

（4）确保正确的拼写和语法：与所有网页内容一样，ALT属性应该正确拼写和使用正确的语法。

任务训练

◆ 任务目标

掌握站内SEO的基本方法。

◆ 任务导入

公司近期发现网站流量下滑，转化率也不尽如人意。为了改善这一状况，公司决定加强站内SEO工作。作为海外推广专员，你需要对网站进行全面的分析和优化，请给出技术优化和内容优化方案。

◆ 任务要求

认真思考，团队协作，以小组为单位，撰写优化方案。

子任务三 站外SEO

站外SEO

任务导入

云帆电子商务有限公司正面临着一个重要的挑战：如何进一步提升其网站流量，并有效转化为实际的销售业绩。海外推广专员李华深知，通过站外SEO，尤其是外链建设，能够大大增强公司在搜索引擎中的可见度，进而吸引更多潜在客户。李华应如何操作呢？

任务分析

为了进行有效的站外SEO，首先需要明确其目的，即通过优化站外因素来提升网站的权重和信誉度。随后，可以通过建设高质量的外链来实现这一目标，从而进一步提高网站在搜索引擎中的排名和可见度。

知识链接

站外SEO一直以来都是SEO中的重要问题，因为在搜索引擎排名因素中，站外部分所占的比例非常大，很多时候站外因素甚至起到了主导作用。

一、站外SEO的目的

站外SEO是脱离自身网站站点的优化技术，外部因素是超出自身网站控制的。外链建设对SEO的重要作用在于提升网站权重、增加网站流量和提升网站收录率。外链是指从一个网站链接到另一个网站的链接，也被称为反向链接。这些链接通常被放置在文章、社交媒体和其他网页上，以引导用户前往其他网站或页面。例如，如果商家在社交媒体文章中提到了一个相关主题，并且添加了一个指向另一个网站的链接，那么这个链接就是一个外链。当商家的读者点击这个链接时，他们会被带到这个外部网站，这也为该网站带来了更多的流量和曝光。

（一）提升网站权重

搜索引擎排名算法以外链为主要判断因素，这意味着外链被搜索引擎当作判断网站权重的依据，导入链接内容相关性及锚文本成为判断排名的重要因素。假设有外链1、外链2和外链3，这3个外链同时在网站A中，那么当搜索引擎查询到网站A有很多外链时，会认为网站A比较重要，就会提升网站A的权重。

（二）增加网站流量

一个优质的外链可以为网站带来很大的流量。假设有两个网站分别是网站A和网站B，用户通过点击网站A上的一个外链跳转到网站B，就可以为网站B带来新流量。与合作伙伴互相推荐链接，与行业网站、相关性网站进行链接交换，可以增加网站流量。

（三）提升网站收录率

“蜘蛛”是靠链接在互联网中抓取网页的，一个网站或网页如果没有外链导入就无法被“蜘蛛”抓取并收录。例如，建立一个新网站后，可以通过发布一些外链来吸引“蜘蛛”。最常见的就是在一些论坛网站上发布外链或在门户网站上发布新闻软文，以吸引“蜘蛛”。对于一个新网页来说，如果没有入口，是无法被“蜘蛛”发现的，所以网站一定要想办法给新页面带来较多的外链，以便被“蜘蛛”发现和抓取，增加网站的收录率。

二、外链建设

外链（即外部链接）建设是网站优化工作的重要内容，掌握合理的外链建设原则及方法，对网站快速稳定提升排名有很大的帮助。由于搜索引擎对外链的重视程度较高，因此，获取高质量的外链是网站外链优化的重点工作之一。

（一）外链添加原则

在学习外链建设的方法前，需要先了解寻找外链及添加外链时需要遵循的基本原则。

1. 内容相关性

寻找外链时，网站的内容相关性是衡量外链质量的重要标准之一。内容具有相关性的网站对于彼此的价值要高于那些与它们的内容无相关性的网站，并且相同行业网站之间的外链质量更高。

2. 难度越大，价值越高

外链建设是一项费时费力的工作，并且很难保证有投入就有产出，想要获得好的外链，难度很大。不过一般来说，外链添加难度越大，效果越好。SEO推广人员千万不能因为第一次联系时被拒绝就灰心丧气而放弃。很多时候从权重较高的新闻网站、论坛获得链接，需要与对方联系多次，才有机会获得好的外链。

3. 外链的质量比数量更重要

外链的质量比数量更重要，因为低质量的外链发得再多，也比不上一个高质量的外链带来的推广效果。添加外链时要将链接的质量作为考察指标，而不要盲目追求外链数量，否则只是做无用功。另外，不要使用群发软件发布低质量的外链，这样做可能会取得一时的效果，但是从长久来看可能会导致网站被降权。

4. 链接来源广泛

在添加网站外链时，应该使外链的构成来源广泛一些，形成自然状态，否则容易被搜索引擎认为是刻意为之。所以，在发布外链时要注意网站种类的多样性。对于PR（page rank）值的要求也不应过于严格，如果一个网站的外链全部来自PR值高的页面，也会引起搜索引擎的怀疑。

5. 平稳增加链接

外链建设一定要循序渐进，不要急于求成，特别是对于新网站来说。如果一个网站一夜之间突然增加了很多外链，很容易被搜索引擎认为存在作弊行为，那就得不偿失了。因此，在外链建设过程中，应该制订好计划，明确目标，有步骤、有原则地增加外链，这样才能取得好的效果。

6. 查看对方网站的首页位置

使用指令查询对方网站的域名，如果在搜索结果的前几页都找不到对方网站的首页，需要先分析对方网站是否被搜索引擎降权，再决定是否进行链接交换。

（二）外链建设方法

由于外链存在不可操控性，因此，添加外链是一项比较耗费时间的工作，尤其是添加高质量的外链。下面介绍几种可以高效建设外链的方法。

1. 社交媒体

通过在社交媒体平台上发布有价值的内容和链接，可以吸引用户点击并访问商家的网站。商家可以在X、Instagram和LinkedIn等平台上创建账号并分享内容，确保商家的账号链接指向商家的网站。

2. 交换友情链接

在商家的网站上添加友情链接并与其他网站交换链接，可以帮助商家建立外链。但是，确保商家交换链接的网站与商家的网站相关并且具有良好的声誉。

3. 论坛营销

参与与商家的网站相关的论坛，并在商家的论坛签名中添加商家的网站链接。回答与商家网站相关的问题，并分享商家的经验和知识，以便其他用户认识到商家的专业性和价值。

4. 视频网站引流

在视频网站上创建视频并在视频说明中嵌入链接。商家可以使用YouTube、TikTok或其他视频分享平台来发布视频，并将其链接回商家的网站。同时，也可以通过在视频中包含商家的网站链接或将其放在视频中的注释中来吸引用户的点击。

任务训练

◆ 任务目标

深入分析Anker在外链建设方面的具体做法、合作对象、内容营销手段以及可能的技术和工具应用。

◆ 任务导入

查找并总结Anker独立站的外链策略，以深入了解Anker如何通过外链提升其在搜索引擎中的排名、权威性和可见性。探究Anker与哪些行业网站、媒体等建立了友情链接或合作伙伴关系。分析这些合作对Anker外链建设的贡献和效果。

◆ 任务要求

将学生分成若干小组，每组须认真查阅相关资料并总结分析，以PPT形式汇报展示。

子任务四 SEO推广及优化

SEO推广及优化

任务导入

公司指派海外推广专员李华负责制定并执行一套SEO推广方案，并负责对SEO数据进行分析与优化。李华该如何操作呢?

任务分析

李华需要结合公司的目标市场、产品特性及竞争环境，制定一套有针对性的SEO推广方案。在执行过程中，他还需密切关注SEO数据，进行深入分析，以便根据数据反馈不断优化推广方案，从而实现公司网站流量和转化率的持续提升。

知识链接

一、SEO推广方案制定

（一）明确SEO推广目标

在SEO推广之前，需要先明确推广目标。目标应该是具体、可衡量的，例如，提高网站的排名、增加网站的流量、提高转化率等。只有明确了目标，才能更好地制定后续的推广策略。

（二）关键词研究

关键词研究是SEO推广的关键步骤，需要通过市场调研、竞争分析等手段，确定一组与网站主题相关、搜索量适中、竞争度较小的关键词。这些关键词可以作为网站内容和网站优化的基础，能够提高网站的曝光度和点击率。

1. 关键词的选择和使用

在SEO中，关键词是指网站或页面所需要优化的核心词汇，是用户在搜索引擎中输入的词语或短语，也是搜索引擎对网站或页面内容的重要度评价的主要依据之一。

关键词的选择和使用对于网站的SEO效果至关重要，需要根据网站的主题和目标受众，考虑用户搜索的习惯和需求，选择适合的关键词进行优化，并在网站中恰当地使用这些关键词，提高网站在搜索引擎中的排名和曝光率。同时，需要注意不要过度使用关键词，避免被搜索引擎认为是垃圾信息，影响网站的排名和用户体验。

2. 核心关键词的挖掘

核心关键词是指与商家的品牌或产品最相关的、最重要的、最能代表商家的业务或服务的关键词。它们通常是一些较为广泛、一般性的关键词，比如“汽车修理”“餐厅”“旅游”等。在SEO中，核心关键词是非常重要的，因为它们是你的网站的主要定位标签，能够帮助搜索引擎更好地了解你的网站内容和主题，提高网站在相关搜索结果中的排名。同时，核心关键词也是其他长尾关键词的基础，通过优化核心关键词，可以提高其他相关关键词的排名。

以下是一些挖掘核心关键词的方法。

（1）竞争对手分析：通过分析竞争对手的网站，找到他们的核心关键词，可以借鉴他们的经验并发现一些新的关键词。

（2）网站内部分析：分析自己网站的内容、产品、服务等，找到潜在的关键词，可以从网站的标题、描述、URL、标签等方面入手。

（3）关键词工具：使用关键词工具，如百度指数等，可以输入相关词或主题，获取相关的关键词列表和搜索量，帮助发现一些潜在的关键词。

（4）社交媒体：通过社交媒体，如X、LinkedIn等，了解用户的搜索习惯和需求，可以挖掘到一些潜在的关键词。

（5）搜索引擎的自动补全功能：在搜索引擎中输入关键词时，搜索引擎会自动补全相关词，这些关键词也可以作为挖掘核心关键词的参考。

需要注意的是，挖掘核心关键词不仅要考虑搜索量，还要考虑关键词的竞争度和搜索意图，选择合适的关键词才能更好地提升网站的排名和曝光率。

3. 长尾关键词的挖掘

长尾关键词是指那些相对不那么热门，但更加具体、更加精准的关键词，通常包含3～4个甚至更多单词。长尾关键词的优势在于能够更加准确地定位目标用户，提高网站的转化率和访问质量。

以下是一些挖掘长尾关键词的方法。

（1）使用Google自动完成功能，输入主要关键词，观察Google自动完成的提示，这些提示就是用户常用的长尾关键词。

（2）利用Google的相关搜索功能，在搜索结果页面下方可以看到“相关搜索”列表，这些关键词都是与主要关键词相关的长尾关键词。

（3）利用Google的搜索建议功能，在搜索框中输入主要关键词，然后在搜索结果页面上方的搜索框下方，可以看到类似于“人们还搜索了以下内容”的建议列表，这些也是与主要关键词相关的长尾关键词。

（4）利用一些在线工具，如 Google AdWords Keyword Planner、Keyword Tool等，这些工具可以自动挖掘出与主要关键词相关的长尾关键词，并提供相应的搜索量和竞争情况等数据。

（5）分析竞争对手的关键词，通过分析竞争对手的关键词，可以发现他们使用的长尾关键词，从而得到一些灵感。

（三）网站优化和外链建设

网站优化是指通过优化网站结构、内容和代码等方面来提高网站的可读性、可访问性和用户体验，从而提升网站的排名和流量。包括页面标题、关键词密度、图片优化、网站速度等因素。

外链建设是指通过在其他网站上建立链接，引导更多的流量进入目标网站。需要注意的是，外链建设应该遵循自然、高质量的原则，而不是通过一些黑帽技术来提高链接数量。

（四）检测和分析

检测和分析是SEO推广方案的重要环节，它可以帮助我们了解网站的优化效果，及时发现问题并进行调整。具体步骤如下。

1. 监测网站排名

使用SEO工具对关键词排名进行监测，了解网站在搜索引擎中的排名情况。如果排名出现下降，需要及时分析原因并采取措施进行优化。

2. 监测网站流量

通过Google Analytics等工具监测网站的流量情况，了解访问量、访客来源、停留时间、跳出率等数据。根据数据分析，对网站进行优化，提高用户体验和转化率。

3. 监测关键词效果

对于每个关键词，可以通过Google Analytics等工具监测其带来的流量、转化率等数据。根据数据分析，对关键词进行调整和优化，提高关键词的效果。

4. 监测网站质量

通过SEO工具对网站质量进行监测，包括页面质量、页面加载速度、网站结构等方面。根据监测结果，对网站进行优化，提高用户体验和搜索引擎的排名。

5. 监测竞争对手

通过SEO工具对竞争对手的网站进行监测，了解其关键词排名、流量等情况。根据监测结果，对自己的网站进行优化，提高竞争力。

二、SEO推广操作步骤

很多跨境商家求功心切，没有一个清晰合理的SEO推广策略和方法，只是一味地去追求推广效果，往往投入了大量的人力、资金成本，却换来一个失望的ROI。搞清楚SEO推广的步骤和流程，把握好SEO推广的每个核心环节，才是SEO推广成功的关键。SEO推广的基本流程可以分为以下几步。

（一）商业分析

SEO推广的第一步就是进行商业分析，其主要是为了明确网站进行SEO推广所要达到的商业目的。例如，某跨境商家为了销售某款产品而去做SEO推广，营销的所有环节都是围绕销售产品这个目的而实施的。

（二）市场调查

商业分析结束后，还需要做市场调查。市场调查就是要清楚用户是怎样搜索到网站的，具体包括调查常用关键词，挖掘尚未被竞争对手意识到的性价比较高的关键词。同时，还要调查清楚竞争对手在做什么，应该怎样做搜索引擎广告，争取哪些网站的链接到自己网站最有价值。

（三）SEO推广

SEO的前提是要找准关键词，优化时针对那些很少有人查找的关键词进行优化比较浪费时间。找准关键词就可以对网页的URL、title、meta标签、正文标题、正文内容、图片ALT标签等进行优化。对于那些有框架、Flash动画和用户数据库等动态生成页面的网站还需要进行进一步的优化。

（四）实施链接策略

很多搜索引擎会根据指向企业网站链接的重要程度来判断该企业网站的重要性，虽然这些网站链接的数量越多越好，但质量却更加重要。实施链接策略以确保企业网站深度互联到互联网中。

（五）提交搜索引擎目录

网站优化结束后，就可以提交到搜索引擎目录中了。搜索引擎有很多，其中真正重要的只有很少一部分，这些搜索引擎为其他搜索引擎、门户网站、公司网站提供搜索结果，故关键是要在这些搜索引擎中有较好的排名。虽然这些搜索引擎中有一些允许用软件自动提交新的网站，但是多数情况下，手工提交才有可能保证提交成功。所以，那些主要的目录还是应该通过手工方式提交。

（六）搜索引擎收费服务

现在，越来越多的搜索引擎引入付费收录、付费排名、点击收费的经营模式。若不采用这些收费服务可能会失去一半的浏览者。这些收费服务的优点就是排名靠前，推广效果见效快。而搜索引擎的免费收录通常需要6～10个星期，目录根据选择的类别不同可能要花6个月以上的时间才能看到结果。

（七）管理搜索引擎

管理搜索引擎也就是跟踪目标关键词的排名，根据服务器日志分析访问者来源于哪些搜索引擎，用的是哪些关键词，相应调整网页代码和内容，计算点击收费广告的ROI，并评价其效果的好坏。实际上搜索结果永远处于激烈的竞争中，如果竞争对手的排名被挤下去，他们就会采取措施提高他们的排名，这是一个不断循环的过程。

三、SEO数据分析与优化

搜索引擎优化案例

（一）收录比与外链比解析

收录是自然搜索优化中考核的一个重点，这个数据可以进行细化，比如说更新了1000篇、收录100篇和更新150篇、收录100篇是一样的吗？肯定是不一样的，网站有多少页面被搜索引擎收录？每次更新内容有多少被收录？这都是可以进行统计分析的。甚至也可以对每个栏目分别计算收录比，通过这个比值可以判断出每个栏目的一个收录情况，然后进行调整。

至于外链比，它和收录的意思大致相同，可以将该比值定义为被收录的外链与未被收录的外链的比值。发了10000条就一个被收录，那肯定是企业不愿意看到的。所以，在进行SEO推广过程中不仅需要跟踪外链的收录情况，而且还要计算出不同平台的一个比值。这是对网站外链的考核，也是对于资源的整理。

（二）PV值或IP值与关键词剖析

PV值（page view，页面浏览量）是衡量网站页面被访问总次数的指标，每当用户加载或刷新页面时即记为一次PV。而IP（Internet protocol）地址则是网络中用于唯一标识一个设备的互联网协议地址，IP值为一天内使用不同IP地址的用户访问网站的次数。通常情况下，网站的PV值与IP值的差异能够反映出用户访问的深度，例如，当PV值为100而IP值为10时，意味着平均每个IP访问了10个页面，这可能表明网站内容对用户具有吸引力。虽然一般认为PV与IP的比值越大越好，正常比值在2∶1以上，但这一比值会因行业和网站类型而异。教育资讯类网站可能较低，在2∶1以内，而娱乐新闻类网站则可能高达20∶1甚至更高。因此，要准确评估网站的访问情况，需根据具体行业和类型统计并对比PV与IP的比值。

关键词比是指当前网站通过用户搜索进入的关键词总量与网站被搜索引擎收录页面数的比例，它反映了在自然搜索中这些关键词的效率以及网站页面的优化程度。具体而言，这个比值越大，意味着每个被搜索引擎收录的页面所产生的关键词数量越多，从而表明这些页面在吸引用户搜索和访问方面的贡献越高。为了获得更准确的评估结果，建议基于大量数据进行计算，并可以每一季度进行一次分析，以便更好地了解网站在自然搜索中的表现和优化方向。

（三）流量比与单个IP价值分析

流量比是在上面提到的关键词的基础上有多少PV产生，即网站PV/关键词量。比值越大就说明网站每个关键词带来的流量越多，那么就说明关键词的优化越好。当然在计算这一比值的时候需要注意是否有某些大流量词，我们可以把这些词拿出来单独分析，然后用剩余的流量和关键词量进行计算，这样可以提高准确率。

至于单个IP价值，这基本是大部分公司都愿意看到的东西，因为盈利是公司的目的，而这个是最能体现的。单个IP的价值也很简单，就是单位时间内的网站总盈利/IP量，这就是网站每个IP值多少钱。

任务训练

◆ 任务目标

掌握SEO推广及优化的基本策略和方法。

◆ 任务导入

当前，某公司网站在搜索引擎中的排名较低，流量不足，导致销售业绩不佳。作为海外推广专员，需要通过SEO推广及优化手段，提升网站在搜索引擎中的排名，吸引更多潜在客户，提高转化率。

◆ 任务要求

认真思考，积极归纳和总结，撰写解决方案。

项目小结

本项目划分为两大核心任务：搜索引擎基础与搜索引擎优化。在搜索引擎基础这一领域，深入探讨了搜索引擎的选择与运用，以及如何通过搜索引擎营销策略提升网站的曝光度和影响力。而在搜索引擎优化方面，系统梳理了SEO的基础概念，深入剖析了站内SEO与站外SEO的关键要素，并详细阐述了SEO的推广与优化策略。

通过本项目的学习与实践，坚守伦理规范与职业操守的底线，拒绝任何违反道德和法律法规的SEO技术，确保优化策略始终在合法、合规的框架内运行。同时，也需要紧跟技术创新的步伐，不断探索和应用新技术，如人工智能、大数据等，以提升SEO的效果和效率。

学习成果评价

一、不定项选择题

1. 在选择海外搜索引擎时，需要考虑（　　）方面的维度。
   A. 搜索引擎的市场占有率　　B. 搜索引擎的特点和优势
   C. 搜索引擎的用户群体特征　　D. 搜索引擎的创始国家
2. （　　）属于搜索引擎优化的常见技术和策略。
   A. 关键词研究　　B. 竞价排名
   C. 建立外链　　D. 付费点击广告
3. （　　）因素可能影响搜索引擎对网页的收录。
   A. 网页的原创性　　B. 网页的发布时间
   C. 网站的域名权威度　　D. 网页的点击率
4. 网站地图的主要作用是（　　）。
   A. 提高网站的视觉效果　　B. 帮助搜索引擎更快索引网站内容
   C. 增加网站的广告位　　D. 替代网站导航栏
5. （　　）的方法可以帮助商家有效建设外链。
   A. 在社交媒体平台上发布内容和链接　　B. 在自己的社交媒体文章中嵌入链接
   C. 随意与其他网站交换友情链接　　D. 在视频网站上创建视频并嵌入链接

二、简答题

1. 国际主流的搜索引擎有哪些特点？
2. 简述搜索引擎营销的基本过程。
3. 简述SEO的工作原理。
4. 站内SEO内容优化包含哪些方面？
5. 站外SEO外链建设方法有哪些？

模块四

广告投放

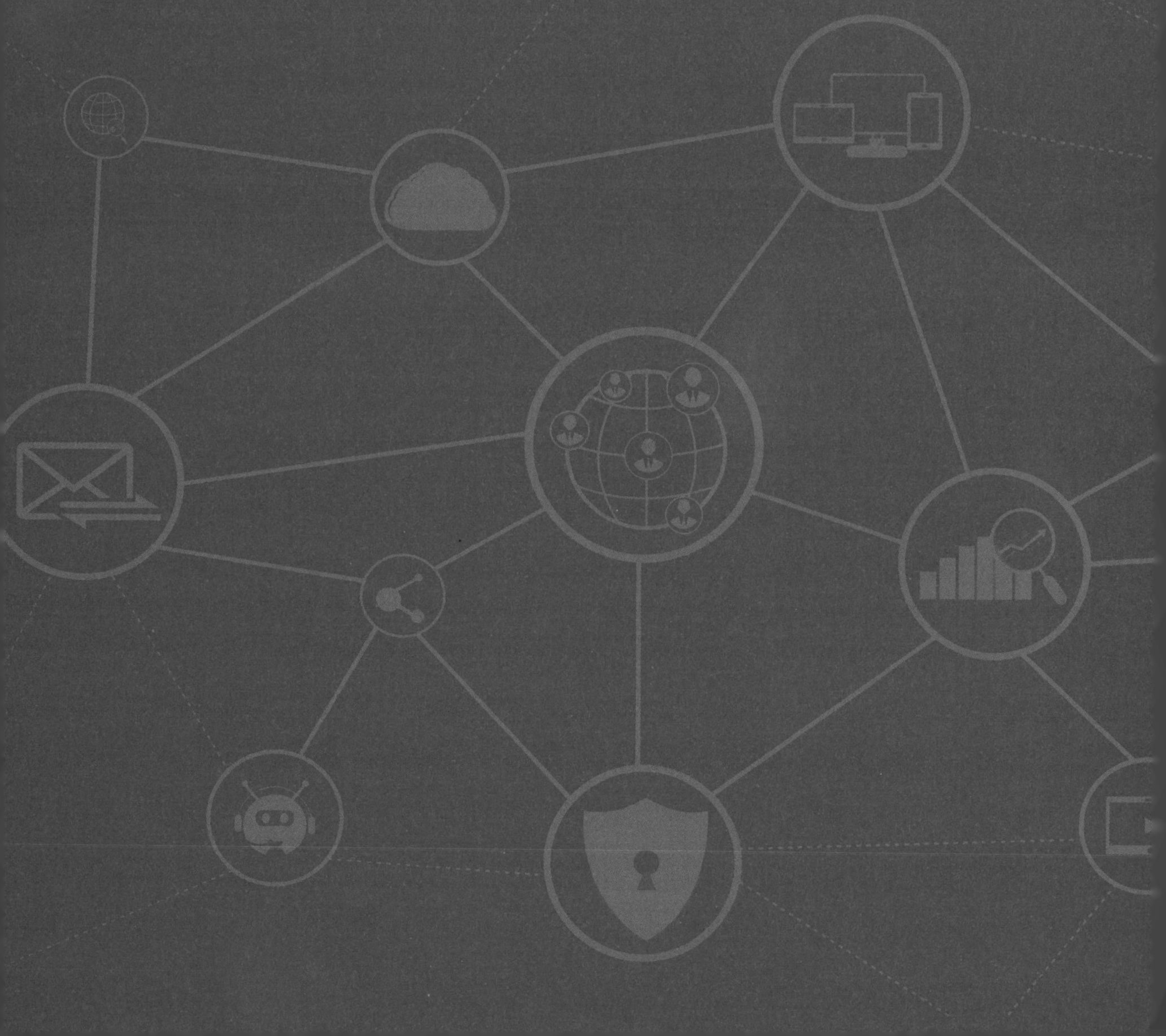

项目七 广告投放与运营

项目目标

知识目标

1. 掌握不同广告投放平台的特点及运作机制。

2. 理解目标市场的文化、消费习惯及广告法规，确保广告内容合规。

3. 熟悉广告投放的主要策略和技巧，如定位策略、内容创意等。

4. 了解广告投放的数据分析方法和工具，以评估广告效果。

5. 深入了解 TikTok 平台的用户画像、内容特点以及广告形式，掌握其广告生态和投放规则。

6. 掌握 TikTok 广告策划的基本框架和要素，如广告创意、内容规划、视觉设计等。

7. 掌握 TikTok 广告创建及推广。

技能目标

1. 能够独立策划和执行广告投放活动，包括广告计划制订、预算分配等。

2. 能够根据品牌的市场定位和发展方向，选择合适的广告投放平台。

3. 能够结合平台特点，挖掘产品卖点并实施投放。

4. 能够根据数据反馈及时调整广告投放策略。

素养目标

1. 具备法律意识，能遵守知识产权等法律法规。

2. 具备项目管理能力以及良好的沟通能力与团队协作意识。

3. 具备多元文化的理解力和包容性，能够理解和尊重不同文化背景下的广告需求。

思维导图

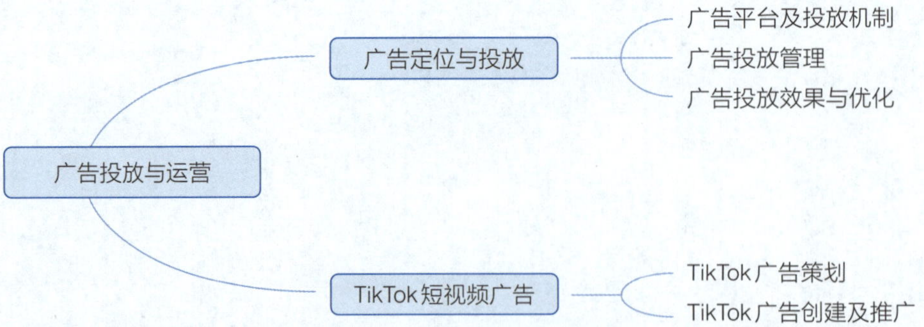

案例导入

拼多多Temu广告首秀：花1亿元人民币，让1亿美国用户看到

“Temu”，拼多多旗下的跨境电商平台，自2022年9月1日在海外市场上线以来，凭借其独特的社交裂变玩法和各大社交平台如Facebook、Instagram、TikTok的精准投放，已经积累了一定的用户基础。然而，在品牌的大规模营销方面，Temu一直保持着低调的姿态，直到北京时间2023年2月13日上午，美国第57届“超级碗”的盛大开幕。

“超级碗”，被誉为美国的“春晚”，其传播量、影响力及覆盖面均堪称顶级。多年来，这一体育盛事一直是美国收视率最高的电视节目，甚至逐渐演变为美国的非官方国定假日。2022年的数据显示，其观众人数高达9918万人。在这样的平台上，Temu豪掷1400万美元（当时约为9550万元人民币），买下了两个广告时段，并推出了一条30秒的魔性广告。

广告中，一位时尚女子借助Temu的力量，不停为自己和路人换装，同时配以朗朗上口的歌词，最终引出“Shop like a Billionaire”的广告语。这句广告语不仅体现了美式幽默，更凸显了Temu的性价比优势。正如Temu官方所言：“因为我们提供的价格，他们可以自由地购物。因为Temu，‘像亿万富翁一样购物’不再是梦想。”

此次广告首秀，无疑是Temu品牌营销的重要一步。30秒的广告花费高达700万美元/时段，平均每秒23万美元，不仅创下了“超级碗”广告的历史最高价，也使得Temu成为在该赛事投放广告的最年轻品牌。这样的投入，无疑展现了Temu在美国市场势如破竹的勇气，以及其加速开疆拓土的决心。

广告亮相后，Temu在网络上引发了热烈讨论。除了对Temu大手笔的投入感到好奇外，更多的人对“Shop like a Billionaire”这句广告语印象深刻。此外，Temu对一些应用商店的slogan也进行了更换，由原先的“Team Up，Price Down”变为“Shop like a Billionaire”，进一步加深了品牌形象。

更为显著的是，广告投放后，Temu的卖家流量出现了大幅增长。在“超级碗”开幕前，官方就已经预见流量的增长，并提醒卖家抓紧备货。多位商家表示，受投放影响，销量有了显著增长。

可以说，此次“超级碗”的广告投放是Temu品牌营销的一次重要尝试，也是其加速国际化进程的一个里程碑。未来，我们有理由相信，Temu将继续以其独特的营销策略和优质的产品服务，在跨境电商领域创造更多的辉煌。

思考

❶ Temu为何选择“超级碗”投放广告，预期的市场效果如何？

❷ “Shop like a Billionaire”广告语如何助力Temu品牌形象和消费者购买意愿？

任务一 广告定位与投放

任务目标

1. 熟悉不同广告投放平台的运作机制，包括平台特点、用户画像、投放规则等。

2. 了解广告投放管理的基本流程，包括广告计划制订、预算分配、投放策略等。

3. 掌握广告投放效果评估的方法和指标，如曝光量、点击率、转化率等，以及如何进行数据分析与解读。

4. 熟悉广告投放优化的策略和技术，包括内容优化、定位优化、投放时间优化等。

5. 能够制订并执行广告投放计划，确保广告按时、按预算投放，并进行实时调整。

6. 具备数据分析与处理能力，能够运用工具对广告投放效果进行监测和评估。

7. 能够根据数据分析结果，优化广告投放策略，提升广告效果和投资回报率。

8. 具备持续学习和自我提升的意识，不断跟踪行业动态和技术发展，提升广告投放水平。

子任务一 广告平台及投放机制

广告平台及投放机制

任务导入

为了有效增强品牌在海外市场的认知度和销售业绩，公司指派海外推广专员李华负责选择恰当的广告平台。李华当前面临的主要挑战在于如何结合目标市场的独特属性、用户行为模式，以及各广告平台的独特优势，来制定一套既高效又精准的广告投放策略。李华该怎么操作呢？

任务分析

为完成任务，李华需要进行深入的海外市场广告平台调研与分析。这包括但不限于了解全球主流广告平台的典型类型、用户群体的基本特征以及投放机制。同时，特别需要关注我国跨境电商卖家经常使用的平台，如Amazon、Wish等，以便更全面地把握市场动态和竞争态势。

知识链接

广告投放是指跨境电商企业在国际市场上购买广告位，在特定的国外媒体上发布广告，向目标受众推广和宣传自己的产品和服务，以提高品牌知名度、拓展市场、增加销售量和盈利能力。国际市场广告投放可以针对不同的国外市场进行，如美洲、欧洲、亚洲等，以满足不同国外市场的需求。

广告投放平台是一种用于在全球范围内推广产品和服务的平台，通常是由全球知名的科技公司提供，如Google、Meta（Facebook）、TikTok等。这些平台通常具有广告投放、目标受众定位、数据分析和报告等功能，可以帮助企业更好地了解目标受众的需求和行为，从而制定更加精准的广告策略。

一、搜索引擎广告平台

搜索引擎广告平台以Google广告平台（Google Ads）为代表，基于竞价排名系统运作，让广告主通过设定关键词出价和创作高质量广告来竞争搜索结果中的展示位置。

（一）Google广告平台（Google Ads）

Google Ads是Google推出的一款高效的网络广告平台，它允许广告主通过关键词定向、兴趣定向等多种方式，将广告精准地展示给潜在用户。无论是提升品牌知名度、吸引新客户，还是促进销售增长，Google Ads都能提供强大的支持。其灵活的投放选项和详尽的数据分析功能，使得广告主能够轻松管理广告预算，优化广告效果，实现营销目标。Google Ads的主要特点有以下几点。

（1）广告投放范围广泛：Google是全球较大的搜索引擎之一，Google Ads 可以让企业将广告投放在 Google 搜索结果、Google 合作网站、YouTube 等不同平台上，以扩大企业的广告覆盖面和曝光度。

（2）目标受众精准：Google Ads 提供了基于关键词、地理位置、兴趣、搜索历史等多种方式进行目标受众定位的功能，帮助企业将广告精准地投放给潜在客户和目标受众。

（3）广告类型多样：Google Ads 提供了多种广告类型，包括搜索广告、展示广告、视频广告、购物广告、应用广告等，企业可以根据自身的产品类型和营销目标选择适合的广告类型。

（4）灵活的预算控制：Google Ads 提供了灵活的预算控制功能，企业可以根据自己的预算设置广告费用，控制每次点击或每千次展示的费用，并根据广告效果进行优化。

（5）实时数据分析：Google Ads 提供了实时数据分析和报告功能，企业可以随时了解广告效果和受众反应，从而根据数据进行内容调整和优化。

Google Ads 是一种功能强大、广泛使用的广告投放平台，通过利用 Google Ads 的各种功能和工具，企业可以实现精准投放、优化广告效果、提高营销效益。

（二）投放机制

1. 关键词匹配与触发机制

搜索引擎广告平台通过广告主设定的关键词与用户搜索查询进行匹配。当用户的搜索查询与广告主的关键词相符时，广告平台会触发相关广告的展示。这种匹配机制确保广告能够精准地展示给潜在的目标受众。

2. 竞价排名与质量得分机制

在搜索引擎广告中，广告的排名是由竞价和质量得分共同决定的。广告主需要为每个关键词设定出价，同时广告平台会评估广告的质量，如点击率、相关性等。综合出价和质量得分，平台为广告分配一个综合得分，并根据这个得分决定广告的排名。这种机制既考虑了广告主的意愿，又保证了广告的质量和用户体验。

3. 效果追踪与优化机制

搜索引擎广告平台提供详细的效果追踪报告，帮助广告主了解广告的展示、点击和转化情况。广告主可以根据这些数据调整关键词、修改广告创意、优化出价策略等，以提高广告的效果和投资回报率。这种机制使得广告活动更加灵活和可控，为广告主提供了更好的推广效果。

二、社交媒体广告平台

社交媒体广告平台，如Instagram广告平台（Instagram Ads）、X广告平台（X Ads）、LinkedIn广告平台（LinkedIn Ads）等，利用用户在社交媒体平台上的行为、兴趣和社交关系，进行广告的精准投放。它们通常拥有丰富的用户数据，能够帮助广告主更深入地理解目标受众，从而实现广告的高效触达。

（一）X广告平台（X Ads）

X广告投放平台包括推广帖、应用安装推广、卡片广告等形式。它的优势在于可以在热点事件、趋势话题等关键时刻投放广告，吸引更多的关注并促进转化。X Ads的主要特点如下。

（1）实时性强：X是一个实时性强、内容更新速度快的社交媒体平台，企业可以通过 X Ads在短时间内发布和推广最新的信息和内容，让用户及时了解品牌动态和产品信息。

（2）广告形式多样：X Ads提供了多种广告形式，包括推文广告、账号推广、推广趋势、应用安装广告等，企业可以根据自身的营销目标和受众群体选择适合的广告形式。

（3）受众定位精准：X Ads可以根据用户的兴趣、关注、性别、年龄、地理位置等多个因素进行受众定位，帮助企业将广告投放给潜在客户和目标受众。

（4）广告效果实时监测：X Ads提供了广告投放效果实时监测和反馈功能，企业可以及时了解广告效果并进行调整和优化，从而提高广告的曝光率和转化率。

（5）社交互动性强：X是一个社交媒体平台，用户可以通过点赞、评论、转发等方式与品牌进行互动，提高广告的曝光和传播效果。

（二）LinkedIn广告平台（LinkedIn Ads）

LinkedIn是专门针对商务人士的社交平台，广告主可以在平台上投放各种类型的广告，包括文字广告、图像广告和视频广告。它的优势在于可以精准地定位到特定行业、职业和地理位置的用户，广告覆盖面更广，也更具针对性。LinkedIn Ads的主要特点如下。

（1）专业性强：LinkedIn是面向商业社交的专业平台，用户大多是企业和职场人士，其广告内容和受众也更加专业化，适合用于B2B营销和招聘等领域。

（2）受众定位准确：LinkedIn Ads提供了多种受众定位方式，包括地理位置、职位、行业、公司规模、学历等，帮助企业将广告投放给最具潜力的目标受众。

（3）广告形式多样：LinkedIn Ads提供了多种广告形式，包括文字广告、图片广告、视频广告、动态广告、推广内容等，企业可以根据不同的营销目标和受众群体选择最适合的广告形式。

（4）数据分析详尽：LinkedIn Ads提供了详细的数据分析和报告功能，企业可以实时监测广告效果并进行调整和优化，提高广告的曝光率和转化率。

（5）受众互动性强：LinkedIn是一个专业的社交平台，用户对品牌的互动性强，企业可以通过广告吸引用户进行点赞、评论、转发等互动，提高广告的曝光和传播效果。

（三）投放机制

1. 用户数据分析与精准定位

社交媒体平台通过收集和分析用户的行为、兴趣、社交关系等数据，构建出清晰的用户画像。这些画像为广告主提供了宝贵的洞察，使得广告可以更加精准地定位到目标受众。通过深度了解用户的喜好和需求，广告平台能够推送更符合用户期望的广告内容，提高广告的点击率和转化率。

2. 内容创意与广告形式多样化

社交媒体广告平台提供丰富多样的广告形式和创意工具，满足广告主不同的需求。无论是图文、视频还是直播等形式，都可以根据广告主的策略和目标受众的特点进行选择和定制。这些多样化的广告形式不仅能够吸引用户的注意力，还能够更好地传递广告信息，提升广告的传播效果。

3. 实时反馈与优化调整

社交媒体广告平台具备实时反馈和优化调整的能力。广告主可以通过平台提供的数据分析工具，实时监控广告的表现，包括点击率、转化率、用户反馈等指标。基于这些数据，广告主可以及时调整广告策略，优化广告内容和定位，以提高广告效果。这种实时反馈和优化调整的机制使得社交媒体广告更加灵活和高效。

三、视频广告平台

视频广告平台主要以视频内容为载体，展示各种类型的广告。以TikTok广告平台

（TikTok Ads）、YouTube广告平台（YouTube Ads）为代表，允许广告主在视频内容中插入广告，通过视觉和听觉的双重刺激吸引用户关注。

（一）TikTok广告平台（TikTok Ads）

TikTok广告平台是一种新兴的广告投放平台，主要面向年轻用户，广告形式包括品牌挑战、品牌活动、品牌合作等。它的优势在于用户活跃度高，可吸引更多年轻用户，同时具有创新的广告形式，可以更好地传达品牌价值。主要特点如下。

（1）广告类型丰富：TikTok Ads提供了多种广告类型，包括原生视频广告、品牌挑战、品牌活动、明星合作等，企业可以根据自身的产品类型和营销目标选择适合的广告类型。

（2）广告创意多样：TikTok Ads鼓励创意营销，可以让企业通过有趣、创新的创意表达吸引用户的注意力，从而提高广告效果。

（3）目标受众年轻：TikTok的主要用户群体年轻，因此适合营销年轻化、消费互联网化的产品，企业可以将广告投放给13岁以上的用户。

（4）定位精准：TikTok Ads提供了基于年龄、性别、地理位置、兴趣等多种方式进行目标受众定位的功能，帮助企业将广告精准地投放给潜在客户和目标受众。

（5）用户参与度高：TikTok是一种基于音乐和短视频的社交应用，用户参与度高，用户通常会互动、分享和评论，因此可以增加广告的曝光度和影响力。

（二）投放机制

1. 精准的用户定位与画像匹配

视频广告平台首先会通过收集用户的浏览历史、点赞、评论、分享等行为数据，对用户进行精准画像。这些数据帮助平台了解用户的兴趣爱好、消费习惯以及在线行为模式。基于这些用户画像，平台能够精准地识别出目标受众群体，并为广告主提供精准定位的广告投放服务。广告主可以根据自身的需求，选择特定的受众群体进行广告投放。通过设定地理位置、年龄、性别、兴趣爱好等多维度筛选条件，广告主确保广告内容能够精准触达目标用户，提高广告效果。

2. 创新的广告形式与内容呈现

视频广告平台提供了多种创新的广告形式，以满足不同广告主的需求。这些广告形式包括原生广告、品牌挑战、品牌效果广告等，各具特色。这些广告形式与内容呈现方式，不仅丰富了用户的观看体验，还使得广告内容更加生动、有趣，能够引起用户的兴趣和共鸣。

3. 智能的投放策略与优化调整

视频广告平台利用先进的算法技术，对广告投放进行智能优化。平台会根据广告主的预算、投放位置、广告形式以及定向受众等参数，自动调整广告的投放策略，以实现最佳的广告效果。同时，平台还会对广告效果进行实时监测和数据分析，为广告主提供投放效果报告。广告主可以根据这些报告了解广告的曝光量、点击率、转化率等指标，从而及时调整投放策略，优化广告内容，提高广告效果。

四、跨境电商广告平台

跨境电商广告平台主要服务于跨境电商卖家，如亚马逊广告平台（Amazon Ads）、Wish广告平台（Wish Ads）等。它们允许广告主在平台内投放广告，提升产品曝光度，吸引更多潜在买家。

（一）亚马逊广告平台（Amazon Ads）

Amazon Ads是针对在线零售商的广告平台，优势在于可以将广告投放到具有购买意向的用户身边，提高广告的转化率和销售额。主要特点如下。

（1）直接针对购买意愿强的用户：亚马逊是一个全球知名的电商平台，用户在该平台上浏览商品时已经表现出了购买意愿，因此企业可以直接针对这些潜在的购买用户进行广告投放，提高广告的转化率。

（2）多种广告形式：Amazon Ads提供了多种广告形式，包括赞助产品广告（sponsored products）、赞助品牌广告（sponsored brands）、赞助展示广告（sponsored display）等，企业可以根据不同的广告目标和受众群体选择最适合的广告形式。

（3）数据分析精准：Amazon Ads提供了详细的数据分析和报告功能，企业可以实时监测广告效果并进行调整和优化，提高广告的曝光率和转化率。

（4）基于关键词定向广告：Amazon Ads广告投放主要是基于关键词的，企业可以选择相关的关键词进行广告投放，确保广告曝光在最符合潜在用户搜索词的页面。

（5）手机端广告形式丰富：随着移动端的普及，Amazon Ads也提供了多种手机端广告形式，如应用内广告、视频广告、沉浸式广告等，帮助企业更好地覆盖移动用户。

（二）投放机制

1. 精准定向与目标用户匹配

通过先进的用户数据分析和购物行为追踪技术，能够精准地识别并定位具有购买意向的目标用户。广告主可以根据产品的特性、目标受众的购买习惯、搜索行为等多个维度，制定高度针对性的广告投放策略。平台能够确保广告被投放到最有可能产生购买行为的用户群体中，从而显著提高广告的转化率和销售额。

2. 多样化的广告形式与灵活投放

为了满足不同广告主的需求和预算，这类平台提供了多种广告形式，如赞助产品广告、赞助品牌广告、赞助展示广告等。广告主可以根据自身的广告目标和受众特点，选择最适合的广告形式进行投放。同时，平台还提供了灵活的投放选项，广告主可以根据预算、投放时间、地域等多个因素，进行精细化的广告投放控制。

3. 数据驱动的优化与效果评估

通过收集和分析大量的用户行为数据、广告点击数据等，为广告主提供详细的投放效果报告。广告主可以根据这些报告，实时监测广告的表现，并根据数据进行调整和优化，以提高广告的曝光率、点击率和转化率。此外，平台还提供了智能的算法和工具，帮助广告主更精准地定位目标用户、优化广告内容和投放策略，实现广告效果的最大化。

任务训练

◆ 任务目标

了解国际市场广告平台的投放机制，掌握广告投放策略与技巧。

◆ 任务导入

假设你是一家时尚品牌的海外推广专员，公司最新推出了一款名为“风尚潮流”的时尚配饰系列，包括耳环、项链、手链等精致饰品。这些产品融合了现代设计与传统工艺，旨在满足年轻消费者对时尚与个性的追求。你需要通过选择合适的广告平台，制定有针对性的广告投放策略。

◆ 任务要求

将班级分组，每组4～5人，全面研究国际市场广告平台，精准锁定目标受众群体，并据此制定高效且创新的广告投放策略。

子任务二 广告投放管理

广告投放管理

任务导入

在全球化的今天，国际市场竞争愈发激烈，为了吸引目标受众、提升品牌知名度并促进销售，广告投放管理成为企业营销战略中不可或缺的一环。作为海外推广专员，李华将肩负起广告投放管理的重任，负责规划、执行和监控广告投放的整个过程。那么，面对这一挑战，李华该如何操作呢？

任务分析

广告投放管理涉及多个关键环节，包括确定目标受众、策划投放计划、设计广告创意、选择广告平台、监控投放效果以及报告与分析。这些步骤相互关联，共同构成了广告投放管理的完整流程。

知识链接

广告投放管理是指在针对国际市场的营销活动中，负责广告投放策略的规划、执行和监控的过程。广告投放管理的目标是通过在适当的时间和地点展示有吸引力和有效的广告，来吸引目标受众的注意力，提高品牌知名度，促进销售和转化率。

广告投放管理通常包括以下六个方面。

一、确定目标受众

了解目标受众的特点和需求是广告投放管理的核心环节。只有明确了受众的画像，才能制定出更加精准有效的广告策略。以下是一些常用的方法，能够帮助我们锁定并深入了解目标受众。

（一）深入市场调研

市场调研是了解目标受众的基础。通过设计问卷、进行深度访谈、组织焦点小组讨论等手段，可以掌握受众的需求、兴趣、消费习惯等关键信息。同时，收集受众的年龄、性别、收入、教育水平等基本信息，有助于构建更为完整的受众画像。

（二）剖析竞争对手

分析竞争对手的受众定位，可以为我们提供宝贵的参考。通过研究竞争对手的广告投放策略、市场布局等信息，可以发现潜在的目标受众，并避免与竞争对手在相同的受众群体上过度竞争。

（三）挖掘数据价值

现代广告投放离不开数据分析。利用Google Analytics、Facebook Insights等数据分析工具，可以挖掘网站流量、社交媒体互动、用户行为等多维度数据，从而揭示目标受众的真实面貌和偏好。

（四）构建虚拟人物

为了更好地理解目标受众，可以尝试创建虚拟人物，即“人设假人”。这些虚拟人物具有特定的年龄、性别、职业、兴趣等属性，代表了我们想要影响的受众群体。通过为这些虚拟人物制定广告策略，可以更加精准地满足目标受众的需求。

二、策划广告投放计划

广告投放计划是广告投放管理的一个重要步骤，它是根据营销策略和目标受众，制定广告投放策略和方案的计划。广告投放计划包括以下几个方面。

（一）确定广告投放的目标

需要确定广告投放的目标，如增加品牌知名度、促进销售、提高转化率等。根据不同的目标，可以制定不同的广告投放策略。

（二）确定广告投放的时间和频率

需要根据目标受众的行为和习惯，选择合适的广告投放时间和频率。比如在目标受众在线的时间段投放广告，可以提高广告的曝光率和效果。

（三）确定广告投放的地理位置

根据目标受众所在的地区和广告投放的覆盖范围，选择合适的广告投放地理位置。例如，如果目标受众主要在某个城市，就可以选择在该城市投放广告。

（四）制定广告投放预算

根据广告投放目标和策略，制定合适的广告投放预算。需要考虑到广告平台的费用、广告投放的时间和频率等因素。

（五）选择广告平台和广告形式

根据目标受众的特点和行为，选择合适的广告平台和广告形式。例如，如果目标受众主要在社交媒体上活动，就可以选择在Facebook或Instagram上投放广告。

（六）设定广告投放指标和监控方式

需要设定合适的广告投放指标，如曝光率、点击率、转化率等，并选择合适的数据分析工具进行监控和评估广告投放效果。

（七）持续优化和调整

定期对广告投放策略进行评估和优化，根据数据和用户反馈对广告投放策略进行调整，以提高广告投放效果。

一个好的广告投放计划可以提高广告投放效果，使广告投放更加精准和有效。

三、设计广告创意

设计广告创意：设计广告文案、图片或视频等，确保广告能吸引目标受众的眼球，并能够激发他们的兴趣。好的广告创意可以吸引目标受众的注意力，提高品牌知名度，促进销售。以下是一些设计广告创意的建议。

（一）突出卖点

广告创意需要突出产品或服务的卖点，以吸引目标受众的关注。卖点可以是产品特性、优惠活动、品牌口号等。例如，无人机品牌大疆（DJI）的广告通常突出其飞行控制技术、高清摄像技术和智能化操作等卖点。广告中经常展示无人机在不同的环境中飞行、拍摄高清影像或操作控制器的画面，以突出其性能和易用性。

（二）采用吸引人的视觉效果

设计广告创意需要考虑到视觉效果，可以采用吸引人的图片、颜色和排版等手段，以吸引目标受众的注意力。例如，京东在购物节期间的广告中经常使用明亮的黄色和红色，让受众能够更加清晰地看到商品的优惠和特价；在蒙牛的广告中，蒙牛经常会使用可爱的卡通动物来代表其不同口味的酸酸乳，这让广告更加生动有趣，吸引了年轻人的目光。

（三）简明扼要的文案

广告创意的文案需要简洁明了，重点突出。能够让目标受众在短时间内了解到产品的特点和优势。例如，“轻薄笔记本，轻轻松松带走。”这个文案直接突出了联想笔记本的卖点——轻便易携，让受众一下子就明白了这个产品的特点。

（四）结合品牌形象

广告创意需要与品牌形象相符合，以提高品牌的一致性和可信度，可以在广告中体现品牌的口号、标志、颜色等元素。作为中国时尚跨境电商平台，Shein的广告创意通常都会使用粉色调的配色，并突出Shein品牌的“Let you be yourself”口号。这样的广告不仅能够让消费者更加了解Shein的品牌形象，还能够让他们感受到Shein品牌所代表的时尚、个性和自由。

（五）突出个性和创意

广告创意需要具备一定的个性和创意，能够吸引目标受众的注意力，提高品牌知名度。例如，唯品会在春节期间曾推出过“跨年飞了个越南”系列广告，宣传其平台上的海外商品。

四、选择广告平台

选择广告平台需要考虑多方面的因素，包括目标受众、广告形式、广告预算等，主要考虑以下因素。

（一）根据目标受众的属性和行为

不同的广告平台有不同的目标受众和行为特点，例如，Facebook可以利用用户的行为和兴趣数据，可以将广告投放给具有相似兴趣爱好的人群，比如购物偏好、旅行、运动、娱乐等；Google Ads广告主可以选择与搜索词或关键词相关的广告，将广告展示给搜索特定关键词的用户。

（二）考虑广告平台的广告形式

不同的广告平台有不同的广告形式，例如，Google Ads广告可以是搜索广告、展示广告、视频广告等；Facebook广告有Feed 广告、右侧栏广告、视频广告、动态广告、目录广告等；TikTok广告有原生视频广告、品牌挑战广告、品牌效果广告、电商广告等。

知识拓展

Feed广告

Feed 广告是指以推送的方式展示在用户信息流、时间线、动态等页面中的广告形式。在用户通过滑动屏幕浏览内容的同时，这些广告会以与用户的个人内容相似的形式展示。这种广告形式通常是图像或视频，具有高度的视觉吸引力和可操作性。

Feed 广告通常被视为一种用户体验友好的广告形式，因为它们与平台上的其他内容融合度很高，而且在用户的自然行为流程中出现，所以更有可能被用户看到和点击。

在许多流行的社交媒体平台上，如 Facebook、Instagram 和 X，Feed 广告已经成为广告主们常用的广告形式之一。这种广告形式能够精准地定位目标受众，并为广告主带来良好的广告效果和更多的品牌曝光。

（三）考虑广告平台的定价模式

不同的广告平台有不同的定价模式，例如，Google Ads广告可以是每次点击付费或每千次展示付费。需要根据广告预算和广告效果，选择适合的定价模式。

（四）考虑广告平台的数据分析功能

不同的广告平台有不同的数据分析功能，例如，Facebook 广告可以提供详细的受众分析，而Google Ads广告可以提供详细的搜索词分析。需要根据广告目标和目标受众的特点，选择适合的数据分析功能。

（五）参考其他广告主的经验

可以参考其他广告主在不同广告平台的经验，了解其投放效果和体验，从而选择适合自己的广告平台。

五、监控广告投放效果

企业需要实时监控广告投放效果，采取一定的监控方法，根据数据对广告策略进行调整和优化。

监控指标：选择与广告目标和营销目的相关的指标，如点击率、转化率、展示次数、互动率、成本效益等，以衡量广告效果。

建立转化跟踪：使用转化跟踪代码或像Facebook像素这样的工具，跟踪广告对网站流量、销售、注册等转化的影响，并了解哪些广告触发了这些行为。

A/B测试广告：对同一目标受众，测试两种或更多不同的广告创意或定位方式，以了解哪种广告更受欢迎、更有效。

竞品分析：了解竞争对手的广告策略，比较不同广告平台的广告效果，以提高自己的广告效果。

数据分析：根据广告平台提供的分析数据和统计数据，分析广告表现和受众数据，了解广告的受众特征和需求，以及优化广告策略。

总之，监控广告投放效果需要定期关注和分析数据，同时要不断调整和优化广告策略，以提高广告效果和投资回报。

六、报告和分析

定期对广告投放效果进行报告和分析，以便评估广告投放策略的有效性和改进方向。编写广告投放报告，列出关键指标的数据、趋势、洞察和建议，说明广告投放的成效和不足，以及需要改进的方向。根据报告的结果，提出改进方案，例如，调整广告创意、优化目标受众定位等，以便提高广告投放的效果。

任务训练

◆ 任务目标

加强广告投放的合规管控，有效规避潜在风险，确保广告活动的合法性和安全性。

◆ 任务导入

近年来，随着海外广告行业迅猛发展，广告平台和形式愈发多样，但违规问题也随之显现，如虚假宣传、侵犯隐私等，这不仅影响广告效果，更可能为公司带来法律和经济风险。作为海外推广专员，你肩负着监督和管理广告投放活动的重任，必须制定一套有效的合规管控和风险规避方案，并严格监控各环节，确保广告内容合法合规，从而维护公司的利益和品牌形象。

◆ 任务要求

将班级分组，每组4～5人，制定一份广告投放合规管控和风险规避方案。

子任务三 广告投放效果与优化

广告投放
效果与优化

任务导入

作为海外推广专员，李华肩负着不断探索和创新广告投放策略与机制的重任。他深知，广告投放并非一成不变的工作，而是需要时刻关注市场动态，紧跟行业趋势，以适应不断变化的受众需求。因此，他不仅要精心策划和执行广告投放计划，更要密切关注投放效果，通过精准的数据分析和反馈机制，及时发现问题并调整策略。

任务分析

为了确保广告投放的每一分投入都能转化为实际的推广效果，李华需要建立一套完善的广告投放体系，对投放效果进行全面、客观的衡量。在此基础上，李华还需要不断优化投放策略，包括调整广告内容、改进投放渠道、优化投放时间等，以进一步提升广告的曝光率、点击率和转化率。

知识链接

一、广告投放效果

广告投放效果的评估通常用KPI（key performance indicator）来表示。KPI即关键指标考核，是广告主用来评估广告推广活动是否有效的指标体系和评价标准。广告的KP1评估主要围绕广告效果、成本收益和投放保障三大方面。

广告效果：广告推广活动对于消费者或目标受众所产生的影响和效果。广告效果是广告活动的核心指标之一，用于衡量广告活动的成效、评估广告投放策略的有效性，以及优化广告创意和营销策略。

成本收益：衡量广告投放整体消耗、各渠道等维度的性价比。

投放保障：衡量广告投放的真实性和安全性，用于保障广告效果以及成本收益。

广告主在品牌和效果方面都有投放需求，按照重心方向的不同可将其分为效果广告和品牌广告。相应地，将考核指标分为三类：基础（basis）、效果（performance）、品牌（branding）。先定义广告消耗为cost，广告展示次数为impression，广告点击次数为click。

（一）基础指标（basis）

1．CPM

CPM是指千次展示成本（cost per mille，或者cost per thousand impressions），即广

告每展示1000次对应支付的费用。CPM通常用于展示广告，如横幅广告、视频广告等。CPM定价方式的计费标准是以展示次数为基础，广告主需要为广告在网络或其他媒体上展示的次数付费，无论用户是否点击广告或进行任何其他操作，费用都会按照展示次数计算。例如，如果广告主选择CPM定价方式，广告展示1000次需要支付10元，那么展示2000次就需要支付20元，展示5000次就需要支付50元，以此类推。

CPM定价方式主要用于提高品牌知名度、扩大品牌影响力等，通过广告的展示，将品牌信息传递给更多的受众，促进品牌认知度的提高。但是，CPM定价方式并不能保证广告转化率和点击率的提高，因此在选择广告定价方式时需要根据广告目标和预算来综合考虑。

2. CTR

CTR是指点击率（click-through rate），用于衡量广告被点击的次数与广告被展示的次数之间的比例。点击率通常用于衡量搜索广告和展示广告的点击效果。

CTR的计算公式为：点击次数/展示次数 ×100%。例如，如果一条广告展示1000次，被点击10次，那么它的点击率为1%。

3. CPC

CPC是指每次点击成本（cost per click），通常用于搜索广告和一些社交媒体广告，广告主按照用户点击广告的次数计费。

CPC定价方式的计费标准是以用户点击次数为基础，广告主需要为广告每次被点击支付费用，无论用户在点击广告后是否进行其他操作。CPC定价方式的好处是广告主只需要为有效的点击付费，而无须为广告的展示付费。例如，广告主设置CPC为1元，当广告被点击了100次，广告主就需要支付100元的费用，而不管广告被展示的次数是多少。

CPC定价方式主要用于提高广告转化率，因为只有当用户真正对广告产生了兴趣并点击了广告，广告主才会被收取费用。但是，CPC定价方式也有一定的风险，因为广告主无法保证广告一定能够吸引用户的点击，如果广告的质量不高或者投放的位置不合适，可能会导致广告费用的浪费。

4. 广告费用

一定周期内，广告投放所支付的费用，包括广告策划费用、广告制作费用、媒体购买费用、发布费用、推广费用等。

（二）效果指标（performance）

1. 点击量

点击量（clicks）是指用户点击广告的次数。在广告投放过程中，广告主会将广告投放到某些网站或应用程序上，当用户看到广告并点击广告时，就会产生点击量。点击量通常是衡量广告活动效果的重要指标之一，它可以反映出广告的曝光度和用户的兴趣程度。

点击量是衡量广告效果的重要指标之一，它可以反映广告的吸引力和用户的互动度。当广告主投放广告时，点击量可以帮助广告主判断广告投放的效果如何，是否需要调整广告的内容、投放位置、定向等策略。同时，点击量也是广告主进行投放费用计算和预算规划的重要依据之一。

2. 转化量

转化量（conversion）是指通过广告活动获取的有效业务成果的数量，例如，用户在点击广告后购买产品、填写表格、下载文件等行为。换句话说，转化量是广告主所追求的实际业务效果，是广告投放的最终目的。

3. CPA

CPA（cost per acquisition）是指广告主为获得一个有效的业务成果所付出的费用，例如，一个购买、注册、安装、下载等。

CPA是通过将广告活动的费用除以实现的有效业务成果的数量来计算的，因此它可以反映出广告投放的效果和收益。对于广告主而言，CPA越低，代表他们的广告投放效果越好，能够以更少的费用获得更多的有效业务成果。

4. CPL

CPL（cost per lead）是指广告主为获取一个潜在客户所付出的费用，通常是指用户填写表格、提供联系方式等与商家建立联系的行为。

CPL的计算方式是将广告活动的费用除以获取的潜在客户数量，因此，CPL越低，代表广告主获得潜在客户的成本越低，能够以更少的费用获得更多的潜在客户。同时，CPL也可以帮助广告主评估潜在客户的质量和购买意愿，优化广告内容和定位等，以提高潜在客户的转化率。

5. CVR

CVR（click value rate），点击转化率，是指广告转化次数占广告点击次数的百分比。CVR是一个重要的指标，可用于衡量广告投放的效果和效率。较高的CVR表示广告更能吸引目标受众，同时也说明预期目标的转化率较高。CVR的计算公式为：完成转化的次数/广告点击次数 ×100%。这里的转化次数可以是注册数、Lead数量、订单数等。

知识拓展

Lead数量

“Lead数量”通常指潜在客户的数量，是指已经表现出对某个品牌、产品或服务感兴趣的个人或组织。这些潜在客户可能已经提供了他们的联系方式，如电子邮件地址、电话号码或社交媒体账号，以便品牌或企业可以通过这些渠道进一步联系和沟通。

在市场营销中，通过各种渠道（如广告、营销活动、SEO、社交媒体等）吸引潜在客户，获取他们的联系方式，然后通过后续的营销和销售活动进行跟进和转化，是一种常见的营销策略。因此，Lead数量通常是企业或市场营销团队关注的一个重要指标，也是评估市场营销活动效果的重要指标之一。

6. ROI

ROI（return on investment），投资回报率，指的是广告投入与广告收益之间的比率。通俗地说，ROI是指广告投放所获得的收益与广告投入之间的比例。

ROI是一个重要的指标，因为它可以帮助广告主确定他们的广告投放是否有效，是否带来足够的收益来弥补广告投入的成本。如果ROI为正，则表示广告投入带来的收益超过了成本，这是一个良好的结果。反之，如果ROI为负，则表示广告投入的成本超过了获得的收益，这可能需要重新考虑广告投放的方式或策略。

ROI的计算公式是（广告收益−广告成本）/ 广告成本。例如，如果广告成本为1000美元，广告收益为3000美元，则ROI为（3000−1000）/ 1000 = 2。这表示广告投放带来的收益是广告成本的两倍。

（三）品牌指标（branding）

通过投放广告，品牌可以让更多的人看到自己的产品或服务，了解自己的品牌理念和价值，建立品牌形象。广告还可以提高消费者对品牌的好感度和信任感，促进购买行为。当品牌知名度提高时，消费者更容易想到该品牌，并在购买时考虑该品牌的产品或服务。

1. 用户互动度

用户互动度是指在广告活动中，用户与广告进行互动的程度和频率。用户互动度是衡量用户参与度的一种指标，能够反映广告对用户的吸引力和影响力。

在广告中，用户互动度可以表示为用户与广告的互动次数，例如，点击广告、观看广告、分享广告等。用户互动度对于广告的效果有很大影响。当用户互动度高时，表示用户对广告的兴趣和参与度较高，有可能会对广告所推广的产品或服务产生更高的认知和购买意愿。反之，如果用户互动度低，则说明用户对广告不够感兴趣或者参与度不高，可能会影响到广告的效果。

因此，提高用户互动度是很多品牌和广告主的目标之一，可以通过优化广告创意、定位目标受众、提供有趣和吸引人的内容等方法来提高用户互动度。

2. 覆盖面和频次

覆盖面和频次是广告投放中常用的指标，用于衡量广告在一定时间内的覆盖率和触达频率。

覆盖面指广告在一定时间内能够覆盖到的目标受众数量。例如，如果一则广告在一周内通过不同的媒体平台可以覆盖100万的目标受众，那么这个广告的覆盖面就是100万人。

频次则是指广告在一定时间内对目标受众的触达次数。例如，如果一则广告在一周内通过不同的媒体平台触达同一个目标受众3次，那么这个广告的频次就是3。

覆盖面和频次是相互关联的，它们对于广告的效果都有重要的影响。广告的覆盖面越广，可以覆盖到的目标受众数量越多，能够提高品牌的知名度和认知度。然而，如果频次过高，用户可能会感到广告过于烦扰，产生反感和厌烦的情绪。因此，控制广告的频次是很重要的，可以避免用户感到过度打扰，同时保证广告的有效触达。

在广告投放时，广告主需要考虑覆盖面和频次的平衡，以达到最佳的广告效果。一般来说，要根据广告目的、受众特征、广告创意等因素来选择合适的覆盖面和频次，以达到最好的营销效果。

二、广告投放优化

广告投放优化是一个复杂且持续的过程，它涉及多个方面的策略调整和技术应用，主要有以下五个方面的优化。

（一）选择合适的广告类型

选择合适的广告类型是投放优化的第一步。不同的广告类型有不同的特点和适用场景，因此需要根据产品或服务的特点、目标受众以及广告预算等因素进行选择。例如，搜索广告适用于有明确需求的用户，而展示广告则更适合品牌形象塑造和扩大曝光。同时，随着技术的发展，视频广告、原生广告等新型广告形式也逐渐兴起，可以根据实际情况进行选择。

（二）优化关键词

关键词是搜索广告的核心，优化关键词能够提高广告的曝光率和点击率。首先，需要进行关键词的筛选和分类，选择与产品或服务紧密相关的关键词。其次，需要关注关键词的匹配方式，包括精确匹配、短语匹配和广泛匹配等，根据实际情况选择合适的匹配方式。此外，还需要定期分析关键词的表现，对表现不佳的关键词进行调整或替换。

（三）优化广告素材

广告素材是吸引用户点击的关键，因此优化广告素材至关重要。首先，需要设计吸引人的标题和描述，突出产品或服务的特点和优势。其次，需要选择合适的图片或视频素材，确保素材的质量和清晰度。此外，还需要关注广告的排版和布局，确保广告的整体效果美观大方。

（四）调整出价策略

出价策略是影响广告排名和投放效果的重要因素。在调整出价策略时，需要综合考虑关键词的竞争程度、广告质量得分以及预算等因素。对于竞争激烈的关键词，可以适当提高出价以获得更好的排名；对于表现不佳的关键词，可以降低出价或暂停投放。同时，还需要关注广告的投放时段和地域设置，确保广告在目标受众活跃的时间段和地区进行投放。

（五）数据监控与分析

数据监控与分析是广告投放优化的重要环节。通过对广告投放数据的监控和分析，可以了解广告的表现和效果，发现存在的问题和优化的空间。首先，需要关注广告的曝光量、点击量、转化率等关键指标，了解广告的整体表现。其次，需要对数据进行深入分析，找出影响广告效果的关键因素，如关键词的表现、广告素材的吸引力等。最后，根据分析结果制定相应的优化策略，不断调整和优化广告投放。

任务训练

◆ 任务目标

通过A/B测试对广告投放进行优化，提高广告投放效果。

◆ 任务导入

某电商公司为了提高其广告投放效果，决定进行A/B测试。公司已经选择了合适的广告渠道和目标人群，现在需要制定具体的测试方案并进行实施。任务：①设计两个不同的广告版本（A组和B组），并进行同等次数的投放；②收集测试期间的数据，包括点击率、转化率、销售额等指标；③使用数据分析工具对数据进行对比分析，找出差异并分析原因；④根据分析结果，提出优化建议并制定相应的调整方案。

◆ 任务要求

班级分组，每组4～5人，每个小组提交一个测试方案，并进行讨论和优化。

任务二
TikTok短视频广告

任务目标

1. 深入了解TikTok的用户群体、内容特点、流行趋势以及广告政策，掌握TikTok作为短视频广告平台的独特优势。

2. 掌握TikTok广告的基本类型，理解各种广告形式的适用场景和效果。

3. 了解TikTok广告策划的基本步骤。

4. 能够根据品牌特点和目标受众，策划出符合TikTok平台风格的广告创意。

5. 面对TikTok平台及广告市场的不断变化，保持持续学习的态度，不断提升自己的专业技能和适应能力。

6. 遵守广告行业的职业道德规范，确保广告内容的真实性和合法性，维护品牌形象和消费者权益。

子任务一　TikTok广告策划

TikTok广告策划

任务导入

近日，云帆电子商务有限公司为拓展海外市场，决定启动TikTok广告策划项目。作为海外推广团队的核心成员，李华被赋予了重任，负责全面规划和设计TikTok广告内容。李华该如何操作呢？

任务分析

在TikTok广告策划中，需要深入研究TikTok的用户特点、内容趋势和广告形式，了解目标受众的喜好和需求，并结合品牌特色和产品优势创作出具有创意和吸引力的广告内容，以实现品牌推广和销售增长。

知识链接

一、TikTok概述

（一）基本信息

TikTok是一款基于移动互联网的短视频应用App，基本信息如表7-1所示。TikTok也是一款非常流行的社交媒体平台，它的用户可以关注其他用户、点赞、评论和分享其他用户的视频。

表7-1　TikTok基本信息一览表

项目	基本信息
开发公司	字节跳动
发布时间	2016年9月
应用类型	短视频社交媒体应用
支持平台	iOS、Android等
用户规模	全球用户超过10亿，主要集中在18～34岁的年轻人群体
主要功能	拍摄和分享短视频，跟随其他用户、点赞、评论和分享其他用户的视频，为视频添加音乐、滤镜等特效
收入来源	广告投放、虚拟礼物、付费功能等

TikTok在短时间内迅速崛起，成为全球较受欢迎的社交媒体应用之一，吸引了大量年轻用户的关注。由于其巨大的用户群体和广告投放的便利性，越来越多的品牌开始将TikTok纳入其数字营销计划中。

（二）用户群体

TikTok用户群体属性和特征主要有以下几点。

1. 年龄分布

TikTok的主要用户年龄在16～24岁。TikTok后台数据显示，TikTok在美国的用户中，18～24岁人群占比最高，占比为42.4%；其次是13～17岁人群，占比为33.5%；25～34岁人群占比为15.9%，35岁及以上的人群占比相对较低。

TikTok的用户主要集中在年轻人群体，而且其平台的短视频特性以及丰富的音乐内容也比较吸引年轻用户的兴趣。

2. 地域分布

TikTok 用户主要分布在亚洲、欧洲和北美洲等地区。印度、印度尼西亚、泰国、马来西亚、日本、韩国、菲律宾、越南等亚洲国家都是TikTok的主要市场。其中，印度是全球最大的TikTok市场。欧洲主要分布在英国、德国、法国、俄罗斯、土耳其等国家。北美市场主要分布在美国和加拿大两个国家，其中美国是TikTok的第二大市场。

除此之外，澳大利亚、南非、巴西、墨西哥等国家的用户数量也在不断增长。总体来说，TikTok的用户地域分布相当广泛，呈现出多元化和全球化的趋势。

3. 兴趣分布

TikTok用户喜欢音乐、舞蹈、时尚、美食、旅游、游戏等内容，这也是TikTok上面最受欢迎的视频类别。

TikTok在海外的用户群体和中国有所不同，但是都具有很强的社交属性和年轻化特点，因此对于一些品牌和企业来说，在TikTok上进行广告投放仍然是一种很好的选择。

二、TikTok广告形式

TikTok的广告业务在过去几年中快速增长，成为该平台的主要收入来源。目前，TikTok的广告形式和定价策略与其他社交媒体平台类似，包括基于点击、曝光或视频观看次数等不同的定价模式，广告主可以根据自己的预算和目标受众选择不同的广告类型。

TikTok的广告形式非常多样化，包括品牌开屏广告、信息流广告、品牌挑战、品牌特效广告、品牌合作、直播带货等多种类型。这些广告形式旨在满足不同类型广告主的需求，让品牌能够更好地与目标受众进行互动和传播。

（一）品牌开屏广告

每当用户打开TikTok App，首先映入眼帘的广告形式便是品牌开屏广告（brand takeover advertise）。这是一种全屏展示的广告，时长通常为3～5秒，能够迅速吸引用户的注意力。除了在应用打开时立即显示，品牌开屏广告还可以以静态图片、GIF或视频的形式出现在TikTok的“For You”个性化推荐页面上。品牌商不仅可以利用这种广告形式展示创意内容，还可以在其中添加一个可跳转的主题标签（hashtag）或网站链接，以便用户能够直接访问品牌的相关页面或网站。

品牌开屏广告具有多个显著特点。首先，其时长控制在3～4秒，确保广告内容能够迅速传达给用户。其次，广告的位置非常关键，无论是在应用打开时还是在“For You”页面上，都能确保广告的高曝光率。此外，广告以竖立、满屏的方式展示，充分利用了手机屏幕的空间，提供了沉浸式的观看体验。最后，品牌商可以根据需要选择静态图片、GIF或视频作为广告内容，并添加可跳转的标签或链接，以增加用户的互动和转化率。

然而，品牌开屏广告也存在一些缺点。由于其作为独家广告模式，用户在每天内只能看到一个品牌开屏广告，这导致广告位的竞争相对较小，但相应的花费也较高。因此，这种广告形式更适合资金充足的大型品牌。

（二）信息流广告

TikTok信息流广告（in-feed advertise）是一种将广告内容以类似于普通用户上传的短视频形式呈现在用户个性化推荐流中的广告形式。当用户浏览TikTok时，这些广告会自然地融入其中，不会打断用户的浏览体验，从而有效吸引用户的关注。

TikTok信息流广告具有多种展示形式，包括短视频、图片和卡片式展示，广告主可以根据营销需求灵活调整广告的内容和形式。这种原生广告形式的特点在于其能够自然地融入用户的浏览流中，提高广告的曝光率和用户的接受度。

1. 广告特点

①时长：最长可达60秒，9～15秒为最佳时长；②出现位置：【For You】选项；③展示：竖立、满屏；④支持各种行动号召（call to action），例如，下载软件、进入官网等。

2. 效果衡量指标

①展示次数（impression）；②点击次数（click）；③CTR；④视频观看次数；⑤视频观看长度（3秒后关闭、10秒后关闭）；⑥视频平均播放时长；⑦视频互动（点赞、转发）。

3. 广告缺点

由于广告视频穿插在普通用户的视频中，用户可能会快速刷过广告，导致广告信息的传递不够充分。因此，广告主需要在广告开始的2～3秒内迅速展现广告的亮点和吸引力，以吸引用户的注意力并激发他们的观看兴趣。

（三）品牌挑战

这是一种互动性极强的广告形式，它允许品牌创建与自身相关的主题标签，并鼓励用户在平台上发布与该主题相关的视频内容。通过与TikTok的合作，品牌能够巧妙地推广自己的产品和服务，并将品牌元素巧妙地融入用户生成的内容中。

品牌挑战广告的具体形式如下。当用户浏览TikTok的“发现”页面时，他们会看到品牌挑战的广告卡片。点击这个卡片，用户将被引导至挑战页面，该页面会详细展示挑战的主题、简介以及已经参与挑战的其他用户所发布的视频。在这个页面上，用户只需点击一个按钮，即可开始录制自己的视频，并自动使用品牌的主题标签。

品牌挑战广告之所以深受欢迎，是因为它们通常富有创意和趣味性，能够与用户生成的内容完美融合。这种形式的广告不仅提高了品牌的参与度和曝光率，还加强了品牌与用户之间的情感连接。通过参与挑战，用户能够积极互动并展示自己的创意，同时也为品牌带来了更多的关注和认可。

1. 广告特点

①时长：持续6天；②方式：用户点击品牌标签，即可参与挑战；③位置："发现"（discovery）页面的顶部或附近；④展示：品牌挑战页面不仅包含活动发起品牌的简介和链接，还详细列出了活动挑战的规则以及当前参与挑战的热门视频，为用户提供了丰富的参与体验。

2. 广告案例

elf Cosmetics就是一个成功利用TikTok品牌挑战广告实现品牌传播的典型案例。该品牌创建了"#eyes lips face"挑战，要求用户以特定的歌曲"Eyes.Lips.Face"为背景音乐，展示他们的自然美。参与者还有机会赢取价值250美元的elf Cosmetics化妆品和护肤品。这场活动不仅吸引了近500万用户的参与，还获得了高达77亿次的浏览量，成为TikTok上传播度最广的挑战活动之一。

3. 广告缺点

这类广告的花费也相对较高。如果企业希望其广告横幅出现在TikTok的"发现"页面上，可能需要支付高达15万美元的费用。然而，为了降低费用并提高广告效果，企业可以考虑与网络红人合作，利用网络红人的影响力和粉丝基础来推广品牌活动。这样不仅可以减少广告投入，还能借助网络红人的影响力吸引更多用户的关注和参与。

（四）品牌特效广告

这是一种创新的广告形式，它借鉴了Instagram的AR滤镜概念，允许用户将这些精心设计的特效应用到自己的TikTok视频中。通过这种广告形式，品牌能够利用可定制的有趣游戏、贴纸、滤镜和特效滤镜，与用户进行深度互动，从而有效提高品牌的曝光度和互动参与率。为了进一步提升广告效果，品牌特效广告通常还会与品牌标签挑战广告结合进行。

品牌特效广告的特点在于其持续性和互动性。首先，这类广告的时长通常可以持续长达10天，为用户提供了充足的时间来体验和使用品牌特效。其次，用户可以直接使用品牌自定义的特效、表情和滤镜来制作自己的视频，这种参与感使得广告更具吸引力。此外，品牌特效广告还鼓励用户直接与企业的品牌进行互动，例如，通过评论、分享或参与挑战等方式，进一步增强了用户与品牌之间的连接。

品牌特效广告常常与品牌hashtag挑战广告相结合，通过共同推广和互相补充，达到更好的广告效果。这种综合策略不仅提高了广告的覆盖面，还使得品牌能够在用户中建立起更为深刻和持久的印象。

（五）品牌合作（brand partnership）

品牌通过与网络红人或KOL进行营销合作，能够有效扩大其在TikTok平台上的曝光度和关注度。这种合作方式基于有影响力的个人或团体的广泛粉丝基础和强大的社交影响力，使得品牌能够借助他们的力量，快速吸引目标受众的注意。

除了与网络红人和KOL合作，TikTok也在不断探索和推出新的广告形式和业务模式，以更好地满足广告主的需求。例如，平台推出了“TikTok for Business”这一专业平台，旨在为广告主提供更为便捷、高效的管理及优化广告投放的工具和服务。通过这一平台，广告主可以更加精准地定位目标受众，制定有效的广告策略，并实时监控广告效果，从而取得更好的营销效果。

同时，TikTok也在积极推动电商业务的发展，通过直播带货、推出购物车等功能，为广告主提供了更多的转化机会。这些功能不仅使得用户可以更直观地了解产品，还能够直接在平台上完成购买行为，从而提高了广告的转化率。总之，这些广告形式不仅能够满足不同品牌和营销目的的需求，也能够吸引不同年龄、地区、兴趣爱好的目标受众。

三、TikTok广告策划

TikTok广告策划是指跨境电商企业或品牌在TikTok平台上为了推广其产品或服务而制定的一系列计划和行动的过程。TikTok是一个以短视频为主的社交平台，具有年轻化、时尚、创意和互动性强等特点，因此，TikTok广告策划需要考虑到这些特点，制定出适合该平台和受众的广告策略和内容。

（一）广告策划过程

广告策划的过程包括了目标设定、受众分析、广告类型选择、创意制作、投放位置选择、预算设定、效果监测及优化和调整多个环节。通过TikTok广告策划，企业或品牌可以吸引更多受众的关注和互动，提高品牌知名度、营销效果和ROI。

TikTok广告策划的一般过程和步骤如下。

（1）目标设定：首先需要确定TikTok广告的目标，比如品牌知名度提升、促进销售、推广新产品等。目标应该具体、可衡量和可达成。

（2）受众分析：了解目标受众的特征和偏好，以便更好地制定广告内容和选择广告类型。

（3）广告类型选择：根据目标和受众分析，选择适合的广告类型，比如原生广告、品牌挑战、品牌效应、广告派对等。

（4）创意制作：构思广告创意，包括视频、图片、文案等。广告内容应该与目标、受众和广告类型相匹配，突出产品或服务的特点和价值。

（5）投放位置选择：根据目标和受众分析，选择适合的广告投放位置，比如首页广告、挑战页面广告、视频流广告等。

（6）预算设定：根据广告目标、类型、投放位置和时长等因素，设定广告投放预算。

（7）效果监测：投放广告后，对广告效果进行监测和评估，比如点击率、转化率、互动率等。

（8）优化和调整：根据广告效果进行优化和调整，比如优化受众定位、创意设计、投放位置等，以提高广告效果和ROI。

TikTok广告策划需要有明确的目标和受众分析，选择合适的广告类型和投放位置，制作符合TikTok平台和受众特点的创意，设定合理的广告投放预算，并进行广告效果监测和优化，以提高广告效果和转化率。

（二）广告策划技巧

1. 制定适合平台的广告策略

TikTok是一个以短视频为主的社交平台，用户对有趣、有用和富有创意的内容比较感兴趣。因此，在策划广告时，需要重点考虑如何制作有趣、引人注目的视频，以吸引用户的关注和互动。

2. 了解受众特点

TikTok的用户主要是年轻人，特别是年龄在18～34岁之间的年轻一代。在策划广告时，需要了解这一受众的特点和喜好，以便制定适合他们的广告策略和内容。

3. 注意视觉效果

TikTok是一个以视觉为主的平台，因此广告视频的视觉效果至关重要。制作广告视频时，需要考虑到视频的颜色、对比度、特效等因素，以确保视频可以吸引用户的注意力。同时，可以添加音乐/声音来为广告视频增添节奏感和感染力，使其更加生动有趣。

4. 吸引人的开始和结尾

TikTok用户很容易疲劳和分散注意力，因此广告视频的开始和结尾需要特别引人入胜。可以在开始的几秒钟内吸引用户的注意力，例如，使用有趣或有争议的题目或情节，同时在结尾处添加品牌的标识和联系方式，以提高广告的印象和记忆度。

5. 选择合适的广告类型

TikTok提供多种广告类型，包括信息流广告、品牌挑战等。在选择广告类型时，需要考虑到广告的目标和预算，以及受众的特点和习惯，选择合适的广告类型和投放位置。

6. 使用UGC和AIGC

UGC（user generated content，用户生成内容）技术鼓励用户参与品牌活动，创作与品牌相关的短视频，品牌能迅速扩大影响力。同时，AIGC（artificial intelligence generated content，人工智能生成内容）技术可高效生成高质量、创意性强的广告内容，提升制作效率。结合两者，品牌可利用AIGC生成基础内容，引导用户在此基础上创作，既保证广告质量，又充分展现UGC的多样性和创意，从而引发用户共鸣，提升广告效果。

任务训练

◆ 任务目标

了解和掌握TikTok广告策划的核心流程和关键要素。

◆ 任务导入

假设你是一家知名时尚品牌的海外推广专员，公司决定在TikTok平台上开展广告推广活动，以吸引更多年轻消费者关注品牌，并激发他们购买新款服饰的欲望。你需要充分利用TikTok平台的特性和年轻用户的喜好，设计一款具有创意和吸引力的广告策划方案。

◆ 任务要求

进行TikTok平台用户及竞争对手分析，制定针对年轻时尚群体的广告创意。

子任务二 TikTok广告创建及推广

TikTok广告创建及推广

任务导入

云帆电子商务有限公司计划在TikTok平台开通广告账号，设置精准触达目标受众的广告系列，并全力推进推广活动，以期通过TikTok的广泛传播，实现品牌影响力的提升和销售业绩的增长。李华该如何操作呢？

任务分析

TikTok广告创建与推广是企业在平台上实现品牌宣传和销售增长的关键过程。通过开户、设置推广系列和广告组、创建广告素材并经过平台审核，广告得以投放。同时，与网络红人合作推广能进一步提升广告效果，扩大品牌知名度。

知识链接

一、TikTok广告创建

TikTok广告创建是一个相对直接且结构化的过程。虽然具体的步骤可能因TikTok平台的更新而有所变化，但通常创建TikTok广告可以大致分为以下五个步骤。

第一步：账号设置与登录

在TikTok广告创建开始前，首先需要确保拥有一个TikTok Ads账号。对于还没有账号的用户，需要前往“TikTok for Business”的官方网站进行注册。注册时，需要提供基本的公司信息和联系方式。完成注册后，使用登录凭据登录到“TikTok Ads Manager”，这是TikTok广告的核心管理平台。

第二步：广告账号设置

登录“TikTok Ads Manager”后，接下来需要对广告账号进行详细的设置。这包括选择时区、设定货币类型等，以便广告数据能够按照所需的时间习惯展示，并准确管理广告预算和花费。同时，设置广告账号的基本信息，如账号名称、描述等，为后续的广告活动提供基础框架。

第三步：创建广告系列

完成广告账号设置后，便可以开始创建广告系列。首先，明确广告的目标，如提高品牌知名度、增加网站流量或促进应用下载等。根据目标设定广告系列的预算，包括每日预算和总预算，以确保广告活动在可控范围内进行。同时，确定广告的投放时间，包括开始和结束日期，以在适当的时间段内展示广告。

第四步：广告组与创意制作

在创建广告系列后，需要细分到广告组并进行相应的创意制作。在广告组中，定义目标受众，通过年龄、性别、地理位置、兴趣等多个维度来精准定位潜在用户。广告创意制作，包括选择或制作高质量的视频素材，编写吸引人的标题和描述，以及设计醒目的图片或图文结合的内容。创意内容需符合 TikTok 平台的风格和调性，以吸引用户注意力并激发其兴趣。

第五步：审核与投放

完成广告组与创意制作后，提交广告进行审核。TikTok 会检查广告内容是否合规，包括是否涉及敏感内容、是否违反平台政策等。审核通过后，广告便可开始投放。设置广告的投放时间、频次和位置，确保广告能够在目标受众最活跃的时间段内展示。同时，利用“TikTok Ads Manager”提供的实时数据分析工具监控广告表现，并根据数据进行优化调整，以提升广告效果和转化率。

二、TikTok 广告推广

在 TikTok 上创建广告只是第一步，真正的挑战在于如何有效推广，让广告触达更广泛的受众。若广告只停留在创建阶段而不进行推广，其影响力将大打折扣，无法发挥应有的效果。因此，推广广告成为企业在 TikTok 上进行数字营销的关键环节。

（一）精准定位目标受众

在 TikTok 上推广广告的首要任务是精准定位目标受众。通过分析平台上的用户数据，深入了解潜在客户的年龄、性别、地理位置以及兴趣偏好等特征。根据这些特征制定定位策略，利用 TikTok 的定向投放功能，确保广告能够精准触达目标用户群体，从而提高广告的转化率和效果。

（二）利用热门话题和挑战

热门话题和挑战是 TikTok 平台上吸引用户关注的热点内容。密切关注平台上的流行趋势，结合品牌特点和广告目标，巧妙地将广告内容融入热门话题或挑战中。通过创意的呈现和有趣的互动，吸引更多用户参与并分享广告内容，从而扩大广告的传播范围和影响力。

（三）与网络红人合作

与网络红人合作是推广 TikTok 广告的有效策略。选择具有影响力和受众基础的网络红人作为合作伙伴，通过他们发布或分享广告内容来扩大广告的传播范围。借助网络红人的影响力和粉丝效应，提高广告的曝光度和用户参与度。同时，与网络红人共同策划创意活动，增加用户与广告之间的互动和黏性。

（四）优化广告内容

广告内容的质量直接关系用户的观看体验和广告的传播效果。制定创意策划方案，确保广告内容有趣、独特且能够引起用户的共鸣。同时，注重广告的视觉和听觉效果，使用高质量的拍摄设备和后期制作技术，打造出令人印象深刻的广告作品，提升用户的观看体验。

（五）利用广告投放工具

TikTok提供了多种广告投放工具，可以根据广告目标和预算选择合适的投放方式。通过设定预算、出价和定向条件，精准控制广告的投放范围和曝光量。同时，利用数据分析工具监测广告的表现，根据数据反馈调整投放策略，不断优化广告效果，确保广告能够精准触达目标用户群体。

（六）跨平台整合营销

跨平台整合营销有助于进一步扩大广告的传播范围。将TikTok广告与其他社交媒体平台的营销活动相结合，通过内容共享和引导关注等方式，吸引更多潜在用户关注并参与广告活动。这种跨平台的营销策略有助于提高广告的曝光度和用户参与度，进一步提升广告效果，实现品牌传播和业务增长的目标。

（七）监测与分析

利用TikTok的数据分析工具收集广告的关键指标数据，如观看量、点赞数、评论数等。深入分析这些数据，了解用户的行为习惯、兴趣偏好和反馈意见。这些数据为后续的优化决策提供有力支持，帮助调整广告策略，提升广告效果。

任务训练

◆ 任务目标

了解TikTok平台的广告创建与推广流程，掌握TikTok广告策划技巧。

◆ 任务导入

“风尚潮流”是一家专注于年轻时尚群体的新兴品牌，近期推出了一系列潮流新品。为了快速占领市场份额，品牌决定利用TikTok平台的广泛用户基础和高度互动性，创建一则富有创意和吸引力的广告，并通过精准推广触达目标用户群体。作为广告团队的一员，你将负责完成这项任务。

◆ 任务要求

分析同类型品牌在TikTok上的广告案例，掌握成功要素和常见误区。

项目小结

本项目聚焦于两大核心任务：广告定位与投放以及TikTok短视频广告的策划与实

施。在广告定位与投放任务中，深入介绍了国际市场的广告平台及其投放机制，掌握有效的广告投放管理技巧。而在TikTok短视频广告任务中，专注于TikTok广告策划、创建与推广。通过精心策划和创意构思，创作出富有吸引力和感染力的短视频广告，引起目标受众的共鸣和关注。

通过本项目的学习与实践，认识到技术发展对广告行业的深远影响，并关注技术发展背后的人文关怀。例如，在TikTok短视频广告的策划中，可以探讨如何利用技术手段提升广告的传播效果，同时也要关注用户的观看体验和心理感受，确保广告内容既符合商业需求，又符合人性需求。

学习成果评价

一、不定项选择题

1．在搜索引擎广告平台的投放机制中，（　）因素会影响广告的排名。

A．关键词匹配程度

B．广告主的出价

C．广告的质量得分

D．广告主的个人信誉

E．广告的展示时间

2．在设计广告创意时，（　）的做法有助于提高广告效果。

A．突出产品或服务的独特卖点

B．使用暗淡、不清晰的图片

C．编写简洁明了的文案

D．结合品牌形象和口号

3．CPM的计费方式是基于（　）来计算的。

A．广告点击次数　　B．广告展示次数

C．广告转化次数　　D．广告策划费用

4．TikTok品牌挑战广告的主要目的是（　）。

A．增加广告的视频观看次数

B．提高广告的点击率

C．鼓励用户参与并生成与品牌相关的内容

D．增加广告主的曝光费用

5．与网络红人合作推广TikTok广告的主要优势是（　）。

A．降低广告制作成本

B．减少广告的定向投放难度

C．利用网络红人的影响力扩大广告传播范围

D．提高广告内容的创意性但降低用户参与度

二、简答题

1. 广告平台的选择对投放效果有哪些影响？
2. 广告投放效果不理想时，应如何进行优化？
3. TikTok短视频广告与其他形式的广告相比，有哪些独特之处？
4. 在进行TikTok广告策划时，有哪些技巧？
5. 如何结合TikTok平台的特点，制定有效的广告推广策略？

参考文献

[1] 李超锋，韩宝国．“以岗定课，课证融通”模块化教学推进路径与策略研究——以“国际市场推广”课程为例［J］．广东轻工职业技术学院学报，2024，23（01）：47-52．

[2] 张新生．国际市场营销：理论与案例分析［M］．北京：北京大学出版社，2024．

[3] 丁凯，黄剑，胡枚．国际市场营销［M］．北京：中国人民大学出版社，2024．

[4] 张建辉．国际市场推广［M］．北京：中国人民大学出版社，2024．

[5] 陈道志．跨境电商营销推广［M］．2版．北京：电子工业出版社，2023．

[6] 阿里巴巴商学院．跨境电商营销（新电商精英系列教程）［M］．北京：电子工业出版社，2023．

[7] 李琦．跨境电商营销（慕课版）［M］．2版．北京：人民邮电出版社，2023．

[8] 北京中清研信息技术研究院有限公司．跨境电商海外营销职业技能等级标准［S］．北京：北京中清研信息技术研究院有限公司，2021．

[9] “跨境电商B2B数据运营”1+X职业技能等级证书配套教材编委会．跨境电商营销策划［M］．北京：电子工业出版社，2021．

[10] “跨境电商B2B数据运营”1+X职业技能等级证书配套教材编委会．海外社会化媒体营销［M］．北京：电子工业出版社，2021．

[11] “跨境电商B2B数据运营”1+X职业技能等级证书配套教材编委会．跨境电商视觉设计与营销［M］．北京：电子工业出版社，2021．

[12] “跨境电商B2B数据运营”1+X职业技能等级证书配套教材编委会．国际搜索引擎优化与营销［M］．北京：电子工业出版社，2021．

[13] 阿里巴巴（中国）教育科技有限公司．跨境电商B2B数据运营职业技能等级标准（标准代码：530012）［S］．杭州：阿里巴巴（中国）教育科技有限公司，2021．

[14] 窦文宇．内容营销：数字营销新时代［M］．北京：北京大学出版社，2021．

[15] 龙朝晖，刘蓓．跨境电子商务推广［M］．北京：高等教育出版社，2020．

[16] 许丽洁．海外参展与营销从入门到精通［M］．北京：人民邮电出版社，2020．

[17] 龙朝晖．跨境电商营销推广［M］．北京：中国人民大学出版社，2018．

[18] 周佳明．跨境电商营销推广［M］．北京：中国人民大学出版社，2018．